## 编委会

**普通高等学校"十四五"规划旅游管理类精品教材**
**教育部旅游管理专业本科综合改革试点项目配套规划教材**

### 总主编

马　勇　教育部高等学校旅游管理类专业教学指导委员会副主任
　　　　中国旅游协会教育分会副会长
　　　　中组部国家"万人计划"教学名师
　　　　湖北大学旅游发展研究院院长，教授、博士生导师

### 编　委（排名不分先后）

田　里　教育部高等学校旅游管理类专业教学指导委员会主任
　　　　云南大学工商管理与旅游管理学院原院长，教授、博士生导师
高　峻　教育部高等学校旅游管理类专业教学指导委员会副主任
　　　　上海师范大学环境与地理学院院长，教授、博士生导师
韩玉灵　北京第二外国语学院旅游管理学院教授
罗兹柏　中国旅游未来研究会副会长，重庆旅游发展研究中心主任，教授
郑耀星　中国旅游协会理事，福建师范大学旅游学院教授、博士生导师
董观志　暨南大学旅游规划设计研究院副院长，教授、博士生导师
薛兵旺　武汉商学院旅游与酒店管理学院院长，教授
姜　红　上海商学院酒店管理学院院长，教授
舒伯阳　中南财经政法大学工商管理学院教授、博士生导师
朱运海　湖北文理学院资源环境与旅游学院副院长
罗伊玲　昆明学院旅游学院教授
杨振之　四川大学中国休闲与旅游研究中心主任，四川大学旅游学院教授、博士生导师
黄安民　华侨大学城市建设与经济发展研究院常务副院长，教授
张胜男　首都师范大学资源环境与旅游学院教授
魏　卫　华南理工大学旅游管理系教授、博士生导师
毕斗斗　华南理工大学旅游管理系副教授
蒋　昕　湖北经济学院旅游与酒店管理学院副院长，副教授
窦志萍　昆明学院旅游学院教授，《旅游研究》杂志主编
李　玺　澳门城市大学国际旅游与管理学院执行副院长，教授、博士生导师
王春雷　上海对外经贸大学会展与传播学院院长，教授
朱　伟　天津农学院人文学院副院长，副教授
邓爱民　中南财经政法大学旅游发展研究院院长，教授、博士生导师
程丛喜　武汉轻工大学旅游管理系主任，教授
周　霄　武汉轻工大学旅游研究中心主任，副教授
黄其新　江汉大学商学院副院长，副教授
何　彪　海南大学旅游学院副院长，教授

普通高等学校"十四五"规划旅游管理类精品教材
教育部旅游管理专业本科综合改革试点项目配套规划教材

总主编◎马 勇

# 酒店安全管理:理论与实践

Hotel Safety Management: Theory and Practice

主 编◎罗景峰

华中科技大学出版社
http://press.hust.edu.cn
中国·武汉

## 内容简介

本书是一本全面、系统地介绍酒店安全管理理论知识的教材,是作者从事酒店安全管理教学实践工作十余年经验的总结,反映了酒店安全管理最新的研究成果和发展趋势。全书共分九章,具体包括酒店安全基础知识、酒店安全管理的组织建设、酒店安全教育与文化、酒店事故理论及其应用、酒店部门安全风险识别与防控对策、酒店安全保障体系、酒店应对突发事件的应急管理机制、酒店安全法律法规与案例分析、大数据技术在酒店安全管理中的应用。全书围绕酒店安全管理展开,力求实现系统性与针对性、理论性与实践性、传统性与时代性的有机结合。

本书既可作为高等院校酒店管理专业的教材,也可作为酒店行业从业者的业务参考书和培训教材。

**图书在版编目(CIP)数据**

酒店安全管理:理论与实践 / 罗景峰主编. -- 武汉 : 华中科技大学出版社,2025.4. -- (普通高等学校"十四五"规划旅游管理类精品教材)(教育部旅游管理专业本科综合改革试点项目配套规划教材). -- ISBN 978-7-5772-1724-6

Ⅰ. F719.2

中国国家版本馆CIP数据核字第2025Q8Z021号

---

**酒店安全管理:理论与实践**
Jiudian Anquan Guanli : Lilun yu Shijian

罗景峰　主编

| | |
|---|---|
| 总 策 划:李　欢 | |
| 策划编辑:李　欢　王雅琪 | |
| 责任编辑:阮晓琼　王雅琪 | |
| 封面设计:原色设计 | |
| 责任校对:李　琴 | |
| 责任监印:周治超 | |
| 出版发行:华中科技大学出版社(中国•武汉) | 电话:(027)81321913 |
| 　　　　　武汉市东湖新技术开发区华工科技园 | 邮编:430223 |
| 录　　排:孙雅丽 | |
| 印　　刷:武汉市籍缘印刷厂 | |
| 开　　本:787mm×1092mm　1/16 | |
| 印　　张:18 | |
| 字　　数:390千字 | |
| 版　　次:2025年4月第1版第1次印刷 | |
| 定　　价:49.80元 | |

本书若有印装质量问题,请向出版社营销中心调换
全国免费服务热线:400-6679-118　竭诚为您服务
版权所有　侵权必究

# 总序

党的二十大报告指出,要实施科教兴国战略,强化现代化建设人才支撑。要坚持教育优先发展、科技自立自强、人才引领驱动,开辟发展新领域新赛道,不断塑造发展新动能新优势。这为高等教育在我国现代化进程中实现新的跨越指明了时代坐标和历史航向。

同时,我国的旅游业在疫情后全面复苏并再次迎来蓬勃发展高潮,客观上对现代化高质量旅游人才提出了更大的需求。因此,出版一套融入党的二十大精神、把握数字化时代新趋势的高水准教材成为我国旅游高等教育和人才培养的迫切需要。

基于此,在教育部高等学校旅游管理类专业教学指导委员会的大力支持和指导下,教育部直属的全国重点大学出版社——华中科技大学出版社,在党的二十大精神的指引下,主动创新出版理念和方式方法,汇聚一大批国内高水平旅游院校的国家教学名师、资深教授及中青年旅游学科带头人,在已成功组编出版的"普通高等院校旅游管理专业类'十三五'规划教材"基础之上,进行升级,编撰出版"普通高等学校'十四五'规划旅游管理类精品教材"。本套教材具有以下特点。

**一、深刻融入党的二十大报告精神,落实立德树人根本任务**

党的二十大报告中强调:"坚持和加强党的全面领导。"党的领导是我国高等教育最鲜明的特征,是新时代中国特色社会主义教育事业高质量发展的根本保证。因此,本套教材在编写过程中注重提高政治站位,全面贯彻党的教育方针,融入课程思政,融入中华优秀传统文化和现代化发展新成就,将正确政治方向和价值导向作为本套教材的顶层设计并贯彻到具体章节和教学资源中,不仅仅培养学生的专业素养,更注重引导学生坚定理想信念、厚植爱国情怀、加强品德修养,以期落实"立德树人"这一教育的根本任务。

**二、基于新国标下精品教材沉淀改版,权威性与时新性兼具**

在教育部2018年发布《普通高等学校本科专业类教学质量国家标准》

后，华中科技大学出版社特邀教育部高等学校旅游管理类专业教学指导委员会副主任、国家"万人计划"教学名师马勇教授担任总主编，同时邀请了全国近百所高校的知名教授、博导、学科带头人和一线骨干教师，以及旅游行业专家、海外专业师资联合编撰了"普通高等院校旅游管理专业类'十三五'规划教材"。该套教材紧扣新国标要点，融合数字科技新技术，配套立体化教学资源，于新国标颁布后在全国率先出版，被全国数百所高等学校选用后获得良好反响。其中《旅游规划与开发》《酒店管理概论》《酒店督导管理》等教材已成为教育部授予的首批国家级一流本科课程的配套教材，《节事活动策划与管理》等教材获得省级教学类奖项。

此外，编委会积极研判"双万计划"对旅游管理类专业课程的建设要求，对标国家级一流本科课程，积极收集各院校的一线教学反馈，在此基础上对"十三五"规划系列教材进行更新升级，最终形成"普通高等学校'十四五'规划旅游管理类精品教材"。

**三、全面配套教学资源，打造立体化互动教材**

华中科技大学出版社为本套教材建设了内容全面的线上教材课程资源服务平台：在横向资源配套上，提供全系列教学计划书、教学课件、习题库、案例库、参考答案、教学视频等配套教学资源；在纵向资源开发上，构建了覆盖课程开发、习题管理、学生评论、班级管理等集开发、使用、管理、评价于一体的教学生态链，打造了线上线下、课内课外的新形态立体化互动教材。

在旅游教育发展的新时代，主编出版一套高质量规划教材是一项重要的教学出版工程，更是一份重要的责任。本套教材在组织策划及编写出版过程中，得到了全国广大院校旅游管理类专家教授、企业精英，以及华中科技大学出版社的大力支持，在此一并致谢！衷心希望本套教材能够为全国旅游学界、业界和对旅游知识充满渴望的社会大众带来真正的精神和知识营养，为我国旅游教育教材建设贡献力量，也希望并诚挚邀请更多高等院校旅游管理专业的学者加入我们的编者和读者队伍，为我们共同的事业——我国高等旅游教育高质量发展——而奋斗！

总主编<br>
2023 年 7 月

# 前言

在日常教学工作中，笔者发现目前有关酒店安全方面的书籍较少，且大多存在以下几方面的问题：一是内容较为陈旧，很难适应酒店管理专业在酒店安全理论与教学方面的需求；二是多为培训类教材，与当下本科教育目标不相适应；三是存在理论基础薄弱、系统性不强等问题，难以实现对课程理论的支撑；四是缺乏大数据加持，未对酒店安全大数据给予足够重视；五是缺乏课程思政引领，与当下我国课程思政建设目标不相符。

本书以酒店安全为主线，综合多学科理论知识，融入课程思政元素，兼顾理论与实践，将现有教材、专著及讲义进行整合、重构与提升，内容涵盖了酒店安全基础知识、酒店安全管理的组织建设、酒店安全教育与文化、酒店事故理论及其应用、酒店部门安全风险识别与防控对策、酒店安全保障体系、酒店应对突发事件的应急管理机制、酒店安全法律法规与案例分析、大数据技术在酒店安全管理中的应用九个具体章节，较为系统地展现了酒店安全管理的知识体系和具体应用，期望能为酒店安全研究和酒店安全实际问题分析解决提供借鉴。

在本书的写作过程中，笔者参阅了国内外大量相关著作和论文，列于书后参考文献中，但仍可能存在遗漏之处，在此谨向各位学者致以衷心感谢和真挚敬意！此外，我的研究生杨敖和陈烈扬两位同学也参与了本书的案例搜集整理和数据分析工作，在此一并表示感谢！

鉴于作者水平有限，书中难免存在疏漏和不足之处，恳请广大读者和专家学者不吝赐教，批评指正，以便我们不断改进、优化和提升。

编者
2025年3月

## 第一章　酒店安全基础知识　001

　　第一节　安全管理基础　002
　　第二节　酒店安全管理内涵及外延　004
　　第三节　酒店安全问题成因分析　011
　　第四节　酒店安全管理的主要理念　014
　　第五节　酒店安全管理的内容　017
　　第六节　酒店安全研究方法　019

## 第二章　酒店安全管理的组织建设　026

　　第一节　安全管理组织建设途径　027
　　第二节　安全管理组织风险分析　032
　　第三节　酒店安全管理组织机构　033
　　第四节　酒店人员的安全职责　035
　　第五节　酒店保安部工作指南　038

## 第三章　酒店安全教育与文化　045

　　第一节　酒店安全教育　046
　　第二节　酒店安全文化　053

## 第四章　酒店事故理论及其应用　　059

第一节　事故基础知识　　060

第二节　事故统计基础　　062

第三节　事故致因理论　　064

第四节　酒店事故分级　　068

第五节　酒店事故预防　　069

## 第五章　酒店部门安全风险识别与防控对策　　078

第一节　酒店前厅部安全风险识别与防控对策　　079

第二节　酒店餐饮部安全风险识别与防控对策　　097

第三节　酒店客房部安全风险识别与防控对策　　114

第四节　酒店康乐部安全风险识别与防控对策　　135

第五节　酒店工程部安全风险识别与防控对策　　152

## 第六章　酒店安全保障体系　　174

第一节　酒店安全政策法规　　175

第二节　酒店安全预警　　178

第三节　酒店安全控制　　182

第四节　酒店安全救援　　184

第五节　酒店保险　　186

## 第七章　酒店应对突发事件的应急管理机制　　191

第一节　酒店突发事件的预防与应急准备　　192

第二节　酒店突发事件的风险监测与安全预警　　204

第三节　酒店突发事件应急处置与救援　　207

| 第四节 | 酒店突发事件后的恢复与重建 | 210 |

## 第八章　酒店安全法律法规与案例分析　217

| 第一节 | 酒店安全法律法规及规章 | 218 |
| 第二节 | 案例分析 | 238 |

## 第九章　大数据技术在酒店安全管理中的应用　253

| 第一节 | 大数据技术概述 | 254 |
| 第二节 | 应用案例 | 260 |

**参考文献**　269

# 第一章
# 酒店安全基础知识

安全是酒店的生命线,没有安全,酒店的一切生产经营活动都将失去根基,更谈不上实现酒店的可持续高质量发展。系统理解酒店安全管理基础知识、理念观点、内容范畴、研究方法等,有助于酒店在科学理论指导下实现安全生产经营。

1. 熟悉安全管理基础知识。
2. 掌握酒店安全管理内涵及外延。
3. 了解酒店安全问题产生的原因。
4. 熟悉酒店安全管理的主要理念。
5. 掌握酒店安全管理的内容。
6. 熟练运用酒店安全研究方法,并会解决酒店安全管理过程中的实际问题。

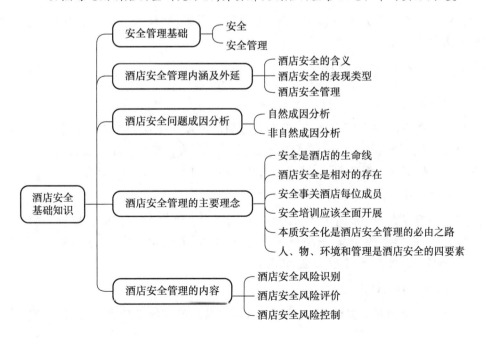

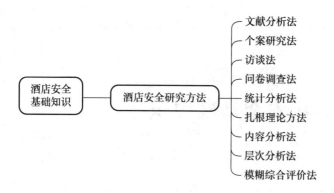

安全是相对的,危险是绝对的;系统安全观;可持续发展;实现安全生产必须坚持群众路线;本质安全;量变到质变

## 第一节　安全管理基础

### 一、安全

（一）定义

安全意味着不超过允许限度的危险,即发生事故、导致人员伤亡或财产损失的风险在可接受的限度之内。

（二）安全的基本特性

1. 安全的必要性

根据马斯洛的需求层次理论,人类由低到高的需求依次为生理的需求、安全的需求、社交的需求、尊重的需求和自我实现的需求。在满足基本生理需求的前提下,安全的需求越来越受到人们的重视,已成为大众生活中的不可或缺的一部分。

2. 安全的普遍性

安全普遍存在于我们生产生活的方方面面,从军事领域到工业领域,再到公共安全领域,涉及武器系统安全、航空航天安全、核安全、石油化工安全、矿山安全、海洋安全、生态安全、交通安全、旅游安全、酒店安全等。

3. 安全的相对性

安全是一个相对的概念,其相对性体现在"没有绝对的安全,安全是相对的,危险是绝对的"。

4. 安全的随机性

在研究安全问题时,我们经常用"十分安全""较安全""较危险""十分危险"等词来形容和描述安全状态,但这些词语本身带有一定的模糊性和不确定性。因此,安全状态具有动态特征。安全状态的存在和维持的时间、地点及达到动态平衡的方式都带有随机性。

5. 安全的经济性

安全是可以产生经济效益的。从其功能角度看,安全可以直接减轻(或免除)事故(或危害事件)对人、社会和自然造成的损失,起到保护人类财产、降低无益损耗和损失的作用。同时,安全还能确保良好的劳动条件,维护经济增值的过程,从而间接地促进社会的增值。因此,安全投入对于安全生产是非常必要的,尽管这种投入所带来的效益不会立即显现,有一定的滞后性,但其重要性不容忽视。

6. 安全的复杂性

自系统安全观代替局部安全观以来,安全问题变得越来越复杂。系统作为现代安全研究的对象,无论是其单个子系统还是多个子系统的组合,都表现出复杂性,这给系统安全工作带来了前所未有的机遇和挑战。

7. 安全的社会性

安全与社会的稳定直接相关,无论是人为的灾害还是自然的灾害,都将给个人、家庭乃至社会带来精神和物质上的双重危害,成为影响社会安定的重要因素。

## 二、安全管理

### (一)定义

安全管理是指管理者在安全生产领域进行的一系列计划、组织、监督、协调和控制活动,它是管理基本理念在安全领域的具体应用和体现。

### (二)研究对象

安全管理涉及安全生产系统中的人与人、人与物、人与工作环境之间在防止事故发生、避免人身伤害和财产损失方面的相互关系。

### (三)重要性

(1)通过对事故的分析可以发现,绝大多数事故都是各种原因引发的,其中约85%的原因与管理因素密切相关。

(2)实际上,在经济效益与企业发展的考量中,"安全第一"的原则并不总是被置于首位。

(3)从控制事故的角度来看,安全管理的作用至关重要。目前,大多数企业在设备安全水平上的差异并不显著,然而事故的大小却各不相同,主要问题出在管理上。

### (四)必要性

事故统计显示,大多数事故都是重复发生且完全可以预防的,那么人们为什么还会如此疏忽大意呢?究其原因,主要有以下三点。

(1)根据马斯洛的需求层次理论,当人们的生理需求尚未得到满足时,他们往往不会充分重视安全问题。

(2)人们往往过多关注正效应的积累,而忽视了负效应的现象和过程,这容易导致错误和偏差的产生。

(3)提升正效应(如经济效益、产量等)是显而易见的,而减少负效应则难以直观察觉,因此容易使人忽视改善负效应的重要性。

### (五)特征

(1)全员参加安全管理。

实现安全生产必须坚持群众路线,切实做到专业管理与群众管理相结合,在充分发挥专业安全管理人员骨干作用的同时,吸引全体职工参加安全管理,充分调动和发挥广大职工的安全生产积极性。实现这一目标的途径包括建立安全生产责任制、实施安全目标管理等。

(2)全过程安全管理。

在企业生产经营活动的全过程,都要进行安全管理,以识别、评估并控制可能出现的危险因素。

(3)全方位安全管理。

无论何时何地,从事任何工作,都应将安全问题纳入考虑范围,实施安全管理。安全管理不仅是专业安全管理部门的事,而是需要党、政、工、团等各方面共同努力,齐抓共管。

## 第二节 酒店安全管理内涵及外延

### 一、酒店安全的含义

关于酒店安全管理的含义,目前尚无统一的权威阐述。

郑向敏(2010)认为酒店安全是在酒店所涉及的范围内的所有人、财、物的安全及所产生的没有危险、不受任何威胁的生理、心理的安全环境。

黄继元(2005)认为饭店安全指饭店以及来店客人、本店员工的人身和财产在饭店所控制的范围内,没有危险,同时也没有其他因素导致危险发生。

综合以上观点,并结合对安全内涵的理解及酒店安全生产的内在机制,笔者认为酒店安全可以定义为：酒店在其安全生产经营过程中发生事故、造成人员伤亡或财产损失的危险没有超过可接受的限度。酒店安全既包括酒店生产经营过程中各环节的安全问题，也包括酒店在生产经营过程中所涉及的人、物、环境、管理等不同层面的安全现象。

1. 人的层面安全事故案例

**男子酒店自杀，家属状告酒店管理漏洞索赔17万元　法院：酒店无责**

一男子悲观厌世，携带木炭入住酒店并留下遗书后自杀。事后，其家人起诉酒店，指控酒店存在管理漏洞，包括允许入住客人使用他人身份证办理入住、未对入住客人的行李进行检查、消防设施不达标，以及烟雾报警器未能及时响应等问题，并向酒店索赔17万余元。

法院经审理认为，生命权是一项神圣不可侵犯的权利，每个人都应倍加珍惜。该男子因悲观厌世，自书遗嘱，并借用他人身份证登记入住酒店，最终采取极端方式结束自己的生命。作为一个成年人，其理应清楚自己的行为可能导致的结果，并应自行承担责任。酒店虽然在核实身份信息方面存在疏漏，但该行为与该男子的死亡没有必然的因果关系。此外，酒店无权对入住客人的随身物品进行翻查，且木炭燃烧时产生的烟雾浓度并未达到触发烟雾报警器的标准。

（案例来源：《三湘都市报》。）

2. 物的层面安全事故案例

**游客在客房滑倒受伤　酒店被判赔13万元**

酒店内滑倒算谁的责任？家住贵阳市的王先生便遭遇了这样的困扰。2018年6月，王先生在上海一家五星级酒店的客房内滑倒致腰椎骨折，随后展开了长达一年的维权之路。法院最终判决，酒店方未采取积极措施修缮房屋缺陷，遗留安全隐患，需赔偿王先生各项损失共计13万余元。

（案例来源：《工人日报》。）

3. 环境层面安全事故案例

**索马里首都一酒店遭恐怖袭击　至少16人死亡**

2020年8月16日，索马里首都摩加迪沙的一家海滨酒店遭到了"青年党"武装分子的恐怖袭击，事件导致至少16人死亡。此外，该组织17日也对索马里的一处军事基地发动了类似的袭击。索马里"青年党"近年来在索马里及其邻国频繁制造恐怖袭击事件。

（案例来源：中国新闻网。）

#### 4. 管理层面安全事故案例

**女子称住酒店深夜遭陌生男刷卡进入，酒店：系前台工作失误**

2021年9月2日晚，姜女士入住杭州某酒店房间后，因酒店前台工作失误，其他持卡人误开了姜女士的房门。尽管未进入房间，但此事惊扰了姜女士，对此，酒店真诚道歉。事后，酒店积极配合管理部门开展调查，查明原因系前台在上一住客退房后要求续住时，未核对房号与入住人信息变化，且在房卡时效异常时未做进一步检查，从而引发此次事故。酒店管理方已向姜女士书面表达歉意，并取得其谅解。下一步，酒店将进一步加强内部管理，杜绝类似情况发生。

（案例来源：《北京商报》。）

## 二、酒店安全的表现类型

酒店安全的表现类型主要包括火灾、爆炸、触电、坍塌、淹溺、中毒窒息、电梯故障、高处坠落、犯罪、名誉损失、逃账、打架斗殴、黄赌毒、其他（如物体打击、起重伤害、机械伤害、施工事故）等。

### （一）火灾

酒店因其生产经营特点，极易发生火灾事故。一旦发生火灾事故，不仅会造成物品损坏和财产损失，严重时还可能导致人员伤亡。例如，2018年8月，哈尔滨某汤泉休闲酒店有限公司发生重大火灾事故，过火面积约400平方米，导致20人死亡、23人受伤，直接经济损失达2504.8万元。

### （二）爆炸

酒店餐饮场所因频繁使用燃气和明火，若操作不当或管理不善，极易引发爆炸事故。例如，2022年11月，毕节市某酒店发生燃气爆炸事故，造成8人受伤（其中4人重伤、3人轻伤、1人轻微伤），导致直接经济损失约355万元（不包括伤者后续医疗费用、赔偿费用及事故罚款）。

### （三）触电

酒店电力线路复杂、电器设备繁多、用电负荷大，加之人员安全意识薄弱、管理维保不到位，导致触电事故时有发生。例如，2023年2月，云南曲靖一名6岁男童在某温泉酒店不幸身亡，法医初步鉴定孩子为触电身亡。事发当天，涉事酒店向媒体表示，酒店温泉区域已暂停营业。记者从当地多个部门获悉，警方已介入调查此事。

### （四）坍塌

坍塌事故对于酒店而言虽属于小概率事件，但一旦发生，将给酒店带来毁灭性打击，并对建筑等相关行业产生深远影响。例如，2020年3月，位于福建省泉州市的某酒店所在的建筑物发生坍塌事故,造成29人死亡、42人受伤,直接经济损失达5794万元。

### (五)淹溺

为提升品质和竞争力,增加娱乐性和体验感,许多酒店和民宿都将游泳池作为标配,却忽视了游泳池的高危险属性,导致淹溺事故频发。例如,2023年8月,惠州市某度假酒店的露天游泳场所发生一起戏水淹溺事故,造成1人死亡。

### (六)中毒窒息

用气不慎或火灾事故,容易导致中毒窒息情况发生,直接威胁酒店顾客及员工的生命安全。例如,2023年7月,浙江温州瑞安市一火锅店发生事故,1人因一氧化碳中毒死亡。

### (七)食物中毒

酒店餐饮部安全管理的核心在于确保食品卫生安全,食物中毒事故是非常严重的问题。例如,2024年2月,日本东京一家日式餐厅发生由诺如病毒引起的食物中毒事件,163名顾客出现呕吐、腹泻等症状,这些顾客曾于1月30日至2月3日在该餐厅用餐。

### (八)电梯故障

酒店电梯属于特种设备,使用频率极高,一旦维护保养工作出现缺失或不到位的情况,极易引发严重的安全事故。例如,2015年3月,青岛的一家连锁酒店内发生悲惨的一幕,一名女性老年住客与一名不到十岁的小女孩在乘坐从6楼下行的电梯时遭遇不幸,两人坠入电梯井,当场身亡。

### (九)高处坠落

高处坠落事故在酒店行业中特别是在工程部进行改扩建、拆除、装修、检修、维修及安装等作业时发生率较高,这类事故往往导致人员伤亡和重大经济损失。例如,2018年9月,连云港某酒店的工程部员工在进行顶灯灯泡维修更换作业时,不幸高处坠落,事故造成1人死亡,直接经济损失约达130万元。

### (十)偷盗

酒店内的财物、入住酒店顾客所携带的贵重物品,常常成为犯罪分子偷盗的目标。例如,2019年3月,一名男子驾驶车辆多次出现在桂林某酒店的门前,先后偷走了数盆酒店展出的杜鹃花,事发后,酒店工作人员迅速向警方报案。

### (十一)名誉损失(顾客的名誉安全、心理安全、隐私安全等)

名誉损失一直是顾客入住酒店时非常担心的问题,这涉及顾客的名誉安全、心理安全以及隐私安全。例如,2018年12月,一游客在西安市某快捷酒店入住时,在床尾墙壁的插座里意外发现了一个直接对准床铺的针孔摄像头。

### (十二)逃账

近年来,顾客在酒店消费之后的逃账行为由传统的"吃白食""霸王餐"模式转向"扫自己的收钱码"的新逃账模式。例如,2020年12月,一男子在某饭店用餐完毕后准备结账,他扫描了自己手机上预先保存的二维码进行支付,绕过了商家提供的支付二维码,成功逃单。

### (十三)打架斗殴

酒店客流复杂,且客人常有饮酒行为,容易引发打架斗殴事件。例如,2024年10月,赵某邀请李某、刘某、孙某、周某、王某等11人在某大排档吃饭,席间,李某称几天前曾因发生矛盾被张某扇了几耳光,赵某出于所谓的朋友义气,便提议去找张某替李某出气,同桌人员纷纷附和并参与谋划。随后,李某一行人通过联系得知张某所在地点并前往实施报复,双方人员相遇后便产生言语冲突,然后迅速升级为肢体冲突,最终导致多人受伤,事件造成了极其恶劣的社会影响。

### (十四)黄赌毒

由于酒店具有私密性特点,很容易成为黄赌毒等违法活动的"温床"。因此,对酒店的管理和监管力度必须持续加强,绝不能有丝毫松懈。例如,2023年以来湖南网安部门摸排全省电竞酒店情况,将其全部纳入监管视线,通过与其他警种的联动合作,2023年全年共查办57起涉及电竞酒店的违法犯罪案件。

### (十五)恐怖袭击

近年来,受全球经济、政治等多因素影响,酒店成为恐怖袭击事件频发的地点,这对酒店的安全生产带来了严峻挑战。例如,2022年12月,阿富汗首都喀布尔一酒店内发生了枪战和爆炸,事发后,阿富汗临时政府的安全部队迅速行动,封锁了爆炸区域,并成功击毙了3名袭击者。

### (十六)欺诈宰客

欺诈宰客行为在酒店行业屡见不鲜,酒店经营者虽谋取了短期利益,但也因侵害消费者的合法权益备受公众质疑和社会谴责,严重的也会影响酒店的可持续经营。例如,2023年4月,泉州市某酒店因涉嫌违反《中华人民共和国消费者权益保护法》,存在消费欺诈行为,被泉州市市场监管执法二大队立案查处。

### (十七)其他

酒店中还可能发生其他类型的安全事故,如机械伤害、物体打击以及起重伤害等。

例如,2023年4月,安徽一建筑公司在某酒店一层宴会厅南侧进行吊顶拆除作业时,一层宴会厅D轴以南区域的吊顶突然发生坠落,事故造成1人死亡、2人轻伤,事故直接经济损失约达160万元。

## 三、酒店安全管理

### (一)酒店安全管理的含义

郑向敏(2010)认为酒店安全管理是指酒店为了保障客人、员工的人身和财产安全以及酒店自身的财产安全而进行的计划、组织、协调、控制与管理等一系列活动的总称。这些活动包括安全教育,安全管理方针、政策、法规、条例的制定与实施,安全防控、管理措施的制定与安全保障体系的构建与运作。

张志军(2008)认为酒店安全管理指在酒店的生产经营活动中,为避免造成人员伤害和财产损失而采取相应的事故预防和控制措施,以保证人身、财产安全和生产经营活动得以顺利进行的相关活动。

综上,酒店安全管理的本质即为事故预防。

### (二)酒店安全管理的目的

酒店安全管理的核心目的在于预防火灾、犯罪活动和其他各类安全事故的发生,确保客人与员工的人身财产安全,以及维护酒店自身的财产安全,以保障酒店能够正常运营。

### (三)酒店安全管理涉及的三个层面

1. 宏观层面的行业安全管理

宏观层面的行业安全管理涉及国家或地区制定相应法规,并设立专门的机构和人员,对全国范围内的酒店接待设施进行规范与管理。这些措施着重于监督酒店接待设施的安全设施状况及安全管理工作的实施情况,从宏观角度确保酒店行业的整体安全。

2. 微观层面的酒店企业安全管理

微观层面的酒店企业安全管理指酒店企业根据国家的相应政策和法规,实施的企业内部安全管理措施,这涵盖了制定安全管理规章制度、设立安全管理机构、配备安全设施设备、实施部门安全管理、采取防火防盗措施,以及其他相关的安全管理活动。

3. 顾客管理

顾客管理主要涉及对顾客的管理与引导,以及鼓励顾客进行自我的安全管理。在对顾客进行管理和引导时,酒店需要注重方法的合理性和针对性;而顾客的自我安全管理,则依赖于顾客整体安全素养的不断提升。

### （四）酒店安全管理的特点

**1. 国际性**

经济全球化背景下，酒店业需要加强国际化建设水平，不断提升涉外接待能力。然而，由于文化差异、接待能力不高等因素，酒店业也面临着诸多安全风险隐患，如主客冲突、涉外纠纷等。

**2. 复杂性**

酒店作为一个复杂系统，包含大量人流、物流、信息流，且三者相互交叉并产生作用，这无疑增加了酒店安全管理的难度。

**3. 广泛性**

广泛性体现在管理内容的广泛性和安全管理范畴的广泛性，且随着时代发展和社会演进呈现出动态调整的特点，这要求酒店在实施安全管理时做到与时俱进。

**4. 全过程性**

酒店需要在客人自登记入住直至办理退房手续离开酒店的整个入住期间内，承担起对顾客的安全保障义务和责任。

**5. 突发性**

酒店安全事故的发生是不以人的意志为转移的，它们从潜在隐患发展到实际事故需要经历一个过程，但具体何时发展到事故则是随机的，具有一定的突发性。

**6. 强制性**

若因违反安全管理规定而导致酒店安全事故的发生，相关责任人将会面临法律处罚或行政处理。法律规范与行政手段的强制性措施，对于确保酒店实现安全生产至关重要。

**7. 全员性**

酒店安全关乎每个部门、每个岗位以及每位员工，没有任何部门、岗位、员工能够置身事外、独善其身。

### （五）酒店安全管理的手段

**1. 行政手段**

行政手段在酒店安全管理中扮演着重要角色，主要包括建立制度、运用行政手段和措施等。

**2. 法律手段**

法律手段在酒店安全管理中同样不可或缺，它主要是依据《中华人民共和国旅游法》《中国旅游饭店行业规范》等相关法律法规来进行规范和管理。

3. 经济手段

经济手段在酒店安全管理中的应用,主要体现在将安全管理工作与经济利益挂钩等。

4. 技术防范手段

技术防范手段在酒店安全管理中起着至关重要的作用,这些手段包括监控、防火、防盗、防爆等。

5. 思想教育手段

思想教育手段在酒店安全管理中是一种重要的软性措施,旨在通过开展安全相关思想教育以提升员工安全素质。

## 第三节　酒店安全问题成因分析

为更好地预防和处理酒店所面临的安全问题,开展酒店安全问题成因分析至关重要。酒店安全问题成因可从自然成因和非自然成因两个方面加以分析阐述。

### 一、自然成因分析

近年来,各种极端气象灾害、地质灾害的发生频率越来越高,这无疑增加了环境中的风险,给酒店业带来更多、更大的安全隐患。例如,位于滨海地区的酒店容易受到台风灾害的影响、地震高发地区的酒店容易受到地震灾害的破坏、高海拔地区的酒店容易受到高原反应的困扰、丛林地区的酒店容易发生顾客失踪或毒虫侵袭的风险、靠近湖泊等水域地区的酒店需警惕溺水事故的发生、山岳地区的酒店则需防范山体滑坡和泥石流等自然灾害。

> **印尼地震已造成一栋酒店倒塌　3人死亡19人受伤**
>
> 2009年1月4日,印尼在一天内发生两次地震,当地的官员称,一栋酒店在地震中倒塌,救援人员发现了3名遇难者的遗体,另有19人被送医。
>
> (资料来源:中国新闻网。)

> **湖北一酒店后突发山体滑坡　部分房屋被埋**
>
> 2017年1月20日晚,湖北省南漳县的一家酒店后方突然发生了山体滑坡自然灾害,导致酒店的部分房屋被泥土掩埋。
>
> (资料来源:新华社。)

## 二、非自然成因分析

### （一）员工安全技能的局限性导致安全问题

员工是酒店服务活动的主体，他们的安全技能在很大程度上决定了酒店运营的安全性。但是，多数酒店鲜少为员工提供全面系统的安全训练。安全教育的焦点大多局限于消防安全领域，而对于员工在各自岗位上应当具备的综合安全素质却未能给予充分的关注。此外，针对员工应对突发事件的能力、处理顾客投诉的技巧等方面的专业培训也普遍缺失。因此，酒店员工在碰到安全问题时会显得手足无措，只能采取临时应急的"救火式"处理办法，既缺乏预防措施也没有有效的反馈机制，这种状况显然无法满足酒店整体安全管理的需求。

**餐厅服务员操作不当导致顾客右手小臂烫伤**

2019年3月，深圳市民唐小姐原本是和同事开开心心地去南山区某餐厅吃饭，然而，意想不到的是，服务员因操作不当将滚烫的开水倾倒在了唐小姐身上，造成唐小姐的右手小臂二度烫伤。就赔偿事宜，唐小姐表示已多次与涉事餐厅进行沟通，但双方一直未能达成一致意见。事发后，记者从涉事餐厅处了解到，只要顾客提出的要求合理合法，他们愿意承担相应的赔偿责任。

（资料来源：《深圳晚报》。）

### （二）服务活动潜藏着大量安全隐患

酒店顾客的个性、爱好、习惯和经验都是不同的，他们对酒店员工的认识、态度和评判也存在不同，这使服务活动中的主客冲突成为潜在的安全隐患。

**厨师反手盛汤"盛"出3万赔偿**

当"义兴楼"美食城的杜老板从法官手里接过终审判决书时，心里别提有多沮丧了。打了一年、历经两审，消费者焦小姐最终胜了这场因厨师"反手盛汤"引发纠纷的官司，法院判决"义兴楼"美食城赔偿焦小姐近3万元的经济损失。

1999年12月16日，焦小姐到"义兴楼"美食城就餐，一位姓周的厨师反手为焦小姐盛了一碗汤。焦小姐心里别扭极了，因为她深信"反手盛汤"不吉利，会招致灾祸，当即与周厨师争执起来。焦小姐在争执过程中摔倒在地，右腿被摔成骨折。经医院诊断，焦小姐的右小腿胫腓骨双骨折。

2000年12月，焦小姐一纸诉状将"义兴楼"美食城告到了宣武区法院。宣武区法院经审理认为，消费者在接受服务时享有人身安全不受损害的权利，经营者有保障消费者人身安全的义务，经营者提供商品或服务，造成消费者人身伤害的，应当支付医疗费、治疗期间的护理费、因误工减少的收入等费用。焦小姐在接受美食城的服务中因纠纷身体遭受伤害,经营者应依法承担赔偿责任。考虑到焦小姐用盛有汤汁的瓷碗投掷厨师,自身有过错,故在确定赔偿数额时适当减少被告的赔偿责任。法院判决"义兴楼"美食城赔偿焦小姐2.7万余元,并负担案件受理费。一审判决后,美食城不服,向北京市第一中级法院提起上诉,一中院终审判决驳回了美食城的上诉。

(资料来源:《北京晚报》。)

### (三)顾客安全素质缺乏会导致安全问题

基于安全素质的内涵,顾客的安全素质主要涵盖安全知识、安全行为、安全技能和安全意识四个方面。尽管出门在外的顾客通常具备一定的警惕性,但不少顾客缺乏旅行的安全防范经验、加之长途跋涉的疲惫和对陌生环境的不熟悉,这些因素会削弱顾客的安全反应能力。特别是对于老年人、孕妇、儿童及残障人士等特殊群体,这种情况更为突出。

**两名孩子玩酒店旋转门,其中一名女孩耳部被夹受伤**

2021年11月,蚌埠的赵女士表示,在国庆期间她带着女儿入住临泉一家酒店,她的女儿和一名小男孩在酒店内一起玩旋转门,耳部不幸被门夹伤。赵女士认为酒店未能提供必要的提醒,并且门没有安装限速装置,从而导致了这一事故的发生。对此,酒店表示愿意承担相应的责任。

(资料来源:新浪财经。)

### (四)酒店的公众集聚特征使其容易诱发安全问题

酒店是一个存放有大量财产、物资、资金的消费场所,极易成为盗窃分子进行犯罪活动的目标。酒店顾客的物品新奇、小巧且价值高,加之顾客习惯在客房内随意存放钱财,以及酒店物品本身具有的家庭使用价值,这些都可能成为吸引不法分子实施盗窃的诱因。此外,由于酒店装修档次高且人员密集,一旦发生爆炸事件,将造成极其严重的损失和恶劣的社会影响,因此也容易成为恐怖袭击的目标。再者,酒店顾客群体的异地性、集聚性和规模性特征,使得酒店成为群体性事件的高发地,如食物中毒、传染性疾病的快速传播等,这些都给酒店的安全管理带来了严峻挑战。

**接连盗窃宾馆、民宿内财物　海南乐东一男子被刑拘**

2024年1月,海南省乐东市某派出所接到群众报案,称其民宿前台的抽屉被破坏,放在抽屉里的两包香烟、几百元现金和小汽车钥匙被盗。接警后,民警立即赶往现场调查取证,寻找破案线索。随后,报警群众发现被盗小汽车钥匙对应的汽车也被盗走。办案民警通过侦查成功锁定犯罪嫌疑人林某。事发后次日中午,民警成功将犯罪嫌疑人林某抓获,并追回赃物。经审讯,林某如实供述了其在乐东市实施的5起盗窃宾馆、民宿财物的违法犯罪事实。

(资料来源:北青网。)

## 第四节　酒店安全管理的主要理念

### 一、安全是酒店的生命线

安全无小事，安全即大事。安全事关酒店的正常运营和可持续发展，决定了酒店的生存和未来，安全就是酒店的一切，没有安全酒店就失去了发展之基。因此，如何实现从"要我安全"到"我要安全"再到"我能安全"，是酒店践行"安全是酒店的生命线"的努力目标。

> **屡陷"卫生门"，某知名连锁酒店两年关店超200家**
>
> 2019年11月，一则"某知名连锁酒店床单上疑似有呕吐物"的视频在网上传播。这已不是该连锁酒店首次因卫生问题受到指责，在过去的两年时间内，该连锁酒店总数已减少了239家，在全国众多经济型酒店品牌中关店总数最多。业内专家认为，经济型酒店屡屡出现卫生安全问题，这意味整个集团的经营管理存在一定的问题。此外，在整个消费升级的背景下，经济型酒店如果不重视提升服务质量，很可能会被其他新兴的连锁酒店品牌所超越甚至淘汰。
>
> （资料来源：每日经济新闻。）

### 二、酒店安全是相对的存在

安全是酒店运营的基本原则，贯穿酒店所有环节和要素之中。安全与危险之间并非截然分开，而是存在一个过渡地带，二者界限模糊，且会随着条件的变化从量变逐渐发展到质变。安全是相对的状态，而危险则是绝对的存在。因此，需要通过系统的方法动态识别酒店系统中存在的各类安全风险，尽最大努力降低危险源的危险性，最终实现酒店的安全生产。

> **一酒店存在安全隐患**
>
> 2023年5月，海南乐东消防救援大队在对辖区某酒店进行消防安全检查时发现该酒店存在安全隐患，依法临时对酒店进行查封。
>
> 消防监督员在检查过程中发现，该酒店存在诸多安全隐患：一部疏散楼梯未配备防烟设施，也未设置疏散指示标识和应急照明；未设置封闭楼梯间；未安装室内消火栓系统、消防水池、屋顶水箱及稳压设施；所有管道井均未采用丙级防火门进行防火分隔。此外，酒店还占用了一部疏散楼梯堆放杂物，影响了疏散通道的畅通，而另一部疏散楼梯则严重堵塞，无法通行。强弱电

井内堆放了大量可燃、易燃物品；所有管道井的横向与竖向均未进行封堵处理。

针对这些安全隐患，消防监督员当场要求该场所立即停业，并依法进行了临时查封。在查封过程中，监督员向酒店负责人详细阐述了其违法事实，并告知了实施查封的理由和依据。同时，监督员要求酒店迅速制定整改措施，进行彻底整改。待消防部门检查合格后，方可解除查封。

（资料来源：《海南特区报》。）

## 三、安全事关酒店每位成员

酒店安全问题关系到酒店每位成员的工作与责任，安全管理如果不通过全员来落实，就无法取得预期效果。在具体工作中，酒店应该让每位成员明确自己的安全责任，可以在安全任务分解和岗位责任中明确提出。成员承担的安全责任应该与其权利、绩效挂钩，可以通过对等的原则给予员工适当的安全激励，组织员工进行安全培训，提高酒店全员的安全素质，并增强员工的主人翁意识，让酒店全体员工既有意愿、也有能力来完成酒店的安全工作。

**大连市各行业领域企业落实事故隐患报告奖励制度取得显著效果**

2025年2月10日，大连市西岗区某酒店，值班人员在进行日常检查时发现，酒店大厅天花板的金属吊顶吊灯线裸露，吊灯松动有坠落风险，立即安排工程部人员进行维护固定，事后给予该工作人员100元奖励。

（资料来源：大连应急。）

## 四、安全培训应该全面开展

加强安全培训与教育，是提升员工安全素质的重要途径，也是推动安全管理进步的有效手段。酒店安全培训的全面实施主要体现在两个方面：一是培训内容覆盖安全知识与技能的广泛性，二是培训活动面向所有员工的全员参与性。

《中华人民共和国旅游法》第七十九条规定："旅游经营者应当对直接为旅游者提供服务的从业人员开展经常性应急救助技能培训。"

《旅游安全管理办法》第九条规定："旅游经营者应当对从业人员进行安全生产教育和培训，保证从业人员掌握必要的安全生产知识、规章制度、操作规程、岗位技能和应急处理措施，知悉自身在安全生产方面的权利和义务；旅游经营者建立安全生产教育和培训档案，如实记录安全生产教育和培训的时间、内容、参加人员以及考核结果等情况；未经安全生产教育和培训合格的旅游从业人员，不得上岗作业；特种作业人员必须按照国家有关规定经专门的安全作业培训，取得相应资格。"

**某知名酒店被罚款1万元　因未按规定进行安全生产教育培训**

北京市安全生产监督管理局发布的（京）安监管罚〔2017〕执法—7号行

政处罚决定书显示,桔子酒店管理(中国)有限公司北京第四分公司未对从业人员进行安全生产教育和培训,被罚款1万元。

行政处罚书显示,2017年3月7日,北京市安全生产监督管理局安全生产行政执法人员对桔子酒店管理(中国)有限公司北京第四分公司进行检查,发现其存在未按照规定对从业人员刘某(2016年12月10日上岗)进行安全生产教育和培训的行为。该行为违反了《中华人民共和国安全生产法》第二十五条第一款的规定,依据《中华人民共和国安全生产法》第九十四条第(三)项的规定,北京市安全生产监督管理局决定对桔子酒店管理(中国)有限公司北京第四分公司处以罚款1万元。

(资料来源:千龙网。)

## 五、本质安全化是酒店安全管理的必由之路

本质安全是从根源上消除或减少危险,而非仅仅依赖额外的安全防护措施来控制危险。为此,需要将酒店安全问题消灭在萌芽阶段,即在安全问题尚未引发事故之前,就将其彻底消除,以实现酒店本质化安全生产经营。其中,做好应急管理、加强预防控制,及时排查并消除酒店存在的一切安全隐患是实现酒店本质安全生产的最佳途径。

**伊春消防:"扫除"隐患问题,提升酒店火灾"抵抗力"**

为进一步加强对辖区内酒店的消防安全监管力度,为入住人员营造一个安全稳定的消防环境。2023年5月,伊春市消防救援支队金林区大队深入辖区酒店开展消防安全检查工作。通过此次检查,进一步明确了消防安全主体责任,提升了管理人员的消防安全意识和对消防安全的重视程度,增强了酒店预防火灾的能力,为酒店今后的安全运行提供了良好的消防安全保障。

(资料来源:中国新闻网。)

## 六、人、物、环境和管理是酒店安全的四要素

酒店安全问题主要源自人、物、环境和管理四要素中隐藏的问题。人员要素包括酒店的员工、顾客和店内非顾客等群体;物的要素包括酒店的设施设备等;环境要素包括自然环境、社会环境、消费环境等;管理要素包括安全生产责任制的制定与落实、各项安全管理规章制度的制定与落实等。四要素之间相互联系、相互作用、相互交叉,共同构成影响酒店安全的要素体系。

**青岛市某商务酒店"5·19"液化气爆炸较大事故调查报告(节选)**

2015年5月19日,青岛市某商务酒店发生液化气爆炸较大事故,造成3人死亡,17人受伤,直接经济损失约达665万元。

该酒店工作人员在5月18日夜间使用中餐灶后,未关闭中餐灶左侧灶头点火燃烧器开关,也未关闭液化气钢瓶角阀,造成液化气泄漏。因地下室较

为封闭、通风不良,泄漏的液化气沉积在地表,并扩散到地下室其他房间。工作人员在5月19日做早餐时,未发现液化气已经泄漏,点火后,灶具燃烧和人员走动加速了室内空气对流,当泄漏的液化气与空气混合达到爆炸极限时,引发爆炸,是事故发生的直接原因。

(资料来源:青岛市应急管理局。)

# 第五节 酒店安全管理的内容

酒店安全管理的内容包括酒店安全风险识别、评价及控制三方面。

## 一、酒店安全风险识别

### (一)含义

酒店安全风险识别是指通过系统化的方法,发现、识别并记录酒店在运营管理、服务提供及设施使用过程中可能存在的各类风险源(危险因素),并分析其潜在影响的过程。酒店安全风险识别是酒店安全管理的重要环节,旨在系统化识别潜在风险源,为后续风险评价与风险控制提供依据。例如,锅炉是酒店餐饮部的一个风险源、电梯是酒店内的一个风险源、游泳池则属于康乐部的一个风险源。

### (二)方法

1. 系统安全分析方法

系统安全分析也称危害分析,主要关注于识别各种危害,这些危害可能源自不安全的环境条件、操作失误、物的故障或其他不安全的因素。事件树分析法和故障树分析法是常用的系统安全分析方法。

2. 人—物—环境—管理分析方法

从人、物(设施设备)、环境和管理等四个维度对酒店系统进行安全风险识别。

3. 心理分析方法

对顾客和员工的行为进行心理分析,发现安全问题的发生规律。

## 二、酒店安全风险评价

### (一)含义

酒店安全风险评价是指对酒店运营中已识别的风险源进行系统性评估,也称系统风险评价。酒店安全风险评价主要包括两个方面:一是评估风险源本身的风险程度;二是评估现有控制措施的有效性。

### （二）思路

酒店安全风险评价可按照"构建评价指标体系—确定评价指标权重—建立评价模型与方法—实例计算"的思路开展具体评价工作。

### （三）方法

酒店安全风险评价主要有以下几种方法。

**1. 安全检查表法**

安全检查表法是为检查某一系统的安全状态而事先拟好安全问题清单，以进行酒店安全风险评估的方法。

**2. 概率危险性评价法**

概率危险性评价法是以某种死亡事故或财产损失事故的发生概率为基础进行的系统安全评价方法。

**3. 综合评价法**

综合评价法是一种系统化的评估过程，它依据特定的评价目标，整合被评价对象的多维度属性信息，构建合理的指标体系，并运用科学的评价方法和综合技术，以确定被评价对象的优先次序。综合评价法主要包括模糊数学法、灰色系统理论法、神经网络法、集对分析法、可拓方法、基于大数据的评价方法等。

## 三、酒店安全风险控制

### （一）含义

酒店安全风险控制是指通过工程技术和管理策略的应用，以消除或控制潜在的风险源，从而预防事故发生，避免人员受伤和财产损失的一系列工作。

### （二）方法

**1. 法律方法**

法律方法是指依据相关的法律条例等工具来制定措施和处理安全事故的方法。例如《中华人民共和国旅游法》《旅游安全管理办法》《中华人民共和国反恐怖主义法》等。

**2. 授权法**

授权法是一种授予员工一定权限，使其能随机灵活处理安全问题，以避免安全损失和影响扩大的方法。

**3. 技术方法**

技术方法是采用工程技术手段来解决安全问题，旨在预防事故，并减轻已发生事故可能造成的伤害和损失,是事故预防和控制的最佳安全策略。具体的技术手段包括预防事故的安全技术(如限制能量的技术、警示装置、故障安全设计等)、减少和遏制事故损伤的安全技术(如实物隔离、人员防护装备等)。

4. 安全教育方法

安全教育方法是通过各种形式的学习和培养,努力增强个体的安全意识和素质,使人们学会从安全的角度观察和理解所从事的活动和面临的形势,并能够运用安全的观点来解释和处理自己遇到的新问题。

5. 安全强制管理方法

安全强制管理方法是用各项规章制度、奖惩条例约束人的行为和自由,以控制不安全行为,从而达到减少事故发生的目的。此外,还可以借助安全检查、安全审查和安全评价等方法来实现安全管理目标。

## 第六节 酒店安全研究方法

### 一、文献分析法

文献是记录知识和信息的有效载体,文献分析法是通过对相关文献的搜集、查阅、整理、思考和分析,提炼出与研究问题相关的研究成果,把握研究进展状况和趋势,形成对事实的科学认识并以此为前提继续开展突破性研究的方法。通过文献资料分析前人的研究成果,可同时汲取正反两方面的效益。既能在了解研究现状的基础上规避重复研究,又能在历史与逻辑的统一中开启研究思路,寻求研究创新。

文献分析法的一般过程包括确定对象、文献收集、统计分析、得出结论四个步骤。

第一步:确定对象,即要分析什么。只有先确定分析对象,才能进一步搜集并筛选相关的目标文献。

第二步:文献收集。针对已选定的研究对象,首先明确文献的来源与筛选标准,随后进行文献的收集工作,最终整理得到一系列相关的文献作为后续分析的基础材料。

第三步:统计分析,即分析样本文献。通常,分析应涵盖多个维度,如研究方法、研究主题、学科背景等,并可以采用统计分析、词频分析、引文分析等多种方法。为了提高分析的准确性和深度,最好将分析时段划分为不同的区间,比如前十年与后十年,以便通过对比得出更有价值的结论。

第四步:得出结论。通过细致的观察分析得出有用的结论。

### 二、个案研究法

在定性研究阶段,研究对象被称为个案,并非简单的随机样本,这是因为个案的选取并非基于随机抽样原则。虽然选取个案的方式不强调科学抽样,但这并不意味着个案的选取是毫无逻辑、随意的;相反,个案的挑选是围绕研究问题精心设计的,采用的是"目的性抽样"方法。

## 三、访谈法

在定性研究中,访谈法不是日常会话中自发的交流,而是一种以获得经验为主要目的的互动方法。要想还原受访者的真实世界,了解他们的真实想法,就必须深入到社会实践之中,与受访者进行接触。通过综合收集情境与事件的相关信息,研究者能够解读受访者内在的真实感受。

访谈法按照访谈内容的构成可分为结构性访谈、半结构性访谈和非结构性访谈三种。

结构性访谈(Structural Interview)又称标准化访谈,指研究者根据事先设计好的有一定结构的问题(通常为是非题或选择题)进行访问的方法。它是一种对访谈过程高度控制的访问形式,包括提出的问题、提问次序和方式以及记录方式等都完全统一与格式化。结构性访谈由于严格的标准化程序,所以难以收集到较深层次的信息。

半结构性访谈(Semi-Structural Interview)又称焦点访谈,指在质性研究资料收集过程中,研究者采用同义重述的方式,以提纲为蓝本,以不同形式的开放性问题,引导受访者针对主题进行深入陈述的方法。对于不同的受访者,虽然具体用词和句式可以有所变化,但关键是要确保问题与预设提纲的核心意思保持一致。半结构性访谈内容比较集中,不会离题太远,且能挖掘到较深层次的信息,是一种最常用的质性资料收集方法。

非结构化访谈(Unstructural Interview)又称开放式访谈或非标准化访谈,是质性研究资料收集的一种方式。在这种访谈中,事先不设定具体的问题列表,而是仅确定一个大致的主题范围。访谈过程中,访问者以轻松的聊天方式围绕这一主题与受访者进行自由交流,通过少量的引导性话语,鼓励受访者尽可能地表达自己的情绪、感受、见解、理解及观点等,以获取丰富而深入的信息。

## 四、问卷调查法

问卷调查法也称书面调查法或填表法,是用书面形式间接收集研究资料的一种调查方法。它是实证研究中研究者用来收集资料的一种常用方法,以语言为媒介,使用严格设计的问题或表格,收集研究对象的资料。问卷调查法尤其适用于那些需要标准化回答的问题,并且广泛应用于描述性调研和解释性研究中。

问卷调查法的优点如下:第一,调查结果容易量化处理;第二,调查结果便于进行统计处理与分析;第三,如果实施得当,问卷调查法是最快速有效收集数据的方法;第四,如果量表的信度和效度高,且样本数量充足,研究者能够获取高质量的研究数据;第五,问卷调查对于被调查者的干扰较小,可行性高。

问卷调查法的这些优点得以充分实现的前提是,大多数的被调查者能够认真地阅读和理解问卷中的所有问题,并且坦诚地回答。问卷本身的质量会直接影响被调查者在填写问卷时的态度和行为,也将进一步影响调查的最终价值,因此在问卷设计阶段需投入充足精力,以保证问卷调查法的实施能得到最优的调查结果。此外,组织好调查问卷的发放和收集工作,对于保障调查结果的准确性和可靠性同样重要。

## 五、统计分析法

统计分析法是一种基于统计学基本原理的方法,它主要用于对调查问卷的结果及收集到的样本原始数据进行整理汇总和综合分析,该方法主要包括频数分析、描述性分析、信度分析、效度分析、方差分析、因子分析、主成分分析、聚类分析、相关分析、回归分析、中介效应分析、调节效应分析等。统计分析法一般借助软件实现具体数据的分析,其中 Excel 软件、SPSS 软件、AMOS 软件、R 语言软件、SATA 软件、Matlab 软件、Python 软件等是目前较为流行的常用统计分析软件。

## 六、扎根理论方法

扎根理论(Grounded Theory,GT)是一种产生于社会学领域的定性研究方法,它通过对原始资料的三级编码及理论饱和性检验构建新理论,具有研究过程可追溯性、程序可重复性、结论可验证性的独特优势,常被用于解释未被完全理解的现象。

目前,国内扎根理论研究大都是采用 Strauss 的程序化扎根理论学派的方法,该学派编码过程分为一级编码、二级编码和三级编码三个阶段。一级编码也称为开放式登录,是研究者通过整理原始资料,将其聚拢并形成较为规范的语句,同时对这些语句进行范畴化操作;二级编码也称作主轴编码或关联式登录,该阶段要求研究者对上阶段形成的初级范畴进行进一步的归纳和总结,从而提炼出若干主范畴;三级编码也被学者称为选择性编码或核心式登录,是在前一阶段形成的主范畴基础上,构建出研究的最终结构模型。在大部分较为严谨的研究中,研究者都会对上述三个阶段的编码进行详细的说明,以确保研究的可复制性和设计完整性。

## 七、内容分析法

### (一)定义

内容分析法是一种对具有明确特性的传播内容进行的客观、系统和定量的描述的研究技术,其实质是对文献内容所含信息量及其变化的分析,其研究目的是根据数据对内容进行可再现的、有效的推断,其研究对象是"具有明确特性的传播内容"。

### (二)内容分析法的步骤

第一步:提出研究问题。具体问题需要具体分析,因此编写研究大纲对于指导方法的实施是十分重要的。研究大纲中需要确定研究目的,划定研究范围,剔除假设。

第二步:抽取文献样本。如果不可能对全部的文献信息进行研究时,就可以采用抽样方法。选择样本时,应确保样本符合研究目的,信息含量高,具有连续性,且内容体例基本一致。简而言之,所选样本应能代表总体性质,从而能够从中推断出与总体性质相关的结论。

第三步:确定分析单元,即识别出研究中需要考察的各项关键因素,这些因素应当与研究目的有着直接的关联,并且易于提取和操作。分析单元是多种多样的,比如单词、符号、主题、人物,也可以是意义完整的词组、句子、段落,甚至整篇文献。

第四步:制定类目系统,即确定分析单元的归类标准。有效的类目系统应具有完备性,保证所有分析单元都能被恰当地分类;同时类目之间应该是互斥和独立的,一个分析单元只能放在一个类目中;类目系统还应具有可信度,应能得到不同的编码员的一致认同。

第五步:内容编码与统计。编码是将分析单元分配到类目系统中去的过程,可以借助计算机技术完成这项重复性工作,不仅速度快,而且保证了编码标准的一致性。对数据的统计工作也可以交由相应的统计软件完成,百分比、平均值、相关分析、回归分析等各种统计分析均可实现,而且精度更高。

第六步:解释与检验。研究人员需要基于量化数据进行合理的阐释和分析,并将这些分析与文献中的定性描述相结合,从而提出自己的观点和结论。此外,分析结果还需经过信度和效度的严格检验,以确保其最终具有说服力。

### (三)ROST-CM6软件工具

ROST-CM6是由武汉大学沈阳教授研发编码的,是国内目前唯一的以辅助人文社会科学为目的的大型免费社会计算平台。该软件可以实现微博分析、聊天内容分析、全网信息检索与分析、网站内容挖掘、浏览行为,以及中文和英文的词频统计、流量分析、聚类分析等多种文本处理与分析功能。

## 八、层次分析法

层次分析法(Analytical Hierarchy Process,AHP法)由美国运筹学家Thomas L. Saaty于20世纪70年代中期提出,该方法能把复杂系统的决策思维层次化,将决策过程中定性和定量的因素有机地结合起来。通过构建判断矩阵、进行排序计算和一致性检验,AHP法能够得出具有说服力的最终结果。与其他权重确定方法相比,AHP法展现出显著的优越性,因为它能够将人的主观判断转化为量化的形式,使决策过程更加条理化、科学化。这样一来,就可以有效避免人的主观性导致的权重预测与实际情况不符的问题,同时也解决了决策者和决策分析者之间沟通困难的问题。此外,AHP法还能克服决策者的个人偏好,从而提高决策的有效性。因此,在综合评价领域,AHP法具有广泛的应用价值。

## 九、模糊综合评价法

模糊综合评价法是应用模糊关系合成的原理,从多个因素对评价事物隶属度等级状况进行综合评价的一种方法。模糊综合评价包括以下六个基本要素:

(1) 评价因素集U,U代表综合评价中各评价因素所组成的集合;

(2) 评语等级集V,V是以对评价系统进行评判的评语等级为元素所构成的集合,它实质是对被评价事物变化区间的一个划分,如很好、好、中、差、极差等五个等级;

(3) 模糊关系矩阵R,模糊综合评价所综合的对象正是R;

(4) 评价因素权向量A,A代表评价因素在被评价对象中的相对重要程度,它在综合评价中用来对R作加权处理;

(5) 合成算子,合成算子是用于合成评价因素权向量A和模糊关系矩阵R的计算方法,即合成方法;

(6) 评价结果向量B,B是对每个被评价对象综合状况分等级的程度描述。

### 抓安全就得有股子穷折腾劲

安全是相对的,危险是绝对的。对安全监管来说,就得有股子穷折腾劲,做到见微知著、找准方向、主动作为,夯实双基,落实责任。

2017年5月,北京市政府召开工作会,要求组织力量,集中清理杨柳絮、落叶枯草堆物。明眼人一看就知,这是冲着5月1日那起杨柳絮引发的火灾去的,那起火灾导致90辆车被烧毁。因轻飘飘的杨柳絮而专门召开市政府工作会,虽说不是绝无仅有,但也是比较少见的。

从正面看,这也算是以事故教训推动工作的例证。其实,以事故教训推动工作,是一种无奈的现实选择。事故已经发生了,重大损失已经造成了,还是很让人惋惜的:如果能做到"早知如此"就好了。所谓知易行难,笔者不是站着说话不腰疼,谁不知道安全生产点多线长面广。安全生产工作极其复杂,隐患和风险随时随处都可能出现、存在,常常会让人如陷泥沼、心生无力感。但是,具体到北京这起杨柳絮火灾,它真的是突如其来的吗?

近年来,每到四五月份,北京就杨柳絮漫天飞舞,这几年虽有所好转,但仍是当地一道固定的风景。2017年5月1日,北京市119指挥中心就接到报警电话377起,其中大多数为杨柳絮引发的火灾报警。即使机械套用海恩法则,这么多柳絮火灾报警,也应该引起高度重视了。美国风险管理大师埃里克森这样推导:事故的发生,首先是我们没能准确识别危险,其次是虽然识别出了危险,但没有采取与之相匹配的风险管控措施,这就等于在默认或等待事故的发生。

对风险和隐患,因司空见惯而不以为意的,大有人在。某年,笔者曾跟随某督查组,前往天津某大型石化企业检查。储罐区的杂草丛生,都快没过膝盖了。督查组当场指出,这里存在火灾隐患,必须尽快整改。很明显,企业负责人嫌督查组"多事",他们辩解:"我们才组织人清理过,但架不住现在是夏天,草长得快啊……"

风险管控和隐患整改的动力不足,只会导致事态趋于恶化,最终引发事故。这种动力何来?有的靠内生,有的靠刺激。所谓刺激,其实就是那些基于制度的评价和奖惩。大多数时候,外界刺激比内生动力更可靠、更持久。

评价体系决定努力方向。在没有外界刺激的情况下,侥幸和麻痹心理总是会滋生蔓延。可以说,在出事故的地区和单位,评价体系往往存在这样或那样的缺陷,才导致工作越位、错位和缺位的现象出现。

对任何单位来说,一段时间内的可用资源和精力总是有限的,现阶段抓什么、怎么抓,总是叫人头痛。因为在很多人眼里,工作干得好不好,就看结果:出了事故,就功劳、苦劳一笔勾销;不出事故,似乎也是理所当然。这种心理的普遍存在,容易形成一种负面的评价氛围。例如,当投入了巨大的人力、财力、精力,结果却因平安无事,找不到可汇报的成绩、亮点,这种努力会被人称为穷折腾。费力不讨好,谁不头痛?

安全总是相对的,危险则是绝对的。对安全监管来说,就得有股子穷折腾劲,做到见微知著、找准方向、主动作为,夯实双基,落实责任。善战者无赫赫之功,平安无事就是最大的成绩。

(资料来源:《中国安全生产报》。)

**案例讨论**:根据"安全是相对的,危险是绝对的"这一观点,谈谈你对酒店安全的认识和理解。

## 重要术语

安全(Safety)

安全管理(Safety Management)

酒店安全(Hotel Safety)

酒店安全管理(Hotel Safety Management)

本质安全(Inherent Safety)

风险识别(Risk Identification)

风险评价(Risk Assessment)

风险控制(Risk Control)

## 思考题

1. 简述安全管理的必要性。

2. 简述安全管理的重要性。
3. 简述酒店安全的表现类型。
4. 举例说明酒店安全管理的手段。
5. 简述酒店安全问题的非自然成因。
6. 谈谈你对酒店安全理念的理解和认识。
7. 论述酒店安全管理的内容。

# 第二章
# 酒店安全管理的组织建设

酒店安全管理的组织建设涉及建设途径、风险分析、机构设置、人员职责及保安部工作指南等一系列关键问题,它关系酒店安全管理的落地与执行,决定着酒店安全管理的成效。

1. 熟悉安全管理组织建设的途径。
2. 了解安全管理组织风险分析。
3. 掌握酒店安全管理组织机构构成。
4. 熟悉酒店人员的安全职责。
5. 熟悉并会熟练运用酒店保安部工作指南。

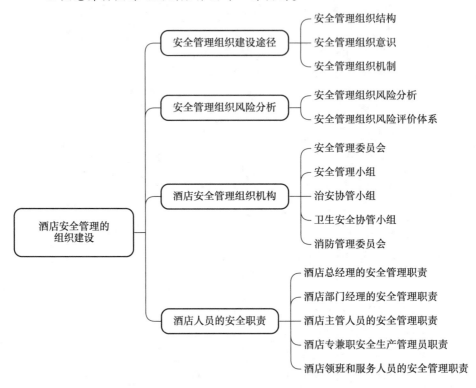

第二章　酒店安全管理的组织建设

**课程思政元素**

人岗匹配；安全激励；安全操作；责任感；价值观；组织意识；凝聚力；履职尽责；优秀典型人物

## 第一节　安全管理组织建设途径

安全管理组织系统是实现安全管理的基础条件，其核心在于围绕组织本身，通过构建完善的组织结构、强化组织意识以及建立有效的调节机制，使组织系统成为一个立体化的整体。组织结构是组织的基础，是组织的职位、职责、权力关系和协作关系的外在表现；组织意识为组织的支柱和灵魂，是组织成为有机体的核心内涵；组织调节机制则是静态组织结构所内含的动态性功能。

### 一、安全管理组织结构

#### （一）定义

安全管理组织结构是指企业管理系统负责环境、健康、安全管理责任的部门和人员的构成及其职能分配。作为企业安全管理体系的执行机构，它通常涵盖横向与纵向安全管理部门的设置、相关人员的配置、明确的职责划分以及安全管理业务之间的关联与协作。

#### （二）构成要素

安全管理组织结构要素共有18个，如表2-1所示。

表2-1　安全管理组织结构要素

| 要素 | |
|---|---|
| 安全业绩的对待 | 协调机制 |
| 安全员的地位 | 安全激励 |
| 安全部门地位 | 安全知识 |
| 员工参与安全管理 | 安全规章制度 |

续表

| 要素 | |
|---|---|
| 个人责任 | 工作满意度 |
| 安全部门责任 | 授权 |
| 人岗匹配 | 参与决策 |
| 安全能力 | 任务、角色清晰 |
| 工作压力 | 人际关系 |

### （三）模式

#### 1. 传统模式

在传统安全管理组织结构模式中，安全人员从直接生产部门获得安全信息，然后协助高级管理层制定安全管理决策，并直接监督检查员工对决策的贯彻实施情况，从而管理整个企业的安全工作，如图2-1所示。但受传统文化的影响，该工作流程在实施上存在很大的困难：第一，在实际执行过程中，高级管理部门没有真正放权，安全部门往往责任重大而权力有限；第二，安全部门往往过于注重管理控制，容易忽略来自直线员工的安全信息；第三，在这种安全管理模式下，直线生产部门的各级负责人和员工的安全意识参差不齐，有时对安全问题不够重视，认为安全工作是安全部门的职责，与自己的关系不大，因此缺乏参与安全管理的积极性、主动性和创造性，而安全部门则不得不承担过多的安全责任。

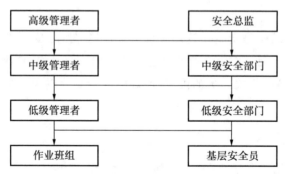

图2-1 传统安全管理组织结构模式

#### 2. "圆锥形"模式

结合企业安全系统管理思想，在安全管理组织结构设计中要遵循几个原则：第一，安全部门必须提升至一定的组织层级，以确保其权威性和影响力；第二，安全管理者应该是企业第一责任人或其直属工作人员；第三，安全部门要区别于其他部门，或者说其职权应高于其他部门；第四，安全管理系统应该渗透企业的各个层级和部门，形成全方位的安全防护网。

根据以上结论,结合系统安全工程理论和管理学组织设计理论,在国内企业传统安全管理组织结构模式的基础上,王鹏、樊云晓(2012)提出"圆锥形"安全管理组织结构模式,如图2-2所示。

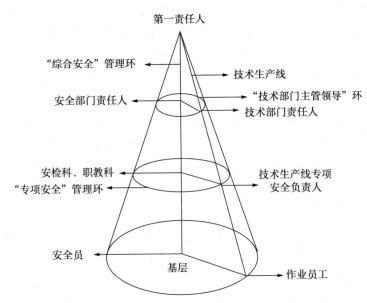

图 2-2 "圆锥形"企业安全管理组织结构模式

在此模式下,圆锥体的顶端为企业第一责任人;圆锥体的各条母线代表各条技术生产线;圆锥体的中线为"综合安全"管理线,代表安全部门;各技术部门的责任人组成了"技术部门主管领导"环,中线穿过其中央位置,为安全部门责任人;每条母线上,设置了技术生产线专项安全负责人,组成"专项安全"管理环,中央位置为安检科;最下层为基层员工,中央位置是基层安全员。

在生产运行过程中,安全部门既独立于其他部门,又高于其他部门,同时又能够从各个层面渗透各个部门中。第一责任人统一管理整个企业;在"技术部门主管领导"环中,安全部门责任人作为第一部门主管领导,不仅专门管理本部门,而且参与管理各条技术生产线,其他生产部门主管领导针对本部门生产工作所做的决策都要经过安全部门责任人或安全部门的审核,确保各项生产计划安全合理;在"专项安全"管理环中,安检科和职教科负责日常安全生产检查和安全培训工作,各条生产线的安全作业由各专项安全负责人监督管理,这些专项安全负责人来自各生产部门的每一条生产线,同属安全部门,需要协助基层作业队长进行日常生产管理,确保生产作业无安全隐患,并直接指导作业队安全员的工作;各基层队安全员在作业队长和专项安全负责人的领导下,监督作业员工的安全操作。

3. 两种模式对比分析

"圆锥"型安全管理组织结构模式与传统安全管理组织结构模式相比,主要有以下三方面的进展。

第一，重新构建传统安全管理中安全部门与其他部门并列的关系，确立了以安全部门为中心的新模式，特别是技术生产部门需围绕安全部门展开工作，从而显著提升了企业安全部门的相对地位。圆锥体的中线——"综合安全"管理线代表安全部门，其他各条生产线围绕在周围，无论在什么层面，安全部门始终位于中心位置，其职权范围涉及所有生产线，体现出安全部门的直属地位和相对其他部门的重要性。

第二，变"直线型"安全管理模式为"一线加一环"的安全管理模式，完善了企业安全管理组织结构。"综合安全"管理线重在从管理角度全局控制企业安全生产，"专项安全"管理环则从技术角度出发，管理具体某项生产流程的作业安全。

第三，组织结构反映文化价值观，"圆锥"型安全管理组织结构增加了"专项安全"管理环，也让更多的企业员工参与到安全管理工作中，提高了企业员工对安全管理的积极性、主动性与创造性，同时这也符合我国传统的集体责任感的价值观。

## 二、安全管理组织意识

仅靠完善的组织结构是不够的，对安全生产具有深刻影响并能长期起作用的因素是安全意识，即建立一种组织意识并渗透安全工作各方面，使职工明确方向，同时受到激励、奖励和约束。通过培养职工共同的价值观念、行为规范及行为，实现安全生产，也满足职工自我安全的需要。

安全管理组织意识可分为企业领导安全意识、部门及班组安全意识和职工的自主安全意识几个部分。企业领导安全意识是安全管理组织意识确立的前提，这主要体现在以下几个方面：建立科学的安全效益概念和指标，明确安全效益在产量、产值和利润中的比重；提高安全防范在总体决策中的地位和权重，根据本企业技术经济条件，在人力、财力、物力方面保证安全系统正常运行；从制度层面出发，提升员工素质，并高度重视员工的安全教育与培训工作。班组是企业基本单元，其安全意识的培养是组织意识建立的基础。企业通过安全文化建设，可以有效地增强班组的凝聚力，使其形成自我管理，进而成为一个既追求利益共享又注重情感联结的团体。职工的自主安全意识是预防事故发生的重要保证。为了强化职工的自主安全意识，企业需要通过系统的教育、定期的培训以及日常的安全演练等活动，不断强化他们对安全的价值、任务以及生存意义的认识。

安全文化会对各层级职工产生深远影响，使他们对自身的责任和目标有更深刻的理解，进而约束组织决策和个人行为，确保它们与安全目标保持高度一致。

## 三、安全管理组织机制

组织机制具有组织的自动调节功能，它包含了目标调节机制、组织内部沟通协调机制和对外部环境的适应机制。

随着体制改革的不断深入，经济学已广泛渗透各个领域，促使价值原则变得日益普遍。由于公众和社会对人的价值有了新的认识，经济效益成为安全管理目标调节机制的本质,该机制包含了动力机制和约束力机制。动力来源于商品生产的企业因注重安全而获得的经济利益,它有力地推动了安全管理目标的实现;约束力则来自企业为承担投资风险、竞争压力及破产风险所具备的一种内在经济力量,这种力量旨在防止企业偏离既定的安全管理目标,同时确保企业在追求目标的过程中不会遭受严重损害。正是动力与约束力的共同作用,确保了企业能够顺利实现预定的安全目标。

企业安全管理的内在动力和自我约束力体现在商品生产经营者自主经营、自负盈亏并参与市场竞争的过程中。他们受到经济动力的强烈驱动和经济杠杆的严格约束,这样的机制让企业充满活力,同时也给经营者带来了一定的压力。随着以人为中心的管理思想的发展,企业在确立目标时,逐步转变了曾经的"消费偏好"和"短期投资偏好"的倾向。这一转变使得安全保障能力得到了相应的补偿,进而增强了安全管理的基础和动力。

企业安全管理的外在约束力是安全法律。根据我国国情,需要加速安全工作法治化、标准化的步伐,并确保这一过程与科学技术及经济条件相协调;提高立法的层次、加强立法及标准化工作的系统配套措施的落实并依法设置相应机构;增强各层次,尤其是企业层次安全管理工作的法律效能,逐渐摆脱目前依赖行政事务手段来分析、管理和控制复杂安全系统的局面,从而提高安全系统的运转效率。

组织的沟通协调机制是因组织分工的客观要求而产生的。该机制非常复杂,除纵向、横向沟通中诸多方法可供选择外,信息收集记录、组织层次与幅度、沟通网络、沟通者的思想作风及情感等也都影响着沟通协调。

目前,责任制作为组织的基本制度在促进企业各部门的协调沟通中起着重要作用。安全管理组织主要依靠安全生产责任制来解决纵横向各部门间因内在职能差异而产生的矛盾,以及由人为因素导致的推诿扯皮现象。这一责任制被纳入经济责任制体系,形成了相应的考核及奖惩制度。安全生产经济责任制对企业的领导体制、专业管理等构成的网络必须进行衔接和定位,使安全管理职能处于网络的节点上,将众多部门连接成一个个相互制约的整体。这一制度从源头上确保了各部门间纵向与横向的沟通与协调,促进了安全生产系统管理思想的实现。

近年来,尽管企业设备及环境的安全状况逐步改善,但安全管理基础工作仍显薄弱,劳动强度偏大、职工安全素养有待提高。为此,企业应通过制订计划、完善制度及明确责权关系等途径,在规范人的制度化管理系统的同时,重视职工安全素养、作风等人的内部控制技能。通过建设安全文化,安全管理不仅能够促进物质文明与精神文明的双重发展,还能实现内部与外部控制的有机结合。这样的文化环境既为职工提供了坚实的物质基础,又尊重并启发了职工的自主安全意识,鼓励他们在实现目标的过程中追求个人价值,从而营造出一个充满活力与凝聚力的文化氛围。无疑,企业对于环境安全的长远规划与明智投入,将持续推动安全系统的正常运转,最终为企业带来显著的社会效益与经济效益。

## 第二节　安全管理组织风险分析

事故致因理论认为,人的不安全行为和物的不安全状态是造成伤亡事故的直接原因,管理不科学和组织决策失误是造成事故的本质原因。这种安全管理决策、组织失误等不安全因素也称为第三类危险源,主要由管理制度、管理职能、管理缺陷等安全管理组织风险构成。安全管理组织是企业实施安全管理的职能部门,合理的安全管理组织结构是有效地进行安全生产指挥、检查和监督的组织保证。

### 一、安全管理组织风险分析

组织结构、组织任务、技术以及人的因素是管理组织面临的问题。因此,管理组织的结构是否合理、运行是否正常以及组织人员的行为是否规范决定企业的管理组织水平。结合安全管理的特点和组织结构,安全管理组织存在的问题可以概况为两个方面:一是安全管理系统缺陷,如结构不合理、职责不清晰、安全信息不畅等;二是组织人员的工作态度和认知水平。安全管理组织风险包括组织结构风险、组织运行风险和组织人员风险三个方面:组织结构风险因素包括安全决策水平、安全组织正规化程度、职责权利的配置,以及职务和部门设计的合理性等多个方面;组织运行风险因素包括监管力度、事故情况、安全教育、安全投入、安全信息等方面;组织人员风险因素包括领导者、员工、安全员的安全素质、各级安全培训、安全激励机制等方面。企业安全管理组织风险构成如图2-3所示。

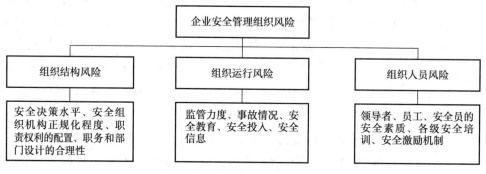

图2-3　企业安全管理组织风险构成

### 二、安全管理组织风险评价体系

安全管理组织风险评价是一个涉及多因素的综合评价问题,根据安全管理组织风险构成分析结果,可以建立企业安全管理组织风险评价指标体系,如图2-4所示。该指标体系由3个一级指标和20个二级指标构成,可客观地反映安全管理组织部门的状态及存在的问题。

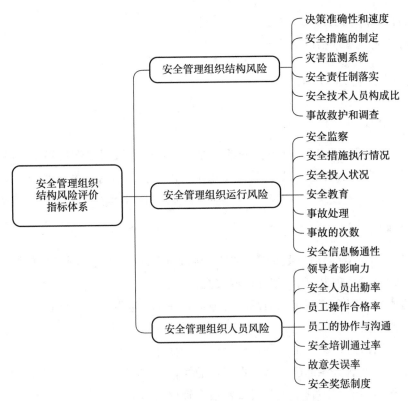

图 2-4　企业安全管理组织风险评价指标体系

## 第三节　酒店安全管理组织机构

　　酒店安全管理组织是酒店安全计划、安全制度与安全管理措施的执行机构,负责酒店的安全与治安工作。酒店安全组织应根据酒店的安全管理特征,履行酒店特有的安全职责。酒店安全组织主要包括:安全管理委员会、安全管理小组、治安协管小组、卫生安全协管小组和消防管理委员会。

### 一、安全管理委员会

（一）组成

安全管理委员会由酒店高层领导、保安职能部门及酒店其他部门经理组成。

（二）职责

(1)对整个酒店的安全管理工作负总责任。
(2)指导安全管理工作的开展。

(3)制订酒店安全管理计划。
(4)监督安全管理措施的实施。

## 二、安全管理小组

### (一)组成

酒店各部门安全管理小组由保安部内专门负责安全管理工作的保安小组人员、部门治安与卫生协管小组组长、消防管理小组组长以及各部门的相关管理人员共同组成。安全管理小组由酒店保安部和各部门经理负责,执行和监管酒店的安全管理工作。

### (二)职责

(1)安全管理小组向酒店保安部和各部门经理负责,执行和监管酒店的安全管理工作。
(2)协助酒店管理制订、实施部门的安全计划。
(3)将酒店的安全管理工作与酒店的整体管理工作进行统一、协调。
(4)对酒店员工开展安全教育,进行安全工作程序及技术的训练。
(5)保证酒店内各种安全设备设施始终处于良好使用状态。
(6)组织开展酒店各部门安全管理工作的执行、反馈和分析等相关事宜。
(7)指导酒店治安协管小组开展日常治安管理工作。

## 三、治安协管小组

### (一)组成

酒店治安协管小组由来自酒店各部门的员工构成,通常仅在设有对外运营场所的部门,如客房部、前厅部、餐饮部及康乐部等,设立专门的治安协管小组。

### (二)职责

(1)协助部门安全管理小组实施部门安全计划,做好安全管理工作。
(2)协助部门安全管理小组执行日常安全管理工作。
(3)对各运营点公共区域、电梯入口进行必要的监控。
(4)协助调查和处理顾客及员工报告的各种涉及安全问题的事件。
(5)结合岗位工作,做好日常的安全工作记录。
(6)对顾客在客房内的隐私安全、心理安全、生活安全负责。

## 四、卫生安全协管小组

### (一)组成

酒店卫生安全协管小组是由酒店各部门员工组成,通常仅在设有对外运营场所的部门,如客房部、前厅部、餐饮部及康乐部等,设立专门的部门卫生安全协管小组。

（二）职责

(1)餐饮部的协管小组应积极做好食品卫生的操作与管理工作,保障食品采购、储存、加工和服务过程的卫生规范。

(2)加强对员工个人卫生的引导与管理,倡导科学的个人生活习惯和卫生的服务习惯。

(3)加强对公共区域和本部门后台区域的卫生管理,治理卫生死角,防范卫生安全事件。

(4)协助调查和处理各种卫生安全问题。

## 五、消防管理委员会

（一）组成

消防管理委员会由酒店的各对外运营部门、保安部、工程部及相关部门的领导组成,酒店总经理是消防委员会的主任。

（二）职责

(1)消防管理委员会负责管理和领导酒店的消防管理工作。

(2)认真贯彻上级和公安消防部门有关消防安全工作的指示和规定。

(3)实行"预防为主,防消结合"的方针,制订灭火方案和疏散计划,定期研究、布置和检查酒店的消防工作。

(4)充分发动与依靠每个员工,实施岗位防火责任制,消除火灾隐患和不安全因素。

(5)组织检查酒店消防器材的配备、维修、保养和管理。

(6)组织酒店员工的消防知识教育培训与消防演习。

## 第四节　酒店人员的安全职责

## 一、酒店总经理的安全管理职责

(1)作为酒店安全管理的第一责任人,对酒店重大安全事故负有监督与管理责任。

(2)负责组织和建立酒店的安全网络和安全组织。

(3)出任酒店安全管理委员会主任,负责发起酒店安全管理委员会的工作会议。

(4)审核酒店各级各类安全管理制度和安全管理预案,审核酒店安全管理计划的制订与发布。

(5)监督酒店部门经理和酒店安全组织的职责履行情况。

(6)负责重大安全突发事件的应对和指挥工作。

(7)对酒店安全管理和安全服务执行中的优秀典型人物进行表彰和鼓励。

## 二、酒店部门经理的安全管理职责

(1)作为部门安全管理的第一责任人,对本部门安全事故负有监督与管理责任,并负有向酒店安全管理委员会报告安全事项的职责。

(2)负责本部门执行层安全网络的建设,负责抽调本部门人员参与酒店相关安全组织的建设。

(3)负责贯彻酒店安全管理委员会下达的安全工作任务和安全培训计划,并负责与保安部和其他部门经理进行安全管理事项的协调工作。

(4)出任本部门所辖区域的安全责任区的负责人,并承担相应的管理职责。

(5)负责本部门安全管理制度的制定与审核,负责本部门年度安全管理计划的制订与审核。

(6)监督本部门主管和领班人员的安全职责履行情况。

(7)负责本部门安全突发事件的应对与指挥工作,协助总经理处理重大突发事件。

(8)对本部门安全管理的优秀人物进行表彰和鼓励。

## 三、酒店主管人员的安全管理职责

(1)对本辖区内的安全事故负有管理责任。

(2)负有向部门经理报告安全事项的责任,协助部门经理制订本部门的安全工作计划。

(3)根据酒店安全管理委员会和部门经理下达的安全任务和安全计划制定具体的执行方案,负责安全管理工作的执行、反馈和分析工作。

(4)组织人员对工作区内的安全设施进行维护和保养。

(5)与保安部配合进行服务人员的安全培训工作。

(6)不断更新本部门的安全工作预案,针对新问题提出安全解决方案,并报部门经理审核。

(7)组织和带领服务人员进行岗位安全预案的演练。

(8)利用工作会议总结安全工作中的做法与经验,推动形成安全工作的氛围。

## 四、酒店专兼职安全生产管理员职责

### (一)专职安全生产管理员职责

(1)贯彻执行国家有关安全生产政策法规,加强对企业安全管理工作的调查研究,当好领导的助手和参谋。

(2)负责制定各类安全生产管理制度、安全操作规程,并检查落实情况。

(3)编制、审查安全技术措施计划,并检查执行情况;督促和检查新工人"三级"安全教育(厂级(公司级)安全教育、车间级(部门级)安全教育和岗位(班组级)安全教育)情况,工人生产工种调换时必须通知有关部门做好必要的安全技术教育;督促与检查个人防护用品的正确发放和合理使用。

(4)定期或不定期进行安全工作检查,开展专业性、季节性与节假日的安全工作检查,对检查出的事故隐患督促及时整改;做好防尘、防毒、防暑、降温、防寒、保暖等工作;督促与检查危险物品的安全管理和使用;认真做好安全台账的资料记录和归档。

(5)负责事故的调查、分析、上报等工作,认真执行"四不放过"(事故原因未查清不放过、责任人员未处理不放过、整改措施未落实不放过、有关人员未受到教育不放过)原则,会同有关部门对事故进行妥善处理。

(6)编制本单位事故应急预案和组织演练,负责事故抢救工作。

(7)组织员工的安全生产培训和开展各类安全生产活动。

(8)负责各类安全装置、防护器具和消防器材的管理。

(9)参与单位新建、改建、扩建工程设计和设备改造以及工艺条件变动方案的审查工作。

(10)负责安全作业票证的审核,检查具体落实情况。

### (二)兼职安全员职责

班组兼职安全员为班组中负责安全生产宣传教育和检查监督的安全技术人员。兼职安全员的岗位职责很重要,要牢记于心,并且要在日常的工作中不断贯彻每一项安全职责,保证企业的安全尤其是生产的安全。其主要安全职责如下所示。

(1)严格地执行安全生产各项规章制度和领导提出的有关安全方面的要求,协助班组长做好本班组的安全工作,接受专职安全员的业务指导。

(2)协助班组长组织全班进行安全学习,加强日常安全教育和宣传工作,搞好新员工的安全教育。

(3)反映班组安全生产情况和职工的要求,协助落实改进措施。

(4)管理本班组的安全工具、设施、标志等器材,负责现场消防器材、开关箱和安全警示标志、标语等其他物品的管理,确保其完好有效,确保疏散通道和安全出口畅通。

(5)及时发现和处理事故隐患,对不能处理的隐患要及时上报,并有权制止违章作业,有权抵制和越级上告违章指挥行为。

(6)检查现场施工人员的安全生产防护用品的使用,检查评定安全用品和劳动保护用品是否达标,督促防范措施的落实,负责伤亡事故的统计上报和参与事故的调查,不隐瞒事故情节,严格执行"四不放过"的原则。

(7)负责各自管理范围的安全管理工作,协助安全领导小组工作,落实实施安全生产规章制度。

(8)发现事故隐患时,及时组织人员处理,一旦发生事故应及时上报项目部安全领导小组，并即刻组织现场抢救，参与伤亡事故的调查、处理工作。

（9）对于特种作业人员，严格按照应急管理部门的规定持证上岗，严禁无证操作，并督促有关人员取得"特种作业人员操作证"。特种作业人员每两年进行一次复审，复审不合格者不准上岗。

（10）熟悉重大危险源和风险点，并按防护措施进行相应管理，实行安全终止权，有权制止任何人的违章行为，承担项目安全、文明施工管理责任，兼职安全员要不断检查生产中的每一个环节，不能出现疏漏，否则会造成损失。

### 五、酒店领班和服务人员的安全管理职责

（1）负责执行和落实上级下达的各种安全工作任务，对本岗位发生的安全事故负有操作责任。

（2）熟悉本岗位工作的安全规范，熟悉各种服务设施和安全设施的使用方法，具体落实各种安全制度和规范的执行。

（3）积极参加酒店组织的各级各类安全培训，提高安全意识、提升安全服务技能。

（4）负责协调和处理服务过程中的各种安全问题，并负责向上级进行安全事项的汇报工作。

（5）积极维护酒店顾客的各项权益，保障酒店顾客的消费安全。

（6）做好各种服务设施和安全设备的维护、保养与报修工作，保证设施设备的正常运转。

（7）做好日常的安全工作记录，积累和总结各种有效的安全工作方法，并与同事共享成功经验。

## 第五节　酒店保安部工作指南

保安部是酒店负责安全管理工作的专业机构，负责贯彻落实国家有关安全生产的法律、法规，负责组织酒店日常安全检查、巡逻，处理突发安全问题、督促酒店事故隐患的整改工作。保安部全面承担起保障酒店及顾客人身安全与财产安全的保卫重任。

### 一、保安部安全管理的工作范围

（1）全面承担酒店所辖范围内人、财、物的安全管理工作。

（2）负责维护酒店区域内所有人员的安全，包括但不限于住店顾客、非消费顾客、饭店员工和在饭店区域内进行活动的其他工作人员。

（3）负责酒店区域内的一切财物，包括住店顾客的财物、来店顾客的财物、员工财物和饭店各部门的财物。

(4) 负责酒店日常经营管理过程中的安全督察、巡逻、突发事件处置、安全制度制定与修订、安全计划制订与实施、安全培训的监督与落实等工作。

## 二、保安部安全管理的主要工作内容

1. 安全制度与预案制定

制定和健全酒店安全管理制度,制定酒店应对突发安全事件的应急预案和管理措施,如制定门卫制度、巡逻制度、总台安全防范制度、财物保管制度、防火安全制度、访客制度、职工宿舍安全管理制度等。

2. 消防安全管理

全面负责酒店消防安全工作,包括起草制定酒店的消防规章制度、报警程序、应急措施、疏散方案等;建立和保管消防档案及资料;监督检查各部门消防规章制度的落实情况,发现火险隐患并及时提出整改意见;负责全酒店员工的消防知识培训;负责管理和训练义务消防队员;负责消防安全演练;在发生火灾时,当好领导的参谋,组织指挥救火,指导人员疏散;追查火灾事故原因,提出对责任者的处理意见;组织交流消防工作经验,不断促进消防工作的开展。

3. 治安巡逻与门禁管理

维护酒店内部治安秩序,做好巡逻、警卫勤务、门禁管理、可疑人员防控、危险物品管理等工作。负责打击赌博、贩毒、嫖娼、高科技作案等违法犯罪活动。

4. 处置突发安全事件

处理酒店场所内发生的各种意外安全事故、刑事治安事件,协助公安机关查处有关事故,主动向当地公安机关汇报工作,反映情况和问题,建立治安联防制度,为饭店安全提供良好的外部条件。

5. 各种专项安全任务

做好重点顾客、重点区域、重要活动的安全管理与防范,防止意外事故的发生。负责酒店工程施工的安全审批、监督和评估。

6. 安全教育与培训

全面负责酒店的安全教育培训,提高员工的安全意识、安全知识、安全技能,提高员工应对安全事故的应急处理能力、应急自救能力和安全设施的操作能力。

7. 安全协助与支持

协助相关业务部门开展各种安全管理工作,为相关部门的安全预案制定、安全操作演练、安全教育培训等提供支持。

## 三、保安部主要岗位的工作任务

不同酒店在保安部的职位设置上存在较大的差异,规模较大的酒店将消防、治安、警卫设为独立的工作方向,下设主管负责具体工作;规模较小的酒店往往将各种安全管理职能合为一体,设置保安主管统管各项工作,并在领班层次区分工作业务方向。

### (一) 保安部经理的工作任务

(1) 根据董事会、总经理的指令,执行酒店管理机构的决议,制定酒店的各项安全工作方针,负责拟定具体的安保措施,确保酒店顾客和酒店员工的安全。

(2) 负责制定酒店和部门内部的安全制度和专业操作规程,由经理检查、监督落实情况。

(3) 定期或不定期执行安全检查,消除任何环境中的危害因素,协助各部门制定相关的安全措施。为确保这些措施得到有效执行,保安部还会经常进行监督与了解,并努力推动相关工作的制度化。

(4) 处理各种重大意外事故及各类刑事案件,处理顾客的重大安全投诉。

(5) 与社会治安部门、公安机关协调联系,确保酒店经营有良好的外部环境。

(6) 协调各部门负责人对所属员工进行纪律培训和安全教育。

(7) 酒店接待重要顾客、举办大型活动时,负责协助实施安保措施、安排各项安全勤务。

(8) 了解酒店各部门的作业环境,了解其安全问题的防控细节,指导各部门进行安全管理。

(9) 制定台风、地震、海啸等各种自然灾害的预案和处理计划,并主导处理各种灾害的防控事务。

### (二) 消防主管的工作任务

(1) 负责酒店的消防安全管理工作。

(2) 熟悉酒店消防管理的制度、预案、措施,了解酒店的空间布局、重点隐患区域,熟悉消防设施器材的数量、分布和状态。

(3) 制定和执行酒店的消防安全制度,制定酒店各部门的消防安全管理预案。

(4) 负责组织实施对酒店消防设施、灭火器材和安全标志的维护与保养,确保设施器材的完好有效,确保酒店疏散通道和安全出口畅通。

(5) 开展经常性的消防检查,每月组织一次酒店消防安全大检查,发现火灾隐患时及时上报并提出整改意见,督促有关部门消除火险隐患,改善消防安全条件,完善消防设施。

(6) 负责酒店保安的消防安全培训,协助各部门进行员工消防安全知识的培训。

(7) 组织酒店专职(义务)消防队的学习和训练,制订灭火作战计划,组织灭火和应急疏散预案的实施和演练。

(8) 发生火警立即报告,同时组织员工扑救火灾,保护火灾现场,参与对火灾原因的调查和对责任人的责任追查。

### (三)治安警卫主管的工作任务

(1)负责酒店的治安防护、巡逻、警卫勤务、门禁、安全事故处理等各项安全管理工作。

(2)负责健全酒店的安全防范管理体制,强化酒店内部治安管理,维护治安秩序。

(3)做好预防犯罪和其他一切可能发生的事故,协助公安机关查处治安案件、破坏事故,能侦破一般刑事案件。

(4)负责处理各种突发安全事故,负责各种安全投诉的初级处理。

(5)科学制定酒店的巡逻路线,检查保安人员巡逻的工作状态。

(6)负责酒店重点场所和重点营业活动的巡逻与警卫勤务工作。

(7)拟定酒店安全防护计划和措施,督导警卫人员执行警卫勤务和门禁管理等各项安全防护工作。

(8)主管监控室的各项业务和勤务,督导监控人员落实各项监控任务。

(9)适时调整警卫勤务执行措施,以达成以预防为主的防护计划。

### (四)保安员的工作职责

(1)具有服务精神,了解酒店服务规范、熟悉行业惯例,了解酒店相关法律法规。

(2)熟悉本岗位的工作规范、程序和任务要求,熟练使用保安设备、监控设备和相关器材,熟悉各种相关设施器材的维护保养知识。

(3)自觉执行上级的指令,自觉为顾客提供服务,以保护酒店和顾客为己任,不能侵犯顾客隐私、随意传播顾客信息,严格执行工作保密制度。

(4)具有强健的体魄、良好的业务技能,具备较好的侦犯知识和能力,熟悉消防设施的使用方法,掌握人员疏散和隔离技巧。

(5)具备应对突发安全问题的能力,能够积极主动地处理各类意外突发事件。要敢于同一切不良行为作坚决斗争,一旦发现违法犯罪分子,要勇敢地挺身而出将其擒获,从而为酒店安全管理争取主动。

(6)对安全问题有较高的敏感度,善于识别可疑人员、问题物品,能及时有效排除外来侵袭。

### (五)消控中心员工的工作职责

(1)酒店设置消防报警监控和治安电视监控中心,中心实行24小时值班,全面监视酒店各项安全秩序状况。

(2)消控中心员工应密切关注治安和消防监控装置,按规定及时更换电视监控录像带。

(3)消控中心员工应坚守岗位、认真值守,一旦发现可疑人员或异常情况,须立即利用电视监控系统进行跟踪,并迅速通知巡逻保卫人员赶赴现场进行询问。

（4）当从监控中发现安全问题时，应立即启动相应的应急预案。保安部作为主要负责安全事务的部门，须立即派遣保安员或主管人员前往现场处理，并协调联系相关部门的人员共同参与解决。

（5）接到火灾自动报警系统报警后，应立即通知所在部位和巡逻保卫赶到现场查明情况，如是误报，清除报警信号；如确实发生火情，立即按火灾应急预案程序处理。

（6）做好监控中心的保密工作，各种视频资料只向规定的人员开放，严格执行保密规定，做好各项值班记录和交接手续，维护好监控中心的设备设施。

## 课程思政 案例

### 中山劳模风采系列（十）张俊峰：忠于职守，为酒店安全保驾护航

张俊峰，男，1978年生，现任海南逸唐飞行酒店管理有限公司大连日航分公司安全主管。曾荣获2023年大连五一劳动奖章、海航酒店管理集团2023年安全卫士奖、2023年优秀员工。

#### 1.安全责任大于天

作为安全主管，张俊峰深知责任重大，自2006年入职以来，始终立足本职，把保护客人、员工的生命安全和酒店财产安全放在首位。在日常工作中，查监控是极其重要的技术环节，他对酒店主楼及旁边两个裙楼的每一处监控探头位置都了如指掌。每当进入旅游季节，酒店人流如织，站在密密麻麻的监控显示屏幕前，他总能凭借敏锐的安全意识，在发生特殊情况时第一时间察觉，精准定位问题所在，并迅速做出果断处置。凭借过硬的能力，他自入职起为客人查找丢失物品100多次，处理醉酒冲突及客诉50多起，协助公安机关调查取证50余次，用行动守护了酒店的安全。张俊峰最爱说的一句话就是"我是酒店一块砖，哪里需要哪里搬"，他用实际行动诠释了这句话。酒店发生任何需要安全部介入的状况时，他总是第一个出现在现场，冷静沉着，迅速控制局面。在日常巡逻中总能发现安全隐患，及时上报处理，可以说酒店有他在，无论是员工还是客人都感到很安心。

#### 2.危难时刻显身手

2022年3月，一批由乌克兰撤侨归国的客人在日航饭店隔离。这批客人较为特殊，他们自述是在与交战区仅隔一条街区的大使馆进行的撤离，可以说整个撤侨过程伴随的都是随时可能落到身边的炮弹，以及从未停止过的枪战声，直到落地国内，他们也没有从这种高压环境中摆脱出来，以至于很多人出现了应激反应。在到达酒店后，他们要求快速地进入房间休息，情绪激动，不配合工作人员。由于这批人员从接到通知到登上回国飞机整个时间非常短，仅在通过海关时做了一次核酸检测，因此是否感染还是个未知数。张俊峰冒着被感染的风险，耐心细致地记下他们的诉求，安抚好他们的情绪，与志

愿者团队的小伙伴们一起,一个一个地将客人送到房间,主动提供温馨暖人、无微不至的贴心服务,使他们能够快速适应隔离生活。无论是提供物质保障还是情绪价值,张俊峰都做到了极致。哪里有困难他就在哪里,哪里防控压力大他就坚守在哪里,他用充满正能量的志愿服务维护了集体利益和群众健康安全。

3. 人心齐,泰山移

张俊峰以身作则,带领安全团队形成了团结协作、积极向上的工作氛围。一根柱子难撑天,一块石头难垒山,张俊峰深知一个人的力量相对于体量巨大的酒店来说太过渺小,个人能力强不算强,他要把安全意识传递给酒店的每一位员工。

为了把自己快速识别监控位置的能力教给监控操作员,张俊峰下足了功夫。现有监控员年龄、从业经验、工作年限等个人条件参差不齐,他为较为年轻、能力较强的员工提供个性化的深入指导,以加速他们的技能提升,针对年龄稍大、能力普通的员工则量身定制了一套适用的培训计划。经过一段时间的不懈努力,所有监控操作员的实操技能水平整体上了一个台阶。此外,他还定期组织专业技能培训和消防实战演练,不断提升大家的业务能力和应急处理水平。

他对工作总是充满活力和热情,善于倾听员工的意见,关注员工的成长,通过有效的激励机制激发了团队的凝聚力和战斗力。他乐观开朗,深受大家喜爱和信赖,同事们发现任何安全隐患或者突发事件时,总会第一个想到张俊峰。渐渐地,大家的安全意识越来越强,每个人都成了酒店安全的守护者。

从一名普通的保安员起步,通过刻苦学习和不懈地努力,逐步成长为五星级酒店的安全主管,张俊峰用自己的实际行动诠释着保安这个平凡职业的重要意义。

(资料来源:中山区总工会新职工新生活。)

**案例讨论**:企业安全生产责任关键在于落实,如果你是一名酒店安全主管,应如何将企业安全生产责任落实到位?

## 重要术语

组织机构(Organization)

组织结构(Organization Structure)

安全管理职责(Safety Management Responsibility)

保安部(Security Department)

### 思考题

1. 圆锥形安全管理组织结构模式较传统安全管理组织结构模式的提升与进展表现在哪些方面？
2. 简述企业安全管理组织风险构成。
3. 简述酒店安全管理组织机构。
4. 简述酒店总经理的安全管理职责。
5. 简述酒店保安部安全管理的工作范围。

# 第三章 酒店安全教育与文化

安全教育与安全文化是酒店安全生产不可或缺的组成部分,二者唇齿相依、相辅相成,酒店安全教育是酒店安全文化建设的有效途径,酒店安全文化建设则是酒店安全教育的重要任务。将酒店安全教育与酒店安全文化贯穿于酒店生产经营和组织管理的全过程是酒店管理者的必然选择。

**本章要点**

1. 了解酒店安全教育的法律法规。
2. 熟悉酒店安全教育的目的和原则。
3. 掌握酒店安全教育的内容和形式。
4. 理解酒店安全教育应注意的问题。
5. 了解安全文化基础知识。
6. 熟悉并掌握酒店安全文化建设。

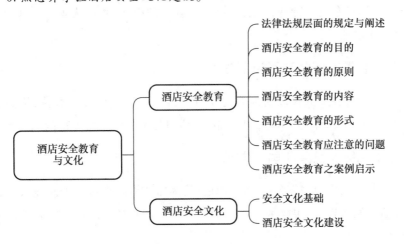

**课程思政元素**

安全教育;法律法规;主观能动性;自觉遵守;实践是检验真理的唯一标

准;典型示范;安全文化;防患于未然;安全就是效益;以人为本,关爱生命;安全第一;塑造酒店安全工作的楷模

## 第一节　酒店安全教育

### 一、法律法规层面的规定与阐述

(一)《中华人民共和国安全生产法》

第二十一条规定,生产经营单位的主要负责人对本单位安全生产工作负有组织制定并实施本单位安全生产教育和培训计划的职责。

第二十五条规定,生产经营单位的安全生产管理机构以及安全生产管理人员履行组织或者参与本单位安全生产教育和培训,如实记录安全生产教育和培训情况的职责。

第二十八条规定,生产经营单位应当对从业人员进行安全生产教育和培训,保证从业人员具备必要的安全生产知识,熟悉有关的安全生产规章制度和安全操作规程,掌握本岗位的安全操作技能,了解事故应急处理措施,知悉自身在安全生产方面的权利和义务。未经安全生产教育和培训合格的从业人员,不得上岗作业。

第二十九条规定,生产经营单位采用新工艺、新技术、新材料或者使用新设备,必须了解、掌握其安全技术特性,采取有效的安全防护措施,并对从业人员进行专门的安全生产教育和培训。

(二)《中华人民共和国消防法》

第六条规定,各级人民政府应当组织开展经常性的消防宣传教育,提高公民的消防安全意识。机关、团体、企业、事业等单位,应当加强对本单位人员的消防宣传教育。

(三)《中华人民共和国旅游法》

第七十九条规定,旅游经营者应当对直接为旅游者提供服务的从业人员开展经常性应急救助技能培训,对提供的产品和服务进行安全检验、监测和评估,采取必要措施防止危害发生。

(四)《旅游安全管理办法》

第九条规定,旅游经营者应当对从业人员进行安全生产教育和培训,保证从业人员掌握必要的安全生产知识、规章制度、操作规程、岗位技能和应急处理措施,知悉自

身在安全生产方面的权利和义务;旅游经营者建立安全生产教育和培训档案,如实记录安全生产教育和培训的时间、内容、参加人员以及考核结果等情况;未经安全生产教育和培训合格的旅游从业人员,不得上岗作业;特种作业人员必须按照国家有关规定经专门的安全作业培训,取得相应资格。

## 二、酒店安全教育的目的

酒店安全教育的目的在于向员工宣传安全生产的重要意义,讲解安全知识、安全技术及职业卫生知识,使员工充分发挥主观能动性,认识和掌握不安全因素和伤亡事故规律,自觉遵守安全操作规定。

有计划地开展酒店安全教育,进一步提高酒店各级管理人员和全体员工的安全技术水平,是实现安全生产、文明生产、预防伤亡事故和职业危害的一项重要任务。

## 三、酒店安全教育的原则

### (一)反复性

为防止酒店员工因时间原因遗忘曾铭记于心的安全行为以及安全意识,酒店需持续开展重复性安全教育,不断提醒员工,以巩固他们的安全记忆,确保安全行为成为习惯,从而有效预防安全事故的发生。

### (二)多样性

安全教育需要反复开展,然而,由于教育过程本身往往过于呆板枯燥,这会影响员工的学习效果和掌握程度。因此,有必要采取灵活多样的形式来开展安全教育,并适当丰富教育内容,提升其多样性。

### (三)典型性

通过选取典型事故案例开展酒店安全教育,员工能够深刻感受到安全事故带来的后果及严重性,从而自主、自发地增强自身安全意识。

### (四)广泛性

酒店安全教育是针对酒店所有员工开展的工作,无论是管理层,还是作业层,都与安全息息相关。

### (五)实践性

酒店安全教育不仅在于理论知识学习,还需高度重视模拟演练,这样才能检验理论的正确性和可行性,才能使安全教育的效果得以验证。

## 四、酒店安全教育的内容

### （一）安全意识教育

1. 安全意识概念

安全意识是人们在日常生活、生产活动和社会活动中对自身安全做出的反应和控制，并通过思维、情感、习惯、信念等表现出来。例如，酒店在建立安全制度、张贴安全提示、设置安全出口等方面所做的努力，其直接动因和根本目的均源自人们内在的、为避免意外伤害、死亡及财产损失的安全需求。因此，可以将安全意识视为一种安全的思想方法论，它是人们对于安全问题认知的心理体验的总和。

2. 员工在安全意识方面存在的主要问题

（1）思想麻痹。

由于员工所从事的工作具有重复性，他们可能会因为过于熟悉而产生思想麻痹，忽视工作过程中出现的新情况和新问题，继续沿用原有的习惯方式处理，这种疏忽最终可能导致事故的发生。

（2）盲目从众。

有的员工在日常工作中不注重学习必要的安全知识和操作技能，对工作过程中应注意的安全问题模糊不清，缺乏自主判断能力，盲目地随大流违规违章操作，严重影响了酒店的安全生产工作。

（3）冒险蛮干。

对自己能力估计过高，主观臆断，不按规程操作，固执己见，行为不规范，盲目蛮干、冒险作业，极易导致事故发生。

（4）轻视安全工作。

一些企业存在重生产经营、轻安全保障的倾向，未能正确处理好安全与生产、安全与稳定、安全与可持续发展之间的关系。他们错误地认为"抓生产才能见实效，抓安全只是做样子给人看"，这种观念导致存在的事故隐患无法及时得到消除。

（5）怀有侥幸心理。

实际工作中存在侥幸心理的大有人在，他们不是不懂安全操作规程，也不缺乏安全知识，甚至技术水平很高，但总觉得违规不一定出事，出事不一定伤人，伤人不一定伤己。

（6）过于逞能。

为了表现"突出"，有些员工往往不顾客观条件，过分高估自己的能力，不懂装懂，只考虑一时痛快，甚至失去理智，明知违规有危险，但偏要去干，结果害人害己。

（7）培训流于形式。

酒店在安全培训、安全知识学习过程中大搞形式主义、走过场，也不注重员工学习效果，结果导致培训流于形式，成效甚微。

3. 酒店安全意识教育的内容

酒店安全意识教育的内容具体且丰富多样，生动而全面，可从酒店安全理论、安全技术、安全装备、安全制度以及事故危害等五个维度展开。这五个方面相互关联、缺一不可，共同构成了酒店安全意识教育的完整体系。然而，针对不同教育阶段、层次及对象，教育的侧重点和具体内容应有所差异，做到因材施教，以确保教育的针对性和实效性。

（二）安全知识教育

1. 安全知识

安全知识通常指的是员工在生产过程中，为防止事故发生而必须具备的知识。对于酒店员工而言，基本的安全知识包括：酒店施工动火需申请动火证、设置安全提示标牌以尽到警示义务、掌握丰富的民俗文化知识以避免主客冲突等。

2. 方法途径

（1）集中学习。

根据酒店的具体情况，采用自愿结合的方式，将所在部门、岗位或宿舍的成员组成一个学习小组，定期开展安全知识学习，时间上小组自行协调安排。

（2）启发诱导。

酒店根据不同时期的生产经营情况，定期组织安全负责人到各部门进行宣传和指导，向他们传授当前阶段员工需要掌握的安全生产知识。例如，在电梯、锅炉等设备检修期间，安全负责人会特别强调检修过程中应注意的安全事项，以引起员工的重视。

（3）结对包教。

酒店可通过考核、选拔等方式挑出一批安全生产骨干担任辅导老师，与新进员工或安全素质欠佳的员工进行结对学习，同时要给予辅导老师一定的奖励，以调动其积极性。

（4）典型示范。

酒店可结合实际开展"安全生产标兵评比活动"，利用宣传栏、酒店官网或酒店微信公众号等媒介对获奖者进行表彰和宣传，也可定期组织安全生产标兵报告会，以标兵的示范作用激励其他员工重视安全生产。报告会上，标兵们可以分享他们的安全生产经验，同时也可讲述其他酒店的安全生产典型案例或事故教训。由于这些报告内容贴近实际工作，容易引起员工的共鸣和反思。

（5）讨论交流。

酒店可以鼓励员工自主学习安全知识，并要求他们撰写学习心得和经验交流材料。之后，组织大家进行集体讨论和交流，让员工在互动中相互学习、取长补短，从而提升个人的安全素质。此外，酒店还可以印制安全生产小册子或撰写安全生产相关的推文，对优秀做法进行宣传推广，以扩大安全知识的普及范围。

(6)安全竞赛。

酒店可针对不同部门不同岗位的生产特点开展安全生产知识竞赛,制定详细的竞赛标准,并通过酒店官网、微信公众号及宣传栏等定期公布安全生产知识竞赛结果,以鼓励后进学先进,在竞赛中可采用物质和精神双重奖励的方式,让先进员工真正得到实惠。

(7)寓教于乐。

酒店可以定期组织安全生产主题晚会、演讲比赛、辩论赛等丰富多彩的文艺活动,鼓励员工围绕酒店安全生产主题创作节目、撰写文章。通过台上员工生动精彩的表演,台下员工能在轻松愉悦的娱乐氛围中接受安全教育,进而提升他们的安全生产意识。

(8)自我对比。

酒店可定期组织不同部门、不同岗位的员工开展安全生产互相检验、互相参观等活动,让员工通过互相对比,学习他人的先进经验,摒弃错误做法,从而在相互比较中受益。

(三)安全技能教育

1. 安全技能

安全技能是指员工在各类安全与健康工作中,为促进自身、同事、客户、公众和环境的健康与安全而采取的技术性操作或行为(Michael J. Burke 等,2007)。

2. 安全技能的影响因素

(1)内在因素。

员工安全技能的内在影响因素包括其生理状态、心理状态、安全知识储备、操作经验、个体体能以及智力水平等。良好的身体条件是掌握优秀安全技能的前提,例如在生产活动中,当工作内容枯燥乏味,容易导致员工身体疲劳、精神不振,长期下去会严重影响个体的安全技能,削弱对危险的辨别能力,忽视安全问题。同时,不健康的心理状态容易导致操作工序的偏差。员工掌握的安全知识和技能越多,就越能及时了解作业对象存在的问题并做出正确的判断。此外,当个体的物质需求和精神需要得到满足时,其安全工作积极性就会提高,个人安全技能也会增强,反之亦然。

(2)外在因素。

员工安全技能的外在影响因素较为广泛,其中个人收入、社会条件等均会对其安全技能产生制约作用。随着安全相关知识的迅速普及,人们的安全知识储备日益丰富,这种积累有助于提升员工的安全技能。然而,个人经济收入也是影响安全技能提升的一个重要因素。若个人生活缺乏单位的有效保障,参加安全培训的费用需自行承担,那么在很大程度上,员工安全技能水平的提升就会受到当前社会经济水平的限制。

3. 安全技能教育的内容

安全技能教育的内容包括对员工进行酒店安全规范和应急能力的培训。酒店应该制定符合自身实际情况的安全行为规范或安全操作手册,这种安全管理措施是实施规范化运作的前提,也是提升员工安全能力的基础。同时,应强化培训酒店员工应对各类突发事件和紧急情况的能力,不断提高酒店员工的应急综合素质。

## 五、酒店安全教育的形式

### (一)岗前安全教育

酒店员工上岗前必须接受安全教育,以强化安全意识,树立正确的安全理念,并提升他们对安全问题重要性的认识。

### (二)岗位安全教育

酒店各部门应根据自身安全问题特点,在岗位培训中设置安全培训的专项内容,并定期组织安全专项培训。

### (三)机会安全教育

酒店各部门或班组可利用各种聚会或部门会议时间,适当总结近期发生的安全事故案例,传达相关的安全指示,或采用现场教学的方式传递安全知识。

### (四)观摩考察

在酒店内部进行部门间的观摩考察,以及送员工到其他酒店进行观摩考察都是进行安全教育的良好形式,有利于通过员工间的相互比较,推动创新型安全做法在本酒店的传播和实践推广。

## 六、酒店安全教育应注意的问题

### (一)领导者要重视安全教育

企业安全教育制度的建立、安全教育计划的制定、所需资金的保障以及安全教育责任者的确定,均由领导者负责。

### (二)安全教育要注重效果

搞好安全教育,取得良好效果需要做到以下几点:
(1)教育形式多样化;
(2)教育内容规范化;
(3)教育要有针对性;
(4)充分调动职工积极性。

### (三)要重视初始印象对学习者的重要性

初始印象对学习者至关重要,决定了学习者对安全知识接受和理解的程度。因此，应保证初始传授的知识必须是正确的。

### （四）要注意巩固学习成果

为了有效巩固学习成果，需要做到以下几点：
(1) 要让学习者了解自己的学习成果；
(2) 实践是巩固学习成果的重要手段；
(3) 以奖励促进学习成果的巩固；
(4) 学习内容既要全面又要突出重点。

### （五）应与酒店安全文化建设相结合

酒店安全教育必须与酒店安全文化进行有机结合，才能很好地实现酒店安全教育的目的。

## 七、酒店安全教育之案例启示

**天都国际酒店开展安全生产知识专题培训**

为切实落实企业安全生产工作，全面增强员工的安全意识，2024年9月10日，黄山旅游集团天都国际酒店总经理深入一线，结合酒店工作实际为全体员工带来了一场"干货满满"的安全教育培训课。

1. 抓实安全责任，筑牢安全底线

培训开篇深入学习了习近平总书记关于安全生产的重要论述和重要指示批示精神，强调全体职工要全面领会习近平总书记关于安全生产重要论述的精髓要义，以"时时放心不下"的责任感、紧迫感抓安全、保安全，提升全员安全生产责任意识，严格落实好酒店安全生产各项要求举措。

2. 保持敬畏之心，汲取事故教训

培训采用"现场教学+案例分析"的形式，将国内发生的一桩桩重特大生产安全事故案例生动再现。同时，结合酒店自身的安全生产案例进行深入剖析，探寻问题根源，以这些"血与泪"的教训向员工传授安全知识，为他们敲响安全警钟。

3. 紧盯安全重点，提升应急能力

着眼于酒店重点领域、重点行业消防安全，宣传贯彻"安全第一、预防为主、综合治理"的安全方针，普及了"四个能力""一懂三会""四不伤害、四不放过"消防安全知识和正确使用灭火器、消防栓的消防技能，以"人人都是安全员"的使命责任，从细微处着手，提高自身安全生产和事故应急防范意识，筑牢安全生产防线，为酒店安全发展保驾护航。

（资料来源：天都国际酒店官网。）

## 第二节 酒店安全文化

### 一、安全文化基础

#### （一）安全文化定义

定义1：1994年，《中国安全文化建设系列丛书》将安全文化定义为，在人类生存、繁衍和发展的历程中，在其从事生产、生活乃至实践的一切领域内，为保障人类身心安全（含健康）并使其能安全、舒适、高效地从事一切活动，预防、避免、控制和消除意外事故和灾害（自然的、人为的），为建立起安全、可靠、和谐、协调的环境和匹配运行的安全体系；为使人类变得更加安全、康乐、长寿，使世界变得友爱、和平、繁荣而创造的安全物质财富和安全精神财富的总和。

定义2：袁旭（1997）提出安全文化是与安全生产有关的行为规范和思维模式的标准。

定义3：傅贵（2013）提出安全文化就是安全理念（安全理念的具体化）。

#### （二）安全文化的范畴

安全文化的范畴可从以下两个方面理解：安全文化的层次性和安全文化的差异性。

**1. 安全文化的层次性**

安全文化的范畴包含安全观念文化、安全行为文化、安全管理文化和安全物态文化，安全文化层次结构如图3-1所示。

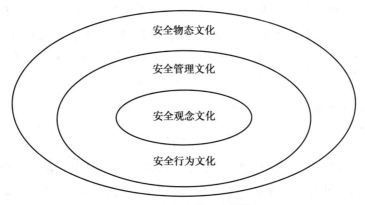

图3-1 安全文化层次结构

（1）安全观念文化。

安全观念文化主要指的是决策者与大众所共同秉持的安全意识、安全理念以及安全价值标准。它是安全文化的核心与灵魂,也是形成并提升安全行为文化、管理文化和物态文化的重要基石。当前,亟待构建的安全观念文化主要包括以下几个方面:树立预防为主的观念,秉持安全即生产力的理念,坚守安全第一、以人为本的原则,确立安全就是效益的认知,认同安全性关乎生活质量的观点,秉持风险最小化的态度,追求最适合的安全状态,树立安全超前的意识,推行安全管理科学化的方法。此外,还应强化自我保护意识、保险防范意识以及防患于未然的警觉性。

(2) 安全行为文化。

安全行为文化是指在安全观念文化指导下,人们在生产生活过程中所表现出来的安全行为准则、思维方式、行为模式等。行为文化既是观念文化的反映,同时也会影响并改变观念文化。现代社会需要发展的安全行为文化是进行科学的安全思维;强化高质量的安全学习;执行严格的安全规范;实施科学的安全领导和指挥;掌握必要的应急自救技能;进行合理的安全操作等。

(3) 安全管理文化。

管理文化能够对社会组织(如企业)及其成员的行为产生规范化、约束性的影响,它体现了观念文化和行为文化对领导者和员工的具体要求。安全管理文化的建设涵盖多个方面:需要树立法治观念,强化法治意识,并端正法治态度;科学地制定法规、标准和规章制度;严格执行执法程序,确保自觉守法与执法;同时,改善并合理化行政手段,建立并强化经济手段等。

(4) 安全物态文化。

安全物态文化是安全文化的表层部分,它是形成观念文化和行为文化的条件。安全物态文化主要体现在:①人类技术、生活方式和生产工艺的本质安全性;②生产生活中所使用的技术和工具等人造物,以及与自然相适应的安全装置、仪器、工具等物态本身的安全性和可靠性。

2. 安全文化的差异性

从安全文化的作用对象来看,文化是针对特定人群而言。面对不同的对象,即便是同一种文化也会有所区别。因此,针对不同的对象(企业安全生产责任人、企业生产各级领导、企业安全专职人员、企业职工、职工家属等),安全文化所要求的内涵、层次、水平也是不同的。

### (三) 安全文化的主要功能

1. 导向功能

导向功能体现在安全文化的形成和逐步完善过程中,它为企业塑造了一种文化导向,能够引导全体员工共同努力,将他们的奋斗方向聚焦于企业所设定的安全目标上。

2. 激励功能

激励功能是指运用激励机制和手段,激发员工的积极性,使其产生奋发向上的动力。

3. 约束功能

经过安全宣传教育,员工加深了对安全规章制度的理解和认识,这些理解在实际生产过程中对员工起到了有效的约束作用。

4. 稳定和保障功能

企业安全文化的稳定性和连续性能够保障企业的安全事业持续稳定地发展,逐步由"要我安全"转变为"我要安全",进而发展到"我会安全"的更高层次。

5. 辐射功能

企业作为一个开放系统,其安全文化具有向外辐射的能力,通过与外界的交互,企业能将其所倡导的安全价值观、理念、态度及行为准则传播到周围环境,间接地推动整个社会安全文化建设水平的提升。

(四)企业安全文化的精髓

企业安全文化的精髓在于以人为本、关爱生命。这种文化以保护人的身心健康、尊重人的生命、实现人的安全价值为核心,是企业安全形象的重要标志。营造良好的安全文化氛围,能够促使员工将每一项强制性的安全管理规定和规范内化为自觉的安全行为,并主动关注周围同事的行为是否符合安全管理规范。而要实现"以人为本,关爱生命"的理念,关键在于切实落实"安全第一"的原则。

## 二、酒店安全文化建设

(一)酒店安全文化

1. 企业安全文化

根据《企业安全文化建设导则》,企业安全文化可以被理解为由企业组织的员工群体所共享的安全价值观、态度、道德和行为规范构成的统一体。

2. 酒店安全文化

根据企业安全文化内涵,酒店安全文化可以被理解为由酒店的员工群体所共享的安全价值观、态度、道德和行为规范构成的统一体。

(二)酒店安全文化体系构成

酒店安全文化体系由物质层面的安全文化、管理层面的安全文化和精神层面的安全文化三个部分构成。

1. 物质层面的安全文化

作为表层的安全文化,酒店安全物质文化主要由安全建筑、安全设施设备及安全用品组成。这些安全要素应遵循本质安全化原则,要具备诸如失误安全、故障安全和安全功能隐藏性等特点。

## 2. 管理层面的安全文化

作为中层的安全文化,酒店安全管理文化主要从安全管理思想、安全管理制度、安全管理组织和安全管理方法四个方面来反映,它具体表现为酒店日常安全管理中的指导思想、组织机构、规章制度和方式方法,不同的酒店具有不同的安全管理特色和安全管理文化。

## 3. 精神层面的安全文化

作为核心层面的安全文化,酒店安全精神文化是酒店安全管理的灵魂,它由酒店的安全价值观、安全精神理念、安全服务理念和安全行为准则四个部分构成。其中,安全价值观代表了酒店对安全重要性的最基本的评价方向,是影响酒店安全行为的最本质的精神要素。

### (三) 酒店安全文化建设的主要措施

#### 1. 塑造酒店安全工作的楷模

酒店安全文化建设要善于发挥优秀代表人物的榜样作用、凝聚作用、舆论导向作用与调和作用,要定期表彰、表扬酒店工作中的优秀安全人物和优秀安全事迹代表,这能够为酒店员工树立安全工作的学习对象,有利于酒店安全工作良好作风的形成。

#### 2. 创建酒店安全文化形式

酒店安全文化的具体创建形式包括举办安全文化主题宣讲活动;设立安全生产宣传咨询日;组织安全知识竞赛;举办安全文化展览;进行事故警示教育;利用新媒体、自媒体平台(如抖音)进行宣传;创作安全漫画、安全文艺作品、安全文学作品等。

#### 3. 营造酒店安全文化氛围

为了营造浓厚的酒店安全文化氛围,需要采取以下措施:加强酒店安全理念的传播,开设酒店安全线上线下宣传栏,设立酒店安全工作公约;将酒店员工视为安全行为载体,开展安全工作示范活动;加强酒店日常安全演练,提高员工的安全操作能力;定期进行工作中的安全评比,以强化酒店的整体安全文化氛围。

#### 4. 实施鲜明的激励、惩罚制度

酒店安全工作强调激励行为,要重视激励、惩罚制度的建立和落实。可根据酒店实际情况,对岗位工作中员工的安全行为采取明确的激励管理措施:奖励先进和优秀表现,批评落后与消极表现,并惩罚违反安全规章、不落实安全工作规范的各种工作行为。通过这些措施,建立一套导向明确的安全激励机制,以确保酒店安全工作的有效推进。

### 天都国际酒店开展"安全生产月"安全知识专题培训

为认真落实"安全生产月"各项活动,增强酒店全员的安全防范意识和自

防自救能力,2024年6月12日下午,黄山市天都国际酒店邀请酒店安全顾问和屯溪区治安大队开展了"安全生产月"专题培训,各合作单位、各部门共77人参加。

1.视频宣教,有力度

培训开始前,酒店集中组织观看了2024年安全月主题培训视频《生命通道》,把安全知识灌输给每一位员工,增强全员的安全意识,提升安全技能,真正让活动主题记在心中,践在行动。

2.安全通道,要畅通

酒店安全顾问紧紧围绕"人人讲安全,个个会应急——畅通生命通道"的主题开展专题培训,充分结合了近期全国和黄山市发生的事故案例,别开生面地开展一堂安全培训课。从身边的案例出发,讲安全、讲防范,正确引导员工重视安全,力争将安全风险管控工作前置,即在隐患出现之前就采取行动,确保安全隐患的排查治理工作能够预先控制,防止事故的发生。

3.治安防范,要抓牢

屯溪区治安大队陈警官针对前台实名登记管理、未成年人入住询查制度、出入境证件办理所需材料及办理流程等方面进行了针对性讲解,并从黄山市发生的典型刑事案例中警示酒店工作人员务必严格落实"四实"(实名、实数、实情、实时)登记及未成年人入住的"五必须"(必须查验入住未成年人身份,并如实登记报送相关信息;必须询问未成年人父母或者其他监护人的联系方式,并记录备查;必须询问同住人员身份关系等情况,并记录备查;必须加强安全检查和访客管理,预防针对未成年人的不法侵害;必须立即向公安机关报告可疑情况,并及时联系未成年人的父母或其他监护人,同时采取相应安全保护措施)制度,提醒工作人员不要麻痹大意,避免产生不必要的后果。

此次专题培训主题突出、内容贴近,通过"理论+实际""案例+分析"的形式,让大家更加深刻地认识到安全生产的重要性,有效提升了职工日常工作标准和自救互救能力。下一步,酒店将继续加强安全生产管理,精心组织并开展好"安全生产月"各项活动,持续推进平安天都建设,为广大员工、宾客的生命健康保驾护航。

(资料来源:黄山风景区管理委员会。)

**案例讨论**:安全知识对于酒店员工提高安全意识和应急能力至关重要。如果你是一位培训专员,应该从哪些方面入手开展针对酒店员工的安全知识培训?

## 重要术语

安全教育(Safety Education)

安全文化(Safety Culture)

### 思考题

1. 酒店安全教育应遵循哪些原则?
2. 酒店安全教育的内容包括哪些?
3. 简述酒店安全教育的形式。
4. 谈谈开展酒店安全教育应该注意哪些问题。
5. 简述酒店安全文化的体系构成。
6. 酒店安全文化建设的主要措施包含哪些方面的内容?

# 第四章
# 酒店事故理论及其应用

系统处于安全状态并不意味不发生事故,系统处于不安全状态未必完全是由事故引起的。系统在大多数情况下处于安全状态,故在安全状态下查找事故隐患、对现实安全状况调查比对已发生的事故进行统计、分析更有意义。

本章要点

1. 了解事故基础知识。
2. 熟悉事故统计流程及步骤。
3. 理解事故致因理论并会利用其进行具体事故分析。
4. 熟悉酒店事故分级标准及其应用。
5. 了解酒店事故预防原则。
6. 掌握酒店事故预防对策。

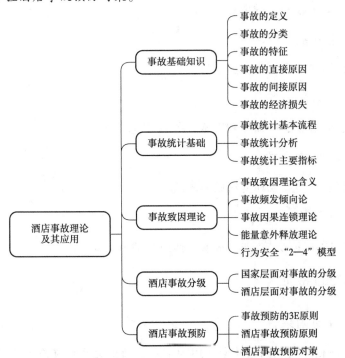

预防为主；客观存在；规律性；可预测性；综合防范；全方位、全员化

## 第一节　事故基础知识

### 一、事故的定义

（一）定义

事故（Accident）是在人们生产、生活活动过程中突然发生的、违反人们意志的、迫使活动暂时或永久停止，可能造成人员伤害、财产损失或环境污染的意外事件。

（二）事故与事故后果

事故不等于事故后果，二者互为因果关系，即"事故"导致"事故后果"。

### 二、事故的分类

根据事故发生后造成后果的情况，在事故预防工作中将事故划分为伤害事故、损坏事故、环境污染事故和未遂事故。

（一）伤害事故

伤害事故，即造成人员伤害的事故。

（二）损坏事故

损坏事故，即造成财产损失和设施设备损坏的事故。

（三）环境污染事故

环境污染事故，即造成环境污染的事故。

（四）未遂事故

未遂事故也称险兆事故，即未造成任何后果的事故。

### 三、事故的特征

（一）事故的因果性

事故是多种相互关联因素共同作用的结果。因果关系具有连续性，即某一阶段的

结果往往会成为下一阶段的原因。因此,在制定预防措施时,应尽最大努力掌握造成事故的直接和间接的原因,深入剖析其根源,防止事故重演。

### (二)事故的偶然性、必然性和规律性

事故的发生包含着偶然因素,事故的偶然性是客观存在的。因此,要从偶然性中找出必然性,认识事故发生的规律性,把事故消除在萌芽状态,变不安全条件为安全条件,化险为夷。这体现了防患未然、预防为主的科学意义。

### (三)事故的潜在性、再现性、预测性和复杂性

若导致事故发生的隐患或潜在危险未被重视或未被及时发现,一旦条件成熟就会显现出来并造成事故的发生,这是事故的潜在性。

若未能真正了解事故发生原因,并采取有效措施去消除原因,类似事故就会再次出现,这是事故的再现性。

凭借以往积累的事故经验和知识,以及对事故规律的认识,可以采用科学的方法和手段来预测未来可能发生的事故,这是事故的预测性。

事故的发生取决于人、物、环境和管理的关系,具有极大的复杂性,这是事故的复杂性。

## 四、事故的直接原因

### (一)定义

直接导致事故发生的原因。

### (二)类型

1. 人的不安全行为

人的不安全行为是指造成事故的人为错误。

2. 物的不安全状态

物的不安全状态是指导致事故发生的物质条件。

## 五、事故的间接原因

### (一)定义

使事故的直接原因得以产生和存在的原因。

### (二)类型

(1)技术、设计上有缺陷或不合理,如操作流程不合理等。
(2)员工身体的原因,如疾病、疲劳等。

(3)员工精神的原因,如错觉、性格缺陷等。
(4)对员工的教育训练不够,如未经培训上岗作业等。
(5)劳动组织不合理,如安全组织结构不合理或缺失等。

### 六、事故的经济损失

#### (一)直接经济损失

事故的直接经济损失是指事故造成人身伤亡及善后处理支出的费用和毁坏财产的价值。事故的直接经济损失是可以估算的。

#### (二)间接经济损失

事故的间接经济损失是指因事故导致产值减少、资源破坏和受事故影响而造成其他损失的价值。事故的间接经济损失是隐性的,难以进行精确测算。

## 第二节 事故统计基础

### 一、事故统计基本流程

一项事故的统计工作可由事故统计调查、事故统计整理和事故统计分析三个阶段构成。

#### (一)事故统计调查

根据事故统计任务所确定的指标体系,拟定调查纲要,搜集被研究对象的准确材料。

#### (二)事故统计整理

对调查资料加以汇总综合,使之系统化、条理化。

#### (三)事故统计分析

将加工整理好的统计资料加以分析研究,采用各种分析方法,计算各种分析指标,揭示被研究对象的基本特征和发展的规律性,必要时还要对其未来的发展进行科学的预测。

### 二、事故统计分析

#### (一)定义

事故统计分析是运用数理统计来研究事故发生规律的一种方法。事故统计数据可以把危险状况展现在人们面前,提高人们对事故的认识,将存在的亟待解决的问题暴露出来。

## (二) 作用

(1)描述一个企业、部门当前的安全状况。
(2)作为观察事故发生趋势的依据。
(3)用以判断和确定问题的范围。
(4)作为探查事故原因的依据。
(5)作为制定事故预防措施的依据。
(6)作为预测未来事故的依据。

## (三) 方法

事故统计分析方法众多,如频数分析、描述性分析、相关分析、回归分析、因子分析、主成分分析、聚类分析、指数平滑法、灰色系统预测法等。

## 三、事故统计主要指标

事故统计指标包括伤害事故统计指标和其他统计指标。

### (一) 伤亡事故统计指标

**1. 伤亡事故频率**

用于表征企业安全状况。计算公式如下:

$$a = \frac{A}{NT}$$

式中,$a$代表伤亡事故频率;$A$代表伤亡事故发生次数(次);$N$代表参加生产的职工人数(人);$T$代表统计期间。

**2. 伤害严重率**

计算公式如下:

$$伤害严重率 = \frac{总损失工作日}{实际总工时数} \times 10^6$$

### (二) 其他统计指标

**1. 无事故时间**

无事故时间指两次事故之间的间隔时间,它用于描述伤亡事故发生频率低的单位的安全状况。

**2. 死亡事故频率**

死亡事故频率是以每$10^8$工时内发生的事故导致死亡的人数来计算的。这个频率相当于在每人每年工作300天,每天工作8小时的情况下,每年4000人中有1人因事故死亡。

# 第三节　事故致因理论

## 一、事故致因理论含义

事故致因理论是阐明事故为什么会发生、事故是怎么发生的,以及如何防止事故发生等的理论,是指导事故预防工作的基本理论,是安全科学主要内容之一。

事故致因理论具有与时俱进特点,从古典事故致因理论到基于系统思维的事故致因理论,再到网络化的系统事故致因理论,事故致因理论发展方兴未艾,展现出蓬勃发展态势。

## 二、事故频发倾向论

### 1. 事故频发倾向

事故频发倾向(Accident Proneness)是指某些人具有的一种稳定的、内在的个性特征,使他们相较于其他人更容易发生事故,这一理论研究的代表人物包括格林伍德、伍兹、纽鲍尔德、法默、查姆勃等。

### 2. 事故频发倾向者的性格特征

事故频发倾向者的性格特征包括:感情冲动,容易兴奋;脾气暴躁;厌倦工作、没有耐心;慌慌张张、不沉着;动作生硬且工作效率低;喜怒无常、感情多变;理解能力低、判断和思考能力差;情绪极易在极度喜悦与悲伤间波动;缺乏自制力;处理问题轻率、冒失;运动神经迟钝、动作不灵敏。

### 3. 事故遭遇倾向

事故遭遇倾向是指某些人员在某些生产作业条件下容易发生事故的倾向,它是事故频发倾向理论的修正,这一理论研究的代表人物有罗奇、高勃、明兹、布卢姆等。

### 4. 事故频发倾向论的价值

事故频发倾向论对于评估个体是否适合从事某些职业具有一定的参考价值。

## 三、事故因果连锁理论

### (一)海因里希事故因果连锁论

1936年,海因里希提出分析伤亡事故过程的因果连锁理论,也称海因里希模型或多米诺骨牌理论,该理论认为伤害事故的发生不是一个孤立的事件,尽管伤害的发生可能在某个瞬间,却是一系列互为因果的原因事件相继发生的结果,海因里希模型如图 4-1 所示。由图 4-1 可知,一起事故的原因链包括基本原因、间接原因和直接原因。按照海因里希的观点,为避免事故发生,需从防止人的不安全行为和消除物的不安全状态等直接原因入手,中断事故连锁的进程,以达到事故预防的目的。

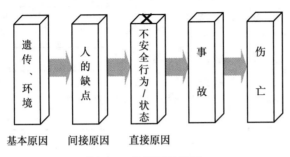

图 4-1　海因里希模型

### (二)轨迹交叉论

轨迹交叉论认为在事故发展进程中,人的因素的运动轨迹与物的因素的运动轨迹的交叉点,就是事故发生的时间和空间,其模型如图 4-2 所示。

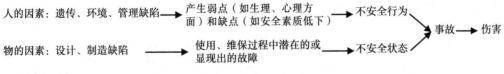

图 4-2　轨迹交叉模型

由图 4-2 可知,可以通过避免人与物两种因素的运动轨迹交叉,来预防事故的发生。

## 四、能量意外释放理论

1961 年,Gibson 和 Haddon 等提出了解释事故发生物理本质的能量意外释放理论,他们认为,事故是一种不正常的或不希望的能量释放,能量意外释放模型如图 4-3 所示,常见能量类型与伤害如表 4-1 所示。

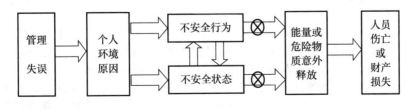

图 4-3　能量意外释放模型

表4-1　常见能量类型与伤害

| 能量类型 | 产生的伤害 | 事故类型 |
|---|---|---|
| 机械能 | 刺伤、割伤、撕裂、挤压皮肤和肌肉、骨伤、内部器官损伤 | 物体打击、车辆伤害、机械伤害、起重伤害、高处坠落、坍塌、鞭炮爆炸、火药爆炸、瓦斯爆炸、锅炉爆炸、压力容器爆炸 |
| 热能 | 皮肤发炎、烧伤、烧焦、焚化、伤及全身 | 烫伤、火灾 |
| 电能 | 干扰神经—肌肉功能、电伤 | 触电 |
| 化学能 | 化学性皮炎、化学性烧伤、致癌、致遗传突变、致畸、急性中毒、窒息 | 中毒和窒息、火灾 |

## 五、行为安全"2—4"模型

行为安全"2—4"模型，也称事故致因"2—4模型"，是由我国学者傅贵在瑞士奶酪模型基础上提出的改进事故致因模型。该模型巧妙地将事故的各种原因以直观的方式呈现在模型之中，并对这些原因进行了清晰明确的定义。更重要的是，该模型在实践应用中具有较强的可操作性，为事故原因的分析与事故的预防提供了重要的理论依据。具体模型及其模块定义如图4-4和表4-2所示。

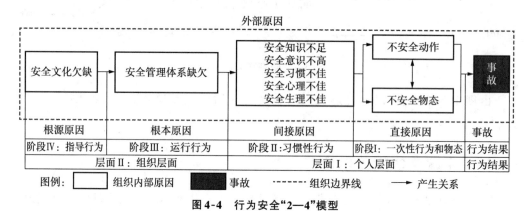

图4-4　行为安全"2—4"模型

表4-2　行为安全"2—4"模型中模块的定义

| 序号 | 模块名称 | 定义 | 备注 |
|---|---|---|---|
| 1 | 事故 | 人们不期望发生的，已经造成或者有可能造成生命与健康损害、财产损失、环境破坏的意外事件 | 通常是QHSSE（Quality，质量；Health，健康；Safety，安全；Security，安保；Environment，环境）事故的一种 |

续表

| 序号 | | 模块名称 | 定义 | 备注 |
|---|---|---|---|---|
| 2 | | 不安全动作 | 是引起当次事故的动作或者对当次事故的发生有重要影响的动作,是可见的,是事故的直接原因之一 | 显性因素 |
| 3 | | 不安全物态 | 是指引起当次事故的物态或者对当次事故的发生有重要影响的物态,它由不安全动作所引发,或由长期的习惯性行为所激活,其控制包括声、光、力、电、热、磁、化学、生物等机制 | 显性因素 |
| 4 | 4.1 | 安全知识不足 | 指导致不安全动作的发生或者不安全物态的激活相关的知识缺乏,即"不知道",含经验、技能等 | 统称为"习惯性不安全行为",是隐性因素 |
| | 4.2 | 安全意识不高 | 安全意识是与事故发生密切相关的及时发现危险源、及时消除或者处理危险源的一种能力,安全意识的缺欠可能会导致不安全动作的发生或者激活不安全物态,这两者是事故发生的直接原因,并最终导致事故发生 | |
| | 4.3 | 安全习惯不佳 | 安全习惯指与事故发生密切相关的平时习惯,即平时的做法。平时习惯不佳可能会导致不安全动作的发生或者激活不安全物态,产生事故的直接原因,进而引起事故发生 | |
| | 4.4 | 安全心理不佳 | 安全心理指与当次事故发生密切相关的平时心理状态。平时的心理状态不佳,可能会导致不安全动作的发生或者激活不安全物态,产生事故的直接原因,进而引起事故发生 | |
| | 4.5 | 安全生理不佳 | 安全生理指与当次事故发生密切相关的平时生理状态。平时的生理状态不佳,可能会导致不安全动作的发生或者激活不安全物态,产生事故的直接原因,进而引起事故发生 | |
| 5 | | 安全管理体系 | 指按照管理体系标准(如OHSAS 18000、ILO—OSH 2001等)建立的职业健康安全管理体系,含安全方针、安全管理组织结构、安全管理程序等内容 | — |
| 6 | | 安全文化 | 即安全工作指导思想的具体内容或来源,分为若干条目 | 可进行培训与定量测量 |

续表

| 序号 | 模块名称 | 定义 | 备注 |
|---|---|---|---|
| 7 | 外部原因 | 指来自本组织之外的监督、检查单位等的不当监管活动,以及自然、社会因素,还有咨询、设计等服务方的失误或不足,这些因素都可能对事故的发生产生重要的影响 | 其他组织可按本组织分析 |

根据行为安全"2—4"模型及其各模块定义,事故原因可概括为直接原因、间接原因、根本原因、根源原因和外部原因五种。

## 第四节 酒店事故分级

### 一、国家层面对事故的分级

《生产安全事故报告和调查处理条例》将生产安全事故分为四个级别,分别是特别重大事故、重大事故、较大事故和一般事故。

(1)特别重大事故,是指造成30人以上死亡,或者100人以上重伤(包括急性工业中毒,下同),或者1亿元以上直接经济损失的事故。

(2)重大事故,是指造成10人以上30人以下死亡,或者50人以上100人以下重伤,或者5000万元以上1亿元以下直接经济损失的事故。

(3)较大事故,是指造成3人以上10人以下死亡,或者10人以上50人以下重伤,或者1000万元以上5000万元以下直接经济损失的事故。

(4)一般事故,是指造成3人以下死亡,或者10人以下重伤,或者1000万元以下直接经济损失的事故。

根据以上事故分级标准,只要一个生产安全事故造成的死亡人数、重伤人数、经济损失量其中之一确定,该生产安全事故就可以被划归为以上四个级别中的某一个。

不同级别事故,调查组构成有所区别。特别重大事故由国务院或者国务院授权有关部门组织事故调查组进行调查;重大事故、较大事故、一般事故分别由事故发生地省级人民政府、设区的市级人民政府、县级人民政府负责调查,省级人民政府、设区的市级人民政府、县级人民政府可以直接组织事故调查组进行调查,也可以授权或者委托有关部门组织事故调查组进行调查。

### 二、酒店层面对事故的分级

在酒店业,较大事故及以上级别事故的发生概率较低,但是火灾事故、卫生事故等容易造成一定数量规模顾客的死亡或受伤,从而形成较大级别及以上的安全事故。当然,酒店业所存在的大部分安全事故都是一般性事故。一般性安全事故根据其所造成的损失和伤害的严重程度可以细分为以下四个类别。

（1）致死类一般事故,是指在一般事故范畴内,造成或发生酒店顾客、员工或第三人死亡的事故。

（2）致伤类一般事故,是指在一般事故范畴内,造成或发生酒店顾客、员工或第三人受伤的事故。

（3）致损类一般事故,是指在一般事故范畴内,造成或发生酒店顾客、员工、酒店本身或第三人的财物、设施遭致损失或损坏的事故。

（4）其他类一般事故,是指在一般事故范畴内,造成或发生的对酒店顾客、员工、酒店本身或第三人形成安全威胁或导致酒店服务意外中断的各种事故。

## 第五节　酒店事故预防

### 一、事故预防的3E原则

1. 工程技术（Engineering）

运用工程技术手段消除不安全因素,保障生产工艺、机械设备等生产设备的安全。

2. 教育（Education）

利用各种形式的教育和训练,使职工树立"安全第一"的思想,掌握安全生产所必需的知识和技能。

3. 强制/管理（Enforcement）

借助规章制度、法规等必要的行政乃至法律手段约束人们的行为。

### 二、酒店事故预防原则

（一）事故预防的概念

事故预防是通过运用工程技术、管理和教育等手段将事故发生的可能性降到最低。例如,酒店火灾可通过建立和完善规章制度来预防,也可通过采用不可燃、不易燃的材料来预防。

（二）酒店事故预防的原则

1. 严控关键环节、重点区域

根据对大量酒店事故案例的分析,管控好酒店运营的关键环节、重点区域,可有效预防酒店安全事故的发生。酒店运营的关键环节包括前厅部的登记入住流程、餐饮部的员工健康状况管理、客服部的顾客隐私安全保护、工程部的施工动火管理、康乐部的健身器材使用规范等;酒店运营的重点区域则包括厨房操作间、物资仓库、锅炉房、配电房、水泵房、电梯房、安全疏散通道、各种消防设施等。

2. 重视薄弱环节

通常,薄弱环节是引发酒店安全事故的关键诱因,对其加强管理是预防酒店事故的重要举措。酒店安全管理的常见薄弱环节和因素如表4-3所示。

表4-3　酒店安全管理的常见薄弱环节和因素

| 薄弱环节 | 薄弱因素 |
| --- | --- |
| 薄弱的人员因素 | 新员工,缺乏安全意识的员工,老年儿童孕妇残障人士等特殊顾客,员工和管理者缺乏安全培训,安全人员配备不足,员工缺乏安全资质等 |
| 薄弱的设施设备因素 | 新设施设备,老旧设施设备,缺乏维保的设施设备 |
| 薄弱的环境因素 | 外部场所,缺乏安全设施的区域,缺乏安全标志、标志的区域,施工区域,空气质量问题,酒店所处位置气象地质灾害频繁、经济不景气、治安状况差等 |
| 薄弱的管理因素 | 缺乏安全制度,缺乏安全监督,缺乏应急预案,预案陈旧,缺乏应急演练,安全培训流于形式等 |

3. 推进现场管理

酒店现场安全管理要求酒店针对各种服务过程拟定严格的操作流程,并根据操作流程精准开展酒店安全问题的预控。

(1) 对于重点活动和重点人物的服务工作须通过现场的跟踪性安全管理来实施预控。

(2) 对于重点部门和重点岗位的服务工作须通过现场的定点性安全管理来实施预控。

(3) 对于随时间而变化的重大活动要实施现场的专项安全控制。

(4) 建立季度、月度和周度的随机安全检查制度,在服务现场实施定期的安全检查,并辅以随机安全检查来提高员工的安全意识。

4. 强调隐患排查

事故源于隐患,这一理念已经形成广泛共识。隐患排查治理是酒店开展安全生产经营工作的途径,也是加强内外部安全监管的有效措施。酒店作为一个复杂的大系统,存在的安全隐患众多,既有危害性较大的火灾事故隐患、公共卫生事件隐患、刑事治安隐患、恐怖袭击隐患等,又有危害性相对较小的大量存在于各个服务环节的投诉隐患、主客冲突隐患、设施设备隐患、滑倒摔伤隐患等,还有伴随时代进步不断出现的各类新型隐患等。因此,对于酒店隐患排查工作既要做到在全覆盖下的重点突出,又要在对现有隐患进行管理的同时对新隐患进行精准识别与消除。

5. 提高安全意识

员工或顾客的安全意识不足往往是酒店事故人为因素的主要原因。在酒店员工安全意识提高方面,除了定期开展安全教育培训外,还需要在日常工作中通过实时通报发生的事故案例等,持续提醒员工、强化其安全意识。在酒店顾客安全意识提高方面,可通过营造良好的酒店安全文化氛围、增加引导性安全提示等加以影响和干预。

6. 落实安全规章制度

根据《中华人民共和国安全生产法》,酒店企业须订立各部门、各岗位的安全规章制度。安全规章制度是事故预控的基础,也是行之有效的管理方式。要将员工的安全生产行为制度化、标准化,不断完善程序和制度,通过严格、标准、规范的操作程序来进行约束。订立制度后,管理者和质量检查部门要充分发挥督导、检查、整改、落实的职能,推动安全规章制度的精准落地执行。

7. 实施综合防范

酒店安全问题的预防管理要以人防、物防、技防相互结合的综合防范管理为基础。

(1) 酒店安全的人防。

人防既体现在保安部员工的站岗、巡逻、值班、守护等安保行为,也体现在各部门各岗位员工的标准化安全操作上。

(2) 酒店安全的物防。

物防是一种实体防范,既表现为在酒店外部通过围墙、栅栏、铁门等营造安全的环境,也表现为在酒店内部设置电子监控、猫眼、安全链、保险箱、防毒面具等为顾客提供安全保障。

(3) 酒店安全的技防。

技防是指应用先进的安全技术手段和设备所进行的安全控制、管理和防护。例如,电子报警技术、自动喷淋技术、视频监控技术、出入口控制技术、计算机网络技术等技术的应用,使酒店可以更高效、更准确、更智能地解决各类安全问题。

8. 全方位全员化

酒店安全管理工作涉及酒店所有部门、所有岗位和所有员工,安全管理工作既要常抓不懈、持久有恒,还要体现全方位、全员化的原则。

(1) 全方位。

全方位是指每个部门、每个岗位都要制定安全生产规章制度,对任何工作都要进行安全审核,以减少安全隐患,防范事故发生。

(2) 全员化。

全员化是指安全理念、安全知识、安全规章制度要刻入每一位员工的脑海中,使员工的观念从"要我安全"到"我要安全"再转变"我能安全",建立起以全员安全为机制的酒店安防管理体系。这种全员化的安全管理方式使每个员工都负有安全责任和奖惩压力,从而有利于形成"人人关心安全、事事注意安全"的良好工作氛围。

## 三、酒店事故预防对策

### （一）基于事故因果连锁理论的事故预防

1. 中断多米诺骨牌效应

海因里希阐明了导致事故的各种原因之间，以及原因与事故、伤害之间的内在联系。他将事故解释为一系列离散事件按一定时间顺序相继发生的结果，即事故的伤害虽可能发生在某个瞬间，但却是这一系列互为因果的事件累积后的必然结果。因此，预防酒店事故的关键在于着眼于事故发生的各个层次原因，并按照其顺序采取相应措施，以中断这一多米诺骨牌效应。如此一来，酒店伤害事故便能够得到有效预防，从而避免发生。

2. 风险评估技术

现代技术正深刻改变着事故的性质，尽管多数工程模型已进行更新，却仍未能跟上技术革命迅猛发展的步伐。这一现状迫切要求我们构建全新的因果解释机制，以深入理解并推动新的风险评估技术的发展，从而有效预防事故的发生。因此，酒店行业应着力建立健全的风险评估体系，针对酒店各部门、各岗位潜在的风险隐患展开全面且系统的评估工作。基于风险评估的结果，酒店需精准制定并实施应对措施，切实有效地预防和控制各类风险因素，确保酒店能够安全、稳定且可持续地运营。

**市场监督管理局配合"十四冬"呼伦贝尔食品药品安全工作部对扎兰屯赛区接待酒店开展风险评估工作**

2023年11月1日至3日，为确保"十四冬"扎兰屯赛区赛事顺利进行，"十四冬"呼伦贝尔食品药品安全工作部联合扎兰屯市市场监督管理局对扎兰屯赛区"十四冬"接待酒店开展食品安全风险评估工作。在现场风险评估中，重点对接待酒店的食品安全管理制度、人员管理、场所环境、设施设备、采购贮存、专间管理、加工制作、食品留样、清洗消毒等环节进行现场检查。

针对接待酒店风险评估发现的问题下发了评估报告及整改通知书，责令接待酒店限期逐条整改到位，切实消除食品安全隐患。通过本次风险评估，有效排除了接待酒店风险因素，确保了后期入驻保障工作顺利开展，为"十四冬"扎兰屯赛区食品安全保障任务的顺利完成打下了良好基础。

（资料来源：扎兰屯市市场监督管理局。）

### （二）基于能量意外释放理论的事故预防

能量意外释放理论指出，预防伤害事故的关键在于阻止能量或危险物质的意外释放，并防止人体与这些能量接触。为实现这一目标，可以采取屏蔽措施来约束和限制能量，从而避免人体与能量产生接触，达到预防事故的效果。常见的屏蔽措施有，用较安全的能源代替危险性高的能源、限制能量、防止能量蓄积、缓慢释放能量、设置屏蔽设施、在时间和空间上将能量与人隔离,以及信息形式的屏蔽等。

1. 用较安全的能源代替危险性高的能源

例如,使用二氧化碳灭火剂代替四氯化碳灭火剂,可以防止使用者中毒或窒息;在容易发生触电的作业场所,用压缩空气动力代替电力,可防止触电事故发生。

2. 限制能量

例如,使用低电压设备防止电击;限制康乐部跑步机的速度防止使用者摔伤;控制酒店游泳池的水深防止顾客淹溺;限制轮滑传菜员的滑行速度防止碰撞顾客等。

### 服务员溜冰送餐碾伤顾客右脚

2013年5月,张先生在某饭店用餐时,右脚被穿着溜冰鞋送餐的服务员碾伤,右脚一、二趾红肿并活动受限。张先生向饭店主张赔偿各项费用和损失共计4万余元。最终,松江区法院判决该饭店赔偿张先生9000多元人民币,但对于张先生主张的精神损害抚慰金,法院认为饭店的行为并未对他造成严重后果,不予支持。

(资料来源:《解放日报》。)

3. 防止能量蓄积

能量的大量蓄积可能会导致其突然释放,因此需要及时释放多余的能量,防止能量蓄积。例如,通过接地消除静电蓄积或利用避雷针放电以保护重要设施等。

### 闪电击中拉斯维加斯金字塔酒店

2006年7月17日,美国内华达州拉斯维加斯遭遇雷暴天气,一束闪电击中金字塔大酒店。据克拉克县消防部报告,约有60棵树被雷电击中起火。

(资料来源:《北京晚报》。)

4. 缓慢释放能量

缓慢释放能量可以降低单位时间内释放的能量强度,从而减轻能量对人体的影响。例如,各种减震装置可吸收冲击能量防止人员受到伤害,马路上的减速带通过降低车速来预防交通事故的发生等。

5. 设置屏蔽设施

屏蔽设施指的是那些用于阻隔人员与能量接触的物理实体,例如机械转动部件的防护罩、安全围栏,以及个人防护装备等。

6. 在时间和空间上将能量与人隔离

例如,在台风登陆时间段采取不外出、不在树下等措施即可将人与台风进行隔离,以防止出现伤亡事故。

### 7. 信息形式的屏蔽

各种提示、警告措施等信息形式的屏蔽,可以阻止人员的不安全行为或避免发生行为失误,防止人员接触能量。

---

**顾客因自己原因导致摔伤　涉事酒店不承担责任**

2022年7月,陈女士到某酒店办事,在酒店大堂台阶处滑倒摔伤。陈女士认为是因为当天下雨地面湿滑,酒店未尽到安全保障义务,才导致其摔倒,遂要求酒店赔偿其医药费,但酒店拒绝赔偿。因协商未果,陈女士便向法院起诉要求酒店赔偿其医疗费、误工费等各项费用共计5万元。在庭审中,该酒店的负责人辩称,陈女士确实是在酒店大堂的台阶处摔倒的,但陈女士摔倒时正一边低头翻包一边看手机,是其自身疏忽导致摔倒。此外,现场设有两处警示标志,陈女士未注意警示标志,并且事发地点不在酒店大门口,不可能因雨天积水导致滑倒。

法院经审理查明,陈女士在被告酒店乘坐电梯返回一楼电梯厅后,欲离开酒店,遂经过通往酒店大堂的台阶。在行走过程中,陈女士因低头翻包并查看手机而不慎摔倒受伤。需说明的是,进入酒店大门后,需先穿过大堂,再经过事发台阶方可进入电梯厅,且该台阶处设有金属扶手及警示标识。陈女士摔倒后,酒店的工作人员立刻将其扶起,并电话联系其家属。

法院经审理认为,本案原告陈女士在被告酒店摔伤,但事发台阶处设有警示标识,醒目的金属栏杆亦起到警示作用。原告之前已经经过事发台阶,是在离开时再次经过台阶处摔倒,理应知道该处设有台阶,且原告在经过时低头翻包看手机,故原告陈女士摔倒受伤是自己未尽到审慎注意义务造成,被告酒店已经尽到合理限度内的安全保障义务。原告虽主张雨天路滑导致滑倒,但事发台阶并非酒店门口,原告对其主张负有举证义务,但现原告的举证并不足以证实自己摔倒是台阶处地面有水造成。故原告的赔偿诉请缺乏事实和法律依据,不予支持。据此,法院依法判决原告陈女士的全部诉讼请求不予支持。

(资料来源:《河北法制报》。)

## (三)防止人失误与不安全行为

### 1. 防止人失误

"人是容易犯错误的动物",因此防止人失误是一件非常困难的事情。防止人失误可从技术、管理两个方面落实,技术措施比管理措施更有效。

(1)技术措施。

① 机器代替人:机器故障率在 $10^{-4}$—$10^{-6}$ 之间,人的故障率在 $10^{-2}$—$10^{-3}$ 之间,要求"让机器去做那些最适合机器做的工作,让人做那些最适合人的工作",这样才能既可

防止人失误,又可提高工作效率。

② 冗余系统:二人操作(一个人的工作由两个人共同完成);人机并行(人与机器协同工作);审查机制(在关键环节设置审核步骤)。

(2) 管理措施。

① 根据工作任务要求选择合适的人员。

② 推行标准化作业,通过教育、训练提高人员的知识、技能水平。

③ 合理地安排工作任务,防止人员疲劳,并使其心理紧张度保持在最优状态。

④ 树立良好的企业风气,建立和谐的人际关系,调动职工的安全生产积极性。

2. 警告

警告是提醒人们注意的主要方法,它让人们把注意力集中在可能会漏掉的信息,可以是视觉(信号灯、书面警告等),也可以是听觉(广播提醒等)。

3. 人—机—环境匹配

只有当作为系统要素的人员、设备、环境实现合理匹配,使设备和环境适应人的生理与心理特征时,人员操作才能更加简便准确、减少失误,进而提高工作效率。

4. 职业适合性

(1) 含义。

职业适合性是指人员从事某种职业(或操作)应具备的基本条件,具体指职业对人员能力的要求,包括人员的心理、生理、知识、技能等。故可结合职业适合性分析、测试,最终确定人员做什么工作。

(2) 事故预防。

可根据职业适合性选择、安排人员,使人员胜任所从事的工作,可有效防止人失误和人的不安全行为的发生。

5. 安全教育与技能训练

安全教育与技能训练是防止职工产生不安全行为、避免人失误的重要途径。其重要性体现在以下两个方面:一方面,能够增强企业领导和广大职工做好事故预防工作的责任感和自觉性;另一方面,能够帮助广大职工掌握事故发生发展的客观规律,提高安全操作技术水平,掌握安全检测技术和控制技术,从而有效做好事故预防工作,切实保护自身和他人的安全健康。

### 南京:以练促防,防患未"燃",南都会酒店拧紧消防"平安阀"

为有效提升员工的消防基础知识、安全防范意识和自救能力,进一步保障顾客及员工生命财产安全,2023年11月,南京壹城建设集团有限责任公司下属南都会酒店组织开展以"预防为主,生命至上"为主题的消防应急疏散演练活动，并邀请南京市秦淮区消防大队到店进行讲解和指导。

### 1. 以学促改，学以致用

此次酒店消防知识培训由南京市秦淮区消防大队李参谋主讲，李参谋从酒店中容易发生的火灾隐患、典型案例，以及消防器材的使用方法等方面，全面、系统地讲解了消防安全应知应会的内容。李参谋还结合酒店行业特点，特别对起火后最佳救援时间及处置流程、餐厅及厨房等重点部位隐患查改、油锅起火扑救方法、人员聚集场所逃生及疏散知识等内容做了详细的讲解和指导。

### 2. 以练促防，防患未"燃"

本次演练活动以"房间棉织品着火"为模拟场景，从火情确认、信息上报、初期扑救、紧急疏散、安全救护，到扑灭火情，各流程有序开展，整个过程组织严密、分工明确，各个环节有条不紊，跨部门协作默契、迅速、准确，达到了预期演练效果。

通过本次演练，员工对各种消防器材、设施以及紧急疏散通道和流程有了更加直观的了解，进一步提升了全员消防安全防范意识，面对火灾时沉着冷静的心理素质进一步增强，逃生处置能力及灭火器使用技能进一步加强，切实筑牢消防安全"防火墙"。

### 3. 强意识、压责任、严落实

安全可以演习，生命不能彩排。每一次的安全消防演练，目的都是引起大家在思想和行动上的高度重视，熟练掌握日常的消防逃生技能，不断提升消防意识，将消防工作落到实处。

酒店负责人吴懿强调，安全生产是企业最大的效益和最重要的软实力，消防安全工作贯穿经营管理的每个环节，各部门要真正做到"强意识、压责任、严落实"，时刻绷紧消防安全这根弦，切实将消防工作向深层次推进，从根本上消除隐患，遏制消防事故的发生。

（资料来源：江苏省消防救援总队。）

**案例讨论**：根据"隐患险于明火，防范胜于救灾，责任重于泰山"的著名论断，尝试从酒店管理者的视角出发谈谈如何做好酒店隐患排查工作。

## 重要术语

事故（Accident）

事故致因（Accident-Causing）

能量意外释放（Unexpected Release Energy）

行为安全（Behavior Safety）

安全检查（Safety Check）

隐患排查（Hidden Trouble Inspection）

事故预防（Accident Prevention）

思考题

1. 简述事故的特征。
2. 简述事故统计的基本流程。
3. 简述常见的事故致因理论。
4. 简述酒店层面对事故的分级。
5. 简述酒店事故预防的原则。
6. 谈谈酒店事故预防的对策。

# 第五章
# 酒店部门安全风险识别与防控对策

酒店是一个由前厅、餐饮、客房、康乐、工程等多个部门构成的复杂系统，由于各部门的安全风险存在差异，因此对其进行安全管理的任务十分艰巨。从不同部门入手，在系统识别各部门安全风险的基础上，有针对性地提出各部门风险防控对策，不失为实现酒店部门安全管理的可行途径。

本章要点

1. 了解酒店前厅部、餐饮部、客房部、康乐部、工程部安全风险识别与防控的重要性。

2. 熟悉酒店前厅部、餐饮部、客房部、康乐部、工程部安全基础知识。

3. 理解酒店前厅部、餐饮部、客房部、康乐部、工程部安全风险因素识别。

4. 掌握酒店前厅部、餐饮部、客房部、康乐部、工程部安全风险防控对策。

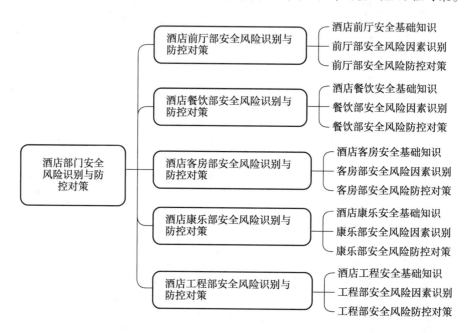

# 第五章 酒店部门安全风险识别与防控对策

> **课程思政元素**
>
> 安全生产经营;职业道德感;规范化;制度化;居安思危;守法诚信经营;责任意识;合理配置;筑牢安全防线;全心全意为顾客服务;有效应对;身心健康;珍视生命;底线思维;红线意识;严字当头

## 第一节 酒店前厅部安全风险识别与防控对策

前厅作为酒店主要的对外窗口,是顾客往来与离开的必经之地,其在酒店整个服务链中占据着核心地位,因此,酒店前厅安全的重要性不言而喻。本节将以酒店前厅部为研究对象,在识别其安全风险因素的基础上,有针对性地提出具体防控对策,以期为酒店前厅实现本质化安全生产经营提供决策参考。

### 一、酒店前厅安全基础知识

#### (一)酒店前厅部

前厅部也称客服部、前台部、大堂部,是酒店组织客源、销售客房产品、沟通和协调各部门对客服务,并为宾客提供前厅服务的综合性部门。前厅部是酒店重要的一线部门之一,它的软硬件水平对酒店总体服务质量的高低起着至关重要的作用。

#### (二)酒店前厅安全

根据安全的内涵和酒店前厅部安全生产的内在机理,酒店前厅安全可界定为:酒店前厅部在其安全生产经营过程中发生事故、造成人员伤亡或财产损失的危险没有超过可接受的限度。酒店前厅安全既包括酒店前厅部生产经营过程中各环节的安全问题,也包括酒店前厅部在生产经营过程中所涉及的人、物、环境、管理等不同层面的安全现象。

### 二、前厅部安全风险因素识别

根据酒店前厅安全事故案例,结合文献成果,基于人、物、环、管(MMEM)理论,酒店前厅安全风险因素如图 5-1 至图 5-5 所示。

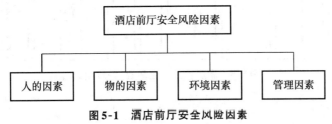

图 5-1 酒店前厅安全风险因素

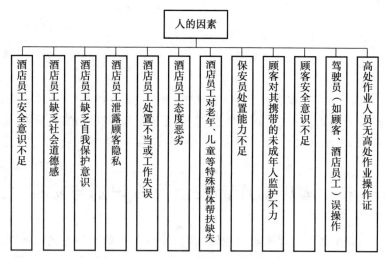

图 5-2　酒店前厅安全风险：人的因素

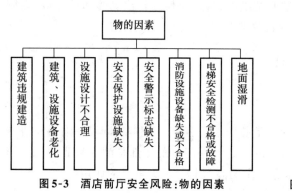

图 5-3　酒店前厅安全风险：物的因素

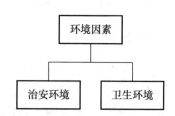

图 5-4　酒店前厅安全风险：环境因素

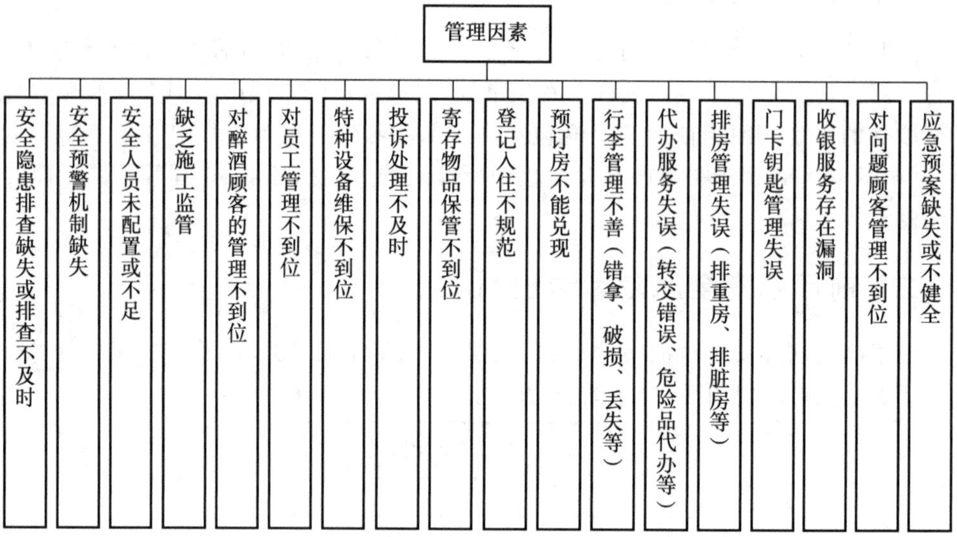

图 5-5　酒店前厅安全风险：管理因素

## (一) 人的因素

### 1. 酒店员工安全意识不足

**酒店女前台上夜班时被男子掀裙子？派出所：正在调查**

2023年8月，江苏扬州一酒店女员工发布监控视频称，自己在上夜班时，被一男子偷偷掀了裙子。辖区派出所表示，此事正在调查处理。

（资料来源：极目新闻。）

### 2. 酒店员工缺乏社会道德感

**株洲一女子醉酒后在酒店遭两次性侵**

2023年4月，在湖南株洲某酒店内，一男子对一名醉酒女子实施了两次性侵，第一次性侵后，女子苏醒后跑到前台求助，然而前台工作人员置若罔闻，导致女子遭到了第二次侵犯。

（资料来源：新浪网。）

### 3. 酒店员工缺乏自我保护意识

**杭州某酒店附近一名保安被露宿者刺伤脖子**

2019年12月，在杭州某酒店西门附近，一名25岁左右的保安被一名40岁左右的露宿者刺伤。目击者陈师傅称，这位露宿者已经在附近住了四五天了，因为被保安驱逐，引发争执。双方从酒店后门一直追逐到酒店前门，露宿者在追逐中将保安刺伤。受伤保安没有生命危险，伤人者已经被警方控制。

（资料来源：新浪网。）

### 4. 酒店员工泄露顾客隐私

**某艺人发文怒斥酒店工作人员泄露个人隐私：请尊重**

2018年12月，某艺人发文怒斥酒店工作人员的恶劣行为。该艺人在江门入住某酒店，酒店员工在为其办理入住手续时，拍下了电脑屏幕上的信息（包含其证件信息及入住样貌登记照），并将照片分享至朋友圈，导致该艺人的个人信息在网络上被疯传。

在上传的电脑屏幕截图中，该艺人的照片、身份证号等个人信息都被曝光。网友也纷纷留言称，"尊重自己的同时，也请尊重他人！""尊重他人尊重自己，追星要理智！""隐私真的很重要，这是基本尊重。"

（资料来源：《中国日报网》。）

### 5. 酒店员工处置不当或工作失误

**男子入住酒店，半夜陌生人刷卡开门，酒店承认失误开重房**

2021年9月，赵先生在深圳某酒店遭遇了一件令人后怕的事。赵先生半夜在酒店房间内熟睡，房门却突然被一名陌生男子用房卡刷开了。经核实，事件原因系酒店开重房，即把同一个房间的房卡错误地发放给了两名不同的客人。针对此事，酒店相关人员向回应称，经调查，此为新员工工作操作失误所致，酒店后续将加强员工培训与管理，以避免类似事件再次发生。

（资料来源：《南方都市报》。）

### 6. 酒店员工态度恶劣

**大理一酒店员工因游客退单爆粗口　酒店负责人：店员行为不妥已退款道歉**

2024年4月6日，有游客在网络上发布视频称在云南大理退订酒店客房后被工作人员辱骂。游客格先生称，他3日预订了大理一家酒店的客房并支付了房费，5日上午到酒店后被告知下午两点后才能入住。格先生提出退款退房，遭到酒店工作人员的辱骂。格先生报警后，大理市银桥镇派出所调解处理，酒店负责人向格先生道歉，并全额退还了房费。酒店负责人称，当时店员情绪激动，行为不妥。大理市文旅部门工作人员称，将对涉事酒店从业人员进行教育培训。

（资料来源：《新京报》。）

### 7. 酒店员工对老年、儿童等特殊群体帮扶缺失

**安徽一女童玩旋转门被夹致右耳撕裂，酒店：愿承担部分医疗费用**

2021年10月，安徽省阜阳市一酒店内发生一起事故。现场监控视频显示，一名男孩和一名女孩小跑到酒店旋转门处，两个孩子推了旋转门一把后，迅速进入酒店大厅内。随后，两个孩子又相继进入旋转门内玩耍，其间一起用力推动旋转门。大约14秒后，男孩找准机会从高速转动的旋转门中跑出，但随后试图跑出的女孩却遭到旋转门的猛烈撞击，身体被撞飞至旋转门外壁处，导致右耳撕裂。事发后，女孩疼得捂住耳朵。

针对此事，律师认为在孩子玩耍危险设施时，家长未有效制止，属于监护人未尽到监护职责，应对孩子受伤负有责任。酒店作为公共场所的经营管理者，对于消费者的人身和财产安全未尽到安全保障义务，也应当承担一定责任。

（资料来源：极目新闻。）

8. 保安员处置能力不足

**酒店大堂女服务员遭人用利刃捅刺　当场身亡**

2020年1月,一名蓬头垢面、疑似精神异常的男子在某酒店大堂内抽烟,保安上前制止,不料被该男子把保安捅伤,并将大堂一名女服务员捅死。

(资料来源:环球网。)

9. 顾客对其携带的未成年人监护不力

**男童遭酒店旋转门"咬头"　头皮撕裂15厘米**

进出高档酒店,几乎都要通过一扇华丽的旋转门,可这扇门也许会变成一张危险的嘴巴,经常"咬"人。一5岁小男孩被一家酒店的旋转门夹住头部,头皮被撕裂15厘米左右。酒店方面称愿意承担一定责任。

针对此类事件律师表示,酒店和父母均负有责任,父母存在监护不当的责任,酒店存在管理不当的责任。

(资料来源:中安在线。)

10. 顾客安全意识不足

**男子在酒店大堂熟睡　朋友拿走其手机转走万元**

2016年4月,西城警方通报了一起案件,事主官某在某酒店大厅等朋友时,在沙发上熟睡,醒来后发现手机不见,且银行卡账户中被转走1万余元。警方侦破后发现,偷钱的竟是他的朋友韩某。

据事主官某报案称,他在西城区某酒店大堂内等待朋友韩某,其间睡着,醒来后发现放在桌子上的手机被盗,银行卡账户被转走1万余元,奇怪的是朋友韩某也一直没有出现,不知去向。侦查员调取案发地监控录像发现,官某睡觉期间一男子来到案发地,短暂逗留后离开,随后该男子用银行卡取款。经事主辨认,男子就是他所等的朋友韩某。随后侦查员在首都机场3号航站楼内将正在准备购买机票的韩某抓获。经讯问,嫌疑人韩某对盗窃事主手机并通过网银盗窃事主1万余元的犯罪事实供认不讳。韩某现已被西城警方刑事拘留。

(资料来源:《北京晨报》。)

11. 驾驶员(如顾客、酒店员工)误操作

**湛江一轿车冲入五星级酒店室内景观池,酒店:无人受伤,车已拖走**

2023年10月18日,广东湛江一网友在社交媒体平台发布视频,称一辆白色轿车冲破某酒店大门,闯入酒店室内观景池内。

(资料来源:《潇湘晨报》。)

12. 高处作业人员无高处作业操作证

由于施工企业审查不严、酒店未尽到统一管理职责等，第三方施工人员无证不规范作业情况屡屡发生，不仅给酒店前厅带来安全风险，同时也给施工人员自身的生命安全造成极大威胁。

**本报记者探访贵州茅台国际大酒店发现——高空作业无审批，工人无资质无防护**

2022年9月，在贵州仁怀某酒店一楼大堂，一名作业人员站在一台约10米高的高空升降机站台上维修吊灯，高空升降机的电源连接的是从一个临时电缆线圈敷设出的一条电缆线。现场有两名身着工服的作业人员看护，此外再无任何防护设施，3名作业人员都没有佩戴安全帽。进一步调查发现，该酒店存在高处作业未经审批、作业人员无证上岗等问题。

（资料来源：《中国应急管理报》。）

## （二）物的因素

### 1. 建筑违规建造

**私搭"后厨"和"大堂"　合肥北一环两家饭店违建被拆**

2022年10月，合肥庐阳区亳州路街道城管部门发现北一环两家餐饮店存在违规搭建行为，他们圈占公共空间，私自扩大储藏室和饭店大堂面积，且无任何相关手续。这些违法建筑面积约240平方米，不仅侵害了公共利益，还危害了公共安全。对此，城管部门组织人员依法对这些违法建筑进行了查处。

（资料来源：安徽网。）

### 2. 建筑、设施设备老化

**某酒店楼体女儿墙从天而降　砸穿酒店前厅，不少车辆受损**

2019年5月，某酒店上方的女儿墙掉落。门前停放的十多辆汽车遭到了不同程度的损伤，受损最严重的车辆棚顶被砸扁，其他车辆的风挡和车体也有不同程度的损伤。现场有两位路过的市民被掉落的碎石砸伤，已经送到医院救治，伤情无大碍。

（资料来源：搜狐网。）

### 3. 设施设计不合理

**某酒店地毯割破孩子膝盖致缝8针**

2021年9月，杭州的杨女士带着孩子在某酒店喝喜酒，可孩子的膝盖却匪夷所思地被酒店地毯边缘割破,随后送往医院缝了8针。地毯怎么会割伤膝盖呢?杨女士回到现场看过后发现,地毯边沿与旁边存在一个高度差,露出了较为锋利的包边,她认为这就是孩子受伤的原因。酒店表示可以赔偿2000元,但杨女士觉得,酒店存在安全隐患,要求酒店承担前期医药费和后续疤痕治疗费用。

(资料来源:潜江视频。)

4. 安全保护设施缺失

**深圳城市建筑劳务有限公司"2·24"一般高处坠落事故调查报告(节选)**

2021年2月,深圳一酒店精装修工程现场,深圳城市建筑劳务有限公司施工人员周某在进行大堂吊顶空调出风口修缮作业时,自上料口坠落至地面死亡,直接经济损失达106.321万元。

(资料来源:西安市应急管理局。)

5. 安全警示标志缺失

**酒店玻璃门太干净惹祸 男孩一头撞上头破血流**

2010年3月,一名9岁男孩在香港东路一家酒店用餐时突然跑向门外,由于酒店玻璃门太干净,男孩"咣当"一声撞在了玻璃上,当场头破血流,而酒店的玻璃门也被撞得粉碎。事发后,男孩家长认为酒店未贴提示标志,应当对事故负责;酒店却称,价值1000多元的玻璃门被损坏,顾客也应当赔偿。

工商执法人员根据《中华人民共和国消费者权益保护法》有关规定对此事做出调解:消费者在有偿接受酒店服务时,酒店应对其人身财产提供安全保障,梁先生带儿子在酒店就餐,因该酒店未在透明玻璃上张贴警示标志,导致消费者被划伤,酒店应负全部责任。责成该酒店赔偿梁先生儿子医药费350元,并赠送餐券350元。梁先生表示以后不再追究任何问题,双方在调解书上签字。

(资料来源:《半岛都市报》。)

6. 消防设施设备缺失或不合格

**郴州嘉禾:一酒店使用不合格消防产品逾期未改被处罚**

2023年6月,嘉禾县消防救援大队在开展全县消防安全重大风险隐患整治时发现,某酒店一楼大厅的4个手提式干粉灭火器喷射软管的长度不符合要求,大队执法人员根据《消防产品现场检查判定规则》,现场判定这4个灭火器为不合格消防产品,并下发责令限期改正通知书,责令其限期改正。整改期限到期后,大队复查时发现,该单位使用不合格消防产品的违法行为逾期未改,违反了《中华人民共和国消防法》第二十四条第一款的规定。随后,大队对该单位的消防违法行为进行立案查处和调查取证,依法给予该单位罚款5000元,直接责任人罚款500元的行政处罚。

(资料来源:《三湘都市报》。)

### 7. 电梯安全检测不合格或故障

**"铁拳"行动！武汉某酒店使用检验不合格电梯被罚**

2023年1月17日,武汉市特种设备监督检验所出具检验报告,显示某酒店使用的3台电梯检验不合格。1月28日,武汉市汉阳区市场监管局执法人员在对当事人经营场所进行电梯安全检查时,发现上述3台不合格电梯仍在使用。4月26日,武汉市汉阳区市场监管局依法对该酒店使用检验不合格的电梯的违法行为做出罚款3万元的行政处罚。

(资料来源:《中国消费者报》。)

### 8. 地面湿滑

**仅设置"小心地滑"标志,下雨天顾客摔伤就可以完全免责吗？**

2020年10月,汪某前往酒店参加亲戚的生日宴席。席间,因下雨导致地面湿滑,汪某不慎摔倒,手部受伤。随后,汪某要求酒店给予赔偿。酒店辩称,事发时酒店大厅放置了"小心地滑"的安全警示标志,尽到了安全保障义务,没有过错;汪某摔倒完全是由于其自己不小心所造成,与酒店无关,汪某自己应承担全部责任。

岳西县人民法院审理认为,本案系一起违反安全保障义务引发的纠纷。本案中,酒店地面按通常标准正常装修,原告汪某在通常情况下作为有完全民事行为能力的成年人,应当知道在下雨天气,酒店大厅可能存在潮湿地滑,而汪某在行走时未能注意自身安全摔倒受伤,其本人对损害的发生具有主要过错。酒店在事发大厅仅摆放"小心地滑"标志,在下雨时就湿滑地面未及时有效清理、未增设其他防护措施,对汪某损害的发生负有一定责任。综合本案实际情况,酌情确定酒店对汪某的损失承担30%的责任,其余损失由汪某自行承担。

(资料来源:安庆市中级人民法院。)

## (三) 环境因素

### 1. 治安环境

**海口警方通报"两男子大闹酒店"事件**

2023年5月,海口市公安局龙华分局接110报警称,在羊山大道某酒店大堂发生了一起治安警情,公安民警第一时间到场处置。

经查,杨某(男,55岁)、时某(男,41岁)因对某活动举办方人员叶某(男,48岁)的回应态度不满,在该酒店大堂公然辱骂、恐吓叶某、袁某某(男,43岁,活动受邀人)等人,强行阻拦现场人员用手机拍摄,造成公共场所秩序混乱。事发后,杨某、时某向活动举办方相关工作人员道歉。袁某某称需要赶航班,未到公安机关作进一步配合调查,随后,时某通过视频向袁某某道歉。

警方根据《中华人民共和国治安管理处罚法》对存在寻衅滋事违法行为的杨某、时某做出行政拘留5日的处罚决定。经调查,现场未发生"堵门""拆展台"等过激行为,双方无人受伤,网传"打私人电话报警"等言论不实。警方呼吁,网络不是法外之地,公安机关处置案事件是以事实为依据,以法律为准绳,请广大网民做到不造谣、不信谣、不传谣。

(资料来源:环球网。)

2. 卫生环境

**防控登革热不力,广东一酒店大堂饮水机长蚊子被处罚**

2024年9月,广东佛山顺德区卫生健康执法人员对某酒店进行登革热疫情防控专项检查时发现,该酒店一楼大堂的饮水机接水盘有积水,且孳生了蚊幼虫。经询问,该酒店负责人承认由于工作疏忽,二十多天没有清理饮水机接水盘。执法人员根据相关规定,对该酒店做出警告的行政处罚,同时责令立即改正违法行为。

(资料来源:光明网。)

(四)管理因素

1. 安全隐患排查机制缺失或排查不及时

**拒不整改! 北海一酒店因此事被罚款5000元!**

2023年5月,消防监督人员对廉州湾大道某海景酒店进行复查,发现此前提出的限期整改的问题仍有"违规使用环保油罐"和"大厅客房采用易燃可燃材料装修"两处隐患在规定时间内未整改完成,根据《中华人民共和国消防法》,消防部门对其处以罚款人民币5000元的行政处罚。

(资料来源:搜狐网。)

2. 安全预警机制缺失

**崇左实施消防安全三级预警监管机制**

"在前台悬挂消防安全高风险等级提示牌,进行红色预警,提醒市民该酒店消防安全不达标。"2022年5月,崇左市消防救援支队的监督执法人员对辖区重点单位检查过程中发现的消防安全隐患问题,进行火灾风险等级预警,依法责令整改。

火灾风险等级预警管理机制是崇左市结合辖区实际创新建立的消防安全重点单位三级预警机制，将"双随机、一公开"检查机制和"三色"预警机制相结合。消防部门根据检查情况，制作"三色"预警牌，在全市各重点单位主要入口处、前台、电梯候梯厅等醒目位置悬挂，用于提醒市民群众注意各单位火灾风险情况。截至2022年5月，崇左市650余家重点单位均完成预警挂牌工作。

（资料来源：人民资讯。）

3. 安全人员未配置或配置不足

**33岁女前台被患精神病住客砍杀身亡，家属质疑：酒店未配备一名专职保安，凶手无人监管**

2023年8月，一名33岁女前台在其供职的酒店值班时，突然被一位患有精神疾病的男住客砍杀，全身多处刀伤不治身亡。其母唐女士至今也想不明白，凶手曾某为何要残忍杀害自己素不相识的女儿，让她更难以接受的是，女儿工作的酒店竟没有配备一名专职保安来保障员工的人身安全。

（资料来源：大风新闻。）

4. 缺乏施工监管

**酒店施工许可过期近半年无人监管  南通市城管局最新回应**

南通一酒店更换幕墙玻璃，为了安全起见，搭建了长100米，高约4.5米的防护棚。南通市公安局、南通市崇川区城管局、南通市城乡建设局等部门给酒店下发了施工许可证，审批的施工工程时间为2018年7月至2019年12月31日。但周边商户反映2020年5月底，酒店方还在施工，相关许可过期近半年，无人监管。

（资料来源：江苏新闻广播。）

5. 对醉酒顾客的管理不到位

**鹰潭一男子醉酒在酒店大堂闹事，办案路过的民警将其控制**

2020年4月，在鹰潭市余江区的某酒店内，发生了一起因客人醉酒闹事引发的冲突事件。一名客人在办理入住手续时，借着酒劲开始闹事，不仅不听从值班经理的劝阻，还对前台值班员工进行辱骂，甚至对同时办理入住的其他客人也进行了言语攻击。随着情绪的逐渐失控，该男子竟开始打砸前台的物品。面对这一突发状况，前台的三名女员工被吓得手脚发软，只能躲在一旁不敢出声。

幸运的是，月湖公安分局某专案组一干民警因侦查办案恰好路过该酒店。他们迅速上前,果断控制住了这名醉酒男子,并将其送往当地派出所接受进一步处理。

(资料来源:江西政法。)

6. 对员工管理不到位

**员工偷开客人路虎出事故车损30万　酒店:建议顾客报警**

国庆长假本是举家游玩的大好时光,而来自辽宁的姜先生却在西安遭遇了一件烦心事。他入住了一家酒店后,酒店负责泊车的员工小王竟然把他的路虎车私自开出去并撞坏了,预估维修费用近30万元,姜先生无奈地说:"酒店不给修车,让我去起诉,说法院判多少,他们就赔多少。"

姜先生从酒店前台的监控中看到,10月5日6时多,小王在未获得他授权的情况下,从前台拿走了车钥匙,偷偷把他的车开出酒店。而在这个过程中,前台负责保管客人车钥匙的员工并没有核实小王是否获得姜先生的授权。

(资料来源:人民资讯。)

7. 特种设备维保不到位

**40分钟维保3部电梯?造假!涉事维保公司被立案调查**

2023年4月,厦门市思明区市场监管局根据智慧监管系统预警提示,对某公司负责维保的3部酒店电梯进行检查,并依法查处该公司涉嫌存在电梯维保记录造假的违法行为。据了解,此类情况以前也有发生过,这起是今年发现的第一例。

执法人员仔细查阅维保系统有关记录,并调取酒店大堂、电梯轿厢等12个监控视频。维保系统显示,该酒店最近一次的电梯维保记录是2023年2月28日,电梯维保周期为15天,之后并无维保记录。而监控画面显示,2月28日当天,现场仅有一名维保人员在40分钟内完成了3部电梯的半月维保业务,在"电梯日常维护保养记录"上签字后就离开了。

(资料来源:《厦门日报》。)

8. 投诉处理不及时

**3名女子入住知名连锁酒店,凌晨遭陌生男子开门**

2024年9月8日晚,李女士与两位朋友一同入住甘肃某知名连锁酒店。然而,在半夜12点半左右,一名陌生男子竟自行刷卡进入了她们的房间,这一突发状况让李女士等人惊恐不已。她们立刻致电前台,却被告知前台没有权限查看监控,且当晚酒店方面未采取任何调查措施,也未对她们进行安抚。

次日早上10点半左右,值班经理出面解释称,是保安带领维修工前往隔壁房间修理窗帘时,不慎开错了门。然而,李女士等人查看监控后发现,实际情况与酒店方面的解释存在明显出入。随后,酒店提出了免除当晚房费、并给予每人200元赔偿的方案,但李女士等人对此并不认同。她们多次要求查看监控视频,却均遭到酒店的拒绝。最终,她们通过出行平台多次沟通,才得以获取监控视频。

李女士表示,酒店方面在事发当晚未做出任何有效处置,事后处理和安抚工作也极为不到位,道歉态度更是缺乏诚意,整个处理过程让她们感到极度愤慨。

(资料来源:光明网。)

9. 寄存物品保管不到位

### 行李寄存酒店　丢失谁赔？

2018年11月,市民李先生带家人一起外出旅行,他提前在网络上预订了某酒店的房间,到达酒店后,他将行李交给了服务台保管。而当时酒店值班服务员也清点了他的物品,办理了寄存手续。两天后,李先生退房时准备领取寄存的行李,却发现其中一件行李被人领走了。"行李虽然并不值钱,但是行李箱是刚给孩子购买的,价值1300元左右,就这样丢了实在可惜。"于是李先生向酒店要说法,酒店方面称,酒店替旅客保存行李是无偿的,因此他们是不会承担行李丢失的赔偿责任。

(资料来源:《滨海时报》。)

10. 登记入住不规范

### 鄂州一酒店收到首张"反恐罚单"

为进一步增强旅馆业经营者的法律意识、责任意识,确保辖区治安秩序稳定,2024年1月,鄂州市公安局鄂城区分局古楼派出所对辖区旅馆业开展常态化检查时,发现某酒店严重违反相关法律规定,开出首张旅馆业"反恐罚单"。

2023年9月中旬,古楼派出所对辖区旅馆业进行检查时,发现该酒店未按规定登记住宿旅客信息,当场责令整改。10月中旬,古楼派出所会同市局相关部门连续两次开展复检时,发现该酒店仍然存在未实名制登记入住旅客身份信息的问题,根据《中华人民共和国反恐怖主义法》第八十六条有关规定对该酒店予以处罚。

(资料来源:《湖北日报》。)

11. 预订房不能兑现

### 知名平台取消订单后拒不退款！上海市民维权艰难,文旅部门无奈:对方拒绝调解,且没有资质

2023年11月,计划前往美国旅游的张女士在在线酒店预订平台Agoda

上,预订了纽约一家酒店2024年4月的房间,并支付了房费3401元。岂料,即将入住前,Agoda突然取消了张女士的预订,并迟迟没有退还她的预订费用。

(资料来源:红星新闻。)

## 12. 行李管理不善(错拿、破损、丢失等)

### 寄存物品丢失"概不负责"?没理!

2022年12月,王某因参加产品交流会,入住西安一家四星级酒店。入住当晚,因酒店电梯发生故障,王某就将随身携带的行李箱寄存在酒店前台。酒店前台接收行李箱后向王某出具了纸质领取凭条,载明"王某于本日向酒店寄存行李箱一个",领取凭条背面写有"贵重物品丢失概不赔偿"。同时,酒店前台立有"物品丢失概不赔偿"字样的标识牌。次日10时许,王某办理退房手续后准备领取寄存的行李箱,酒店前台服务员李某称早上6时有个自称是王某朋友的张某将该行李箱拉走。酒店辩称其系无偿保管,且已向王某履行物品丢失概不赔偿的告知义务,无须向王某赔偿。

(资料来源:《山西科技报》。)

## 13. 代办服务失误(转交错误、危险品代办等)

### 总台忘了转交客人的礼物

2012年6月,胡先生急匆匆来到青岛某酒店,将一盒包装精美的礼物交给总台接待员,请她转交给次日将要从台湾来青岛入住该酒店的方小姐。总台接待员乐乐是刚从学校毕业的实习生,由于礼物包装精美,她只顾着将礼物一一传给同事看,并未与下个班次的服务员办理委托转交手续。

次日,方小姐并未收到任何礼物,在出差的胡先生得知消息后十分生气,打电话要求总台立即归还礼物,而此时总台当班的领班小童又对此事一无所知,场面一度混乱。

(资料来源:百度文库。)

## 14. 排房管理失误(排重房、排脏房等)

### 酒店实名登记任务重　人脸出场辨别"真假"

2019年4月,广州警方发现某酒店违反实名登记管理规定,没有登记一名旅客的身份信息,经调查证实,该漏登信息旅客与一条涉恐线索有关。事后,广州警方依据《中华人民共和国反恐怖主义法》对该违法酒店做出10万元的罚款处罚。未按照规定登记客人的身份信息,后果之严重,可见一斑。

(资料来源:搜狐网。)

15. 门卡钥匙管理失误

### 常州男子入住酒店时遗失房卡　遭索赔100元

宾馆的房卡究竟值多少钱？2016年11月，张先生向常州市新北区消费者协会求助，称其入住新北区一连锁酒店时，弄丢了房卡，结账时遭商家以"已在住客须知上明确赔偿数额"为由，要求赔偿张先生100元。张先生认为价格过高，实在不合理。

消协人士认为，消费者因过失弄丢了酒店的房卡，应承担相应赔偿责任，但赔偿价格不能由宾馆单方面说了算，高于市场价标准的赔偿价格是不合理的，其内容也是无效的。

（资料来源：人民网。）

16. 收银服务存在漏洞

### 男子反复订退房　酒店收银员晕头转向，被骗3200元

"客人订房又退房……莫名其妙的钱就少了。"2013年5月，一神秘男子到东侨某酒店声称替领导订房，在反复数次订房、退房后，前台服务员被搞得晕头转向，结果酒店账目莫名其妙地少了3200元，由于该神秘男子没登记个人信息，前台服务员只好自掏腰包填补了这笔账。

（资料来源：《宁德晚报》。）

17. 对问题顾客管理不到位

### 房客突发精神病称自己遭人追杀　酒店报警求助

2013年9月，在南宁市民族大道一酒店的大堂里，一名房客精神病发作，自言自语，并称自己遭人追杀。辖区派出所接到报警后，赶到现场对其进行耐心地劝说，并且帮忙联系男子的家属。随后，男子被家属带回老家。

（资料来源：《南宁晚报》。）

18. 应急预案缺失或不健全

### 辛集市某宾馆涉嫌使用乘客电梯未制定特种设备事故应急专项预案

2023年10月9日，辛集市市场监督管理局市区二分局执法人员对某宾馆进行监督检查，检查中发现该宾馆使用的乘客电梯未制定特种设备事故应急专项预案。执法人员当场下达了责令改正通知书，责令当事人于2023年10月19日前改正。2023年10月23日，执法人员再次进行检查时，当事人使用的乘客电梯仍未制定特种设备事故应急专项预案。执法人员再次下达了责令改正通知书，责令当事人停止使用该设备。

（资料来源：辛集市市场监管局。）

## 三、前厅部安全风险防控对策

### （一）人因安全风险防控对策

**1. 酒店员工安全风险防控对策**

强化社会道德,不断提升自身安全素质。第一,酒店员工要加强家庭美德、社会公德和职业道德的培育和可持续提升,不断强化自身社会道德责任,并全身心投入到酒店前厅服务工作中,为顾客提供优质的服务。第二,酒店员工要从安全知识学习、安全意识提升、安全行为遵守和安全技能习得等多方面,不断提升自身安全素质,为在酒店前厅工作中分析处理各类安全风险提供理论指导和实践参考。

**2. 酒店顾客安全风险防控对策**

树立科学的安全理念,提高酒店前厅安全防范意识。顾客应该树立"安全是相对的,危险是绝对的"的安全理念,从进入前厅起,注意观察自身所处环境是否安全,比如是否存在局部施工、地面是否湿滑、应急出口位置是否处于封锁状态等。另外,对于随行的未成年人,顾客要加强监护,切勿因沉溺手机等不良习惯而忽视对他们的看护,导致未成年人受到伤害。

**3. 第三方施工人员安全风险防控对策**

秉承本质安全思维,持证规范作业。第三方施工人员要秉承本质安全思维,紧绷酒店安全这根弦,根据酒店安全生产相关法律、规章及具体操作规程,持证进行规范化作业,将自身在酒店前厅施工作业中存在的安全风险降至最低水平。

### （二）物因安全风险防控对策

**1. 依法依规建设维保,确保酒店前厅建筑物合规可靠**

建筑物是酒店前厅得以存在的物质基础和生产经营场所,其合规性、建筑质量、可靠程度对于酒店前厅安全至关重要。酒店前厅需依法依规进行其建筑物的建设和维保,避免违规建造、不法改建,对老化的建筑物及时进行加固或更新处理,确保酒店前厅建筑物合规可靠。

**2. 加强基础设施设备管理,有效提升前厅基础硬件安全性**

近年来,因基础设施设备原因导致的前厅安全事故屡见不鲜,加强基础设施设备管理,提升前厅基础硬件安全性势在必行。为此,酒店前厅部需要做到:加强设施设备使用情况监管和维保工作,一旦发现设施设备存在老化情况务必及时更新;在设计相关设施伊始严格把关、科学合理设计、从初始设计杜绝一切安全隐患;加强对前厅地面安全隐患的排查,包括地面是否湿滑、地面上是否有有棱角物体等。

**3. 端正安全态度、加大安全投入力度,保障安全设施设备充足**

安全是酒店前厅的生命线,安全面前无小事。酒店管理层要端正安全态度,加大安全投入力度，本着"酒店前厅安全不完全是消防安全"的理念，不仅要配备足够的消防安全设施设备，还要配备足够的安全保护设施，更要配备足够的安全警示标志。

**4. 强化电梯安全管理，杜绝电梯事故发生**

电梯检验不合格、缺乏必要的维保是酒店前厅电梯安全事故的主要诱因。为此，酒店应从采购这一初始环节入手，选择合格的电梯厂商购入电梯，且要在后续使用和管理过程中，避免形式主义，加强对电梯这一特种设备的监管，及时进行维保，确保电梯无病运行，杜绝电梯事故发生。

### （三）环境因素安全风险防控对策

**1. 治安环境**

治安问题一直以来都是酒店前厅安全管理的重点，良好的治安环境会极大提升顾客的安全感。酒店方应根据《旅馆业治安管理办法》等有关法律法规，设立前厅治安管理组织机构，制定前厅治安管理相关制度，配备合格治安管理人员，完善监管硬件设施设备，加大治安管理宣传力度，为顾客营造一个良好的治安环境，切实保障顾客在前厅期间的安全。具体对策包括：建立有效的安全防范工作程序、应急预案、管理规章制度，应对各种突发事件准备工作；建立健全安全管理规章制度和检查制度，并实行岗位责任制；员工提高安全防范意识，遇到可疑人员要加强防范排查；实行二级负责制，前厅经理、班组对前厅内发生的一切安全事故实行"谁主管谁负责"的原则；实行治安管理达标考评制度，将部门或个人的安全工作直接与其经济效益挂钩；加强对特殊时间段的管理，如节假日、夜间的管理和巡查力度。

**2. 卫生环境**

近年来，酒店前厅及门前卫生环境屡遭诟病，已成为酒店前厅安全管理的痛点。这不仅影响酒店的声誉，也会给顾客身心健康带来一定的困扰。酒店方应积极承担门前"三包"责任，加强门前及前厅的卫生环境建设与管理，为顾客在前厅办理相关业务提供清新舒适的卫生环境。具体对策包括：强化责任担当，将门前"三包"责任落实到位；规范化、制度化管理，制定并落实酒店前厅卫生管理制度及其相应的跟踪监督机制，将前厅卫生管理落到实处；以顾客身心健康为本，持续做好公共卫生消杀工作，降低公共卫生风险对顾客的威胁。

### （四）管理因素安全风险防控对策

**1. 建立安全隐患排查机制，将事故风险扼杀在摇篮之中**

建立安全隐患排查机制，及时有效排查酒店前厅存在的各类安全风险隐患，并采取相关措施消除安全隐患或将其危害降至最低，将事故风险扼杀在摇篮之中。

**2. 建立安全预警机制，将事故损失降至最低**

酒店前厅应根据自身风险识别的结果，建立系列安全预警机制，如消防安全预警机制、公共卫生事件预警机制等,以期将事故损失降至最低。

3. 科学合理配置足够的安全人员,提升酒店前厅安全保障能力

酒店前厅应选拔既有强健体魄,又有安全知识,还懂安全技能,更具应急经验的人员加入到安全人员队伍中,不断提升酒店前厅安全保障能力。

4. 加强酒店前厅施工监管,避免安全事故发生

施工本身存在一定安全风险,如果酒店监管不善,就会引发不必要的安全事故。为此,酒店前厅应高度重视,提高安全风险意识,对施工流程、施工环节、施工人员等进行必要监管,以避免安全事故发生。

5. 有效识别醉酒顾客,确保安全保障义务落实

醉酒顾客往往处于意识比较模糊的状态,且行动能力受限,人身财产安全风险骤增。为此,酒店前厅工作人员应有效识别醉酒顾客,并根据其醉酒状态给予必要的帮助和照顾,最大限度保障醉酒顾客的人身财产安全不受侵害,确保酒店安全保障义务落实。

6. 加强员工管理,避免主客冲突

前厅作为酒店服务的"窗口"和"前哨",是人际服务最为频繁的场所,极易发生主客冲突。为此,酒店应加强对前厅员工的管理,不断提升前厅员工的综合素养和接待服务能力,以避免因员工原因所导致的各类主客冲突事件的发生。

7. 强化特种设备监管,确保维保到位

电梯等特种设备是酒店前厅安全管理的重中之重,管理层要居安思危,强化特种设备的监管工作,摒弃麻痹大意的思想,不搞形式主义,将特种设备维保工作落到实处,做到有的放矢、高质量维保。

8. 提升投诉处理效率,获得顾客对酒店的谅解

在厘清顾客投诉原因的基础上,遵循"重视顾客投诉、严格首问责任制"等处理原则,按照酒店投诉处理流程及时处理,在处理过程中切忌采取变相冷处理(如拖延等)、在大庭广众之下处理、"踢皮球"、私了等不当措施,要提升投诉处理的效率,获得顾客对酒店的谅解。

9. 遵循保管合同规定,妥善保管顾客寄存物品

寄存物品属于酒店提供服务的一项内容,酒店方应摒弃"贵重物品丢失概不负责"的说法和观念,严格按照《中华人民共和国民法典》中对保管合同的规定,对顾客寄存物品进行妥善管理,为顾客提供满意的服务。

10. 严格按照既定的服务程序为顾客办理登记入住,确保登记入住安全

酒店前厅的登记入住服务是顾客入住的必经流程,也是公安部门的安全要求,更是《中华人民共和国反恐怖主义法》的要求。顾客登记入住安全问题表现为遇辑犯人

住、黑名单顾客入住、使用假身份证入住、冒充酒店高管的朋友入住，以及虚假预订等。为此，前厅接待人员在接待服务过程中，应严格按照既定的服务程序为顾客办理入住，以确保登记入住安全。

11. 诚信经营，为顾客提供周到的预订房服务

酒店超售行为虽可控制临时空房率，实现利益最大化，但同时极易引发预订房不兑现问题，影响酒店声誉和诚信度。酒店方应诚信经营，严格按照相关法律法规，为顾客提供周到的服务，而不能为了一己之私，置诚信于不顾。

12. 规范行李管理，为顾客提供周到、安全的行李服务

顾客行李在酒店前厅和客服流转时，容易发生顾客行李被错拿、破损、丢失、未按时送抵房间等情况。为此，行李员要做到当面清点数量、当面检查有无破损、当面确认、轻拿轻放、谨防不法分子窃取行李、专人负责跟踪到底，为顾客提供周到、安全的行李服务。

13. 提高员工责任意识，按照服务规范操作，为顾客提供细致入微的代办服务

顾客入住酒店期间，往往会托付服务人员代办一些业务，如转交信件、礼物等。如果服务人员缺乏责任心，未按照服务规范操作，极易发生代办服务失误。为此，酒店要加强员工的责任意识教育、严格员工服务操作的规范性，为顾客提供细致入微的代办服务。

14. 提升员工经验、技巧和专业能力，认真细致为顾客提供排房服务

酒店前厅的排房工作，稍有不慎就会出现排重房、排脏房等排房服务风险。因此，酒店排房工作要求员工具有一定经验、技巧和专业能力，并具备认真细致的工作作风。另外，酒店还需要对排房系统的功能机制进行升级，通过系统程序来有效规避排房风险的发生。

15. 把好门卡钥匙安全关，为顾客人身财产安全保驾护航

门卡钥匙是顾客人身和财产安全的基本保障，对其加强管理至关重要。酒店方要加大管理力度，从钥匙备份管理、部门自用钥匙管理、客用钥匙管理及电子锁管理等多方面，细化管理制度和流程，把好门卡钥匙安全关，为顾客人身财产安全保驾护航。

16. 提高员工收银技巧、能力和安全防范意识，确保收银服务安全

收银安全是前厅安全的重中之重，直接关系酒店日常经济收益。常见收银安全问题包括假币消费、大额换币、冒用信用卡、逃账等。酒店方应提高收银员收银知识、收银技巧、纸币鉴别能力及安全防范意识，确保收银服务安全。

17. 有效识别前厅问题顾客，确保顾客生命财产安全

酒店前厅问题顾客主要包括外来推销人员、精神病人、假警察等，他们严重影响了酒店的经营运作和社会现象，常常骚扰顾客，导致顾客无法安全舒适地入住。为此，酒

店方应加强对员工的教育和培训,不断提升员工识别问题顾客的本领和应对问题顾客的技能,以期确保顾客的生命财产安全。

18. 完善应急管理制度,建立健全应急预案

酒店前厅应根据自身风险因素识别的具体情况,有针对性地完善酒店前厅应急管理各项规章制度,检查不同类型风险事故的应急预案编制和演练情况,对于缺失的情况责令其及时编制,对于不健全的情况责令其及时补充健全,确保酒店前厅应急管理工作有序开展。

## 第二节 酒店餐饮部安全风险识别与防控对策

餐饮部所涉及的服务业务量大、工作琐碎、对客服务时间较长、场所内人流多、客人有饮酒狂欢的需求,因此,容易导致各类安全事故的发生。本节将以酒店餐饮部为研究对象,在识别其安全风险因素的基础上,有针对性地提出具体防控对策,以期为酒店餐饮部实现本质化安全生产经营提供决策参考。

### 一、酒店餐饮安全基础知识

#### (一)酒店餐饮部

酒店餐饮部是通过餐厅、酒吧等设施向顾客提供饮食产品的场所。一般地,酒店餐饮部主要由西餐厅、中餐厅、宴会厅、酒吧、厨房等构成。餐饮部是酒店必不可少的服务部门,其服务水平是酒店服务水平的重要标志之一,其好坏决定着酒店经营状况的优劣。

#### (二)酒店餐饮安全

根据安全的内涵和酒店餐饮部安全生产的内在机理,酒店餐饮安全可界定为"酒店餐饮部在其安全生产经营过程中发生事故、造成人员伤亡或财产损失的危险没有超过可接受的限度"。酒店餐饮安全既包括酒店餐饮部生产经营过程中各环节的安全问题,也包括酒店餐饮部在生产经营过程中所涉及的人、物、环境、管理等不同层面的安全现象。

### 二、餐饮部安全风险因素识别

根据酒店餐饮安全事故案例,结合文献成果,基于人、物、环、管(MMEM)理论,酒店餐饮安全风险因素如图5-6至图5-10所示。

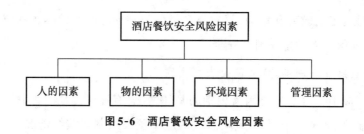

图5-6　酒店餐饮安全风险因素

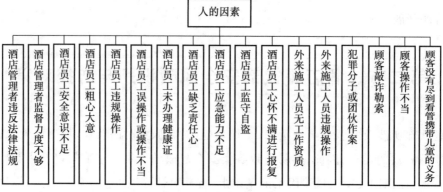

图5-7　酒店餐饮安全风险因素：人的因素

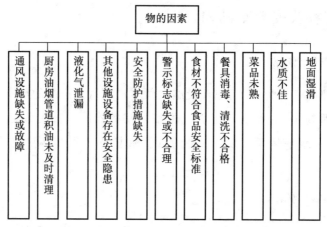

图5-8　酒店餐饮安全风险因素：物的因素

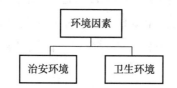

图5-9　酒店餐饮安全风险因素：环境因素

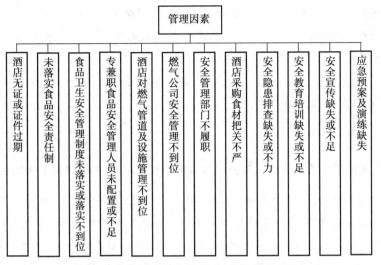

图 5-10　酒店餐饮安全风险因素：管理因素

## （一）人的因素

### 1. 酒店管理者违反法律法规

**哈尔滨"8·25"火灾事故调查报告公布**

2019年1月31日，黑龙江省应急管理厅发布了"8·25"重大火灾事故调查报告，认定于2018年8月25日发生在哈尔滨某酒店的"8·25"重大火灾事故是一起责任事故。20人被追究刑事责任或被移送至司法机关，多人受党纪、政务处分和组织处理。经过现场勘验、调查询问、现场指认、视频分析及现场实验等工作，认定该酒店消防安全管理混乱，消防安全主体责任不落实。该酒店法律意识缺失、安全意识淡漠，自酒店开始建设直至投入使用，始终存在违法违规行为，消防安全管理极为混乱，最终导致事故发生。

（资料来源：新华社。）

### 2. 酒店管理者监督力度不够

**媒体曝光长沙某酒店剩饭回炉上桌　桌布擦酒杯**

2017年2月，记者通过应聘成功进入到长沙某酒店三楼的餐饮部，成为三楼大厅的一名服务员。在该酒店的后厨操作间内，工作人员正在对大厅回收的餐具进行清洗，但是记者发现，这里的工作人员只会对菜碗和筷子等小件餐具进行高温消毒，而饭碗和茶杯在初步清洗后，便直接被放到了旁边的盆内，跳过了高温消毒这个步骤。在此过程中，记者发现，这些未经消毒还满是水渍的饭碗，竟然就这样被摆上了餐桌。此前在记者采访时，该酒店的负责人曾向记者表示，他们这里的餐具都会进行消毒，不会直接摆上餐桌。但记者连续几天的暗访拍摄却显示,大厅使用的饭碗和茶杯从未经过消毒处理。此外,记者还目睹了工作人员将掉在地上的筷子直接用桌布擦一下后,就摆上了餐桌。这一系列情况表明,该酒店的管理者对员工的行为缺乏有效监管,导致了酒店卫生问题频出,多次遭到顾客的投诉。

(资料来源:搜狐网。)

### 3. 酒店员工安全意识不足

#### 飞来横祸!吃火锅时服务员添加酒精不当致爆炸,男子瞬间被火团包围

2019年9月,马先生和朋友在潍坊某酒店吃火锅的时候,服务员拿着一桶酒精给马先生面前的酒精炉加燃料,突然酒精炉发生燃爆,马先生瞬间被火包围,导致严重烧伤。马先生回忆称,当时服务员在添加燃料时并未先灭火,而是直接倾倒酒精。他质疑酒店没有对服务员进行过相关培训,才导致事故发生。

(资料来源:央广网。)

### 4. 酒店员工粗心大意

#### 员工在酒店厨房烫伤住院,算不算工伤?酒店要不要负责?

2021年5月,黄女士向记者反映,其母亲在惠东市某国际酒店餐厅早点部厨房工作,在清洗工作台面时不小心将开水打翻,导致被烫伤住院。然而,酒店初期支付了15000元后,便不再愿意承担后续治疗费用,导致她母亲无法继续接受治疗。

(资料来源:人民资讯。)

### 5. 酒店员工违规操作

#### 西餐厅厨师用锅铲尝味后继续翻炒,店方回应:若属实将开除该员工

2023年10月,网友在社交平台发布视频称,湖南长沙一西餐厅的厨师在炒面时,直接将锅铲放进嘴里尝味道后继续翻炒。网友质疑不卫生:"简直想吐,之前吃了好多次,不知道吃了多少口水。"随后,涉事门店工作人员表示,正在核实此事,若属实,将开除涉事员工。

(资料来源:九派新闻。)

### 6. 酒店员工误操作或操作不当

#### 男子称其母亲在酒店煤气中毒,现治疗费无人管

2024年4月,李先生向记者反映,2023年12月其母亲在某酒店工作期间,因酒店安全生产管理不到位及厨房员工操作不当,导致燃气管线发生天

然气泄漏,现场造成包括他母亲在内的四人不同程度一氧化碳中毒。如今,酒店不愿再承担后续治疗费用。

(资料来源:《华商报》。)

7. 酒店员工未办理健康证

**上海某酒店被警告并罚款750元**

上海市浦东新区卫生健康委员会依法于2024年5月20日对张杨路某酒店进行检查,抽查了在岗直接为顾客服务的从业人员侯某某,经上海市从业人员预防性健康检查信息系统查询,未查询到该从业人员的体检信息,现场也未查见其由医疗机构出具的纸质健康合格证明材料。经查实,该酒店自2024年5月10日起,安排未获得有效健康合格证明的从业人员侯某某从事直接为顾客服务的工作。

(资料来源:腾讯网。)

8. 酒店员工缺乏责任心

**绿叶菜里"涮"出60多只小黑虫,上海某酒店已开展全面自查**

2022年1月,小邓发微博表示她在上海某酒店入住期间,酒店送来的餐食中,绿叶菜里竟然发现了60多只小黑虫。在此之前,她已经多次向酒店反馈绿叶菜中有虫子这一问题,但酒店后厨一直未予以整改,没有将绿叶菜清洗彻底,于是小邓拨打了12345进行反映。对此,该酒店回应,已经开展全面自查,将尽全力为客人提供满意的食宿环境。

(资料来源:《新闻晨报》。)

9. 酒店员工应急能力不足

**吓到尖叫!老鼠爬上五星级酒店餐桌!**

2022年1月,有网友称他们在上海一家五星级酒店大堂吧台喝咖啡时,发现一只个头不小的老鼠出没两三次,最后竟然直接爬上餐盘,吓得他们惊慌尖叫。该网友告诉记者,现场的酒店工作人员无人对此事道歉,只是请他们调换座位便匆忙了事。他们表示感到害怕,想要离开,服务员随即回应道:"那你们走吧,这两杯咖啡就当是送你们的了。"网友认为该酒店员工对突发事件的应对能力有所欠缺。

(资料来源:光明网。)

10. 酒店员工监守自盗

**一传菜员监守自盗 偷了酒店6瓶茅台被判刑**

被告人钟某系海南某酒店传菜员,监守自盗,盗取了该酒店6瓶茅台。

2021年4月,海口市美兰区法院一审以钟某犯盗窃罪,判处其有期徒刑2年4个月,处罚金人民币10000元,并责令钟某退赔被害单位海南某酒店经济损失人民币29994元。

（资料来源：海南政法网。）

11.酒店员工心怀不满进行报复

### 疑因请假起争执　洗碗工刀砍厨师长　事发济南某酒店

2017年8月,在济南某酒店后厨内,一洗碗工疑因请假事宜与厨师长起争执,随后持菜刀将其耳朵砍伤。据伤人者妻子介绍,她和丈夫都在该酒店上班,当天她丈夫想帮她向厨师长请一天假,结果两人不知道哪句话没说对就起了冲突,厨师长还推了她丈夫一下。她丈夫可能是一时情急,顺手拿起一把菜刀,不慎将厨师长的耳朵划伤。

（资料来源：《济南时报》。）

12.外来施工人员无工作资质

### 1死16伤！一次燃气私活引发悲剧,北京发布事故报告

2023年10月,北京市通州区发生了一起燃气爆炸事故,事故造成1人死亡、16人受伤,直接经济损失达367.07万元。根据调查报告,本次事故的直接原因是施工人员张某在某公司厨房内拆除天然气管道盲板后,违规放散了天然气管道内的气体,造成天然气持续泄漏,并扩散至该公司厨房及相邻门店厨房等区域。当天然气与空气混合达到爆炸极限浓度时,遇电气火花发生了爆炸,从而引发了这起事故。调查发现,张某未经允许冒用其他公司名义违法承接了燃气管道安装、改造工程;使用燃气集团内部上岗证冒充有燃气施工资格人员开展施工作业;在不具备操作资格、不掌握本岗位安全知识的情况下,擅自违规拆除、改装、安装燃气设施。

（资料来源：光明网。）

13.外来施工人员违规操作

### 海南某酒店触电死亡事故调查报告

2018年11月,位于海口市的某酒店发生一起触电事故,一名酒店电工在对酒店大堂西侧西餐厅楼梯灯带线路进行检修时,因未按要求关闭电源和进行验电,左手不慎触碰到带有220 V电压的裸露线头,同时身体另一侧接触到吊顶的金属物,形成电流回路,导致电击事件发生,经抢救无效,该电工不幸死亡,事故造成直接经济损失90万元。经过现场勘察和专家鉴定,确认上述为触电造成电工死亡的直接原因。

（资料来源：海口市秀英区人民政府网。）

14. 犯罪分子或团伙作案

**离职员工多次"光顾"老东家,偷80余箱白酒! 栽了**

  2023年5月,海口市公安局美兰分局红岛海岸派出所经过缜密侦查,侦破一起酒店财物被盗案,成功将盗窃和收赃嫌疑人一网打尽,抓获犯罪嫌疑人3名,挽回经济损失15万元,实现破案追赃全链条打击。随后,民警将该名男子传唤回派出所做进一步调查。经核实,其中一名嫌疑人此前为该酒店的工作人员。2022年10月,该嫌疑人从酒店离职后,便开启了盗窃之路。他每次都是在凌晨趁酒店值守松散之际,潜入储藏室盗窃白酒。为了不让人发现,还专门购买两个行李箱掩人耳目,每次只盗窃1至2箱,得手后立即转卖销赃。通过这种"蚂蚁搬家"的方式,嫌疑人先后10次盗窃酒店高档白酒80余箱,销赃获利59万元。

  (资料来源:光明网。)

15. 顾客敲诈勒索

**警惕! 分宜有一专吃霸王餐男子出没**

  2020年11月,江西分宜县法院受理了一起餐饮服务合同纠纷案,被告杨某是惯吃霸王餐者。原告分宜县某餐饮公司称,2020年8月某日,杨某在店内包厢举办50岁生日宴,用餐3个多小时后,他与亲朋离店未结账。酒店联系杨某未果,当晚报警,警方也未能联系上他。无奈之下,酒店将杨某诉至法院,要求其支付2300元餐费。

  法院审理后认为,现有证据无法证明是杨某订餐,酒店只能撤诉。据悉,杨某此前也在该店吃过霸王餐,酒店费尽周折才追回餐费,此次酒店虽已叮嘱员工盯紧杨某,但仍被他逃脱。此外,杨某还利用间歇性精神分裂症病史,在其他地方也有吃霸王餐的行为。法官提醒:酒店应增强证据固定意识,及时记录电话预约客人信息,客人到店后及时让其签单,以防专业吃霸王餐者钻空子。

  (资料来源:分宜发布。)

16. 顾客操作不当

**云南一酒店煤气灶爆炸致游客烧伤**

  2017年5月,一名来自吉林省延吉市的游客路女士到昆明某酒店洗桑拿,前往自助餐厅准备吃饭时,炸土豆的煤气灶突然发生爆炸,路女士的面部和右小腿被严重烧伤。该酒店一名薛姓主管解释说,爆炸之前有客人动过煤气灶,导致煤气泄漏,才产生爆炸。他证实,爆炸的煤气灶确实是炸土豆的,除路女士受伤外,酒店的一名工作人员也伤到了手臂,但伤情不重,第二天就上班了。

（资料来源：云南网。）

### 17. 顾客没有尽到看管携带的儿童的义务

**3岁幼儿在酒店用餐时受伤，谁担责？**

2022年3月，3岁半的小吴跟着家人到酒店聚餐，在其父亲与亲人聊天时，突然听到一阵凄厉的哭声，他们发现小吴的手指被卷入了餐桌底下的电动转盘内，小吴立即被送往医院治疗，花费了医疗费11万余元。事后，小吴家长认为是酒店未履行保护责任，遂向法院起诉，后经法院审判，认定吴某家长作为监护人，没有尽到监护看管义务，应承担主要过错责任，酒店对其餐桌底下的齿轮未做围蔽措施，且未在显眼处张贴安全标志，存在一定过错，承担30%的责任。

（资料来源：澎湃新闻。）

## （二）物的因素

### 1. 通风设施缺失或故障

**检查组在泉州发现：一酒店厨房烹饪操作间存在重大安全隐患**

2023年12月，福建省省安办指导检查第四组在泉州市开展岁末年初安全生产指导检查。在泉州市一酒店处，检查组发现该酒店厨房烹饪操作间的排油烟罩及烹饪处未设置自动灭火装置，存在重大安全隐患。检查组还发现该酒店厨房采用的是燃气灶具但未设置通风机，设备房内堆放杂物当作仓库使用，以及屋顶无消防设施等多处消防安全隐患。针对上述问题，检查组第一时间向泉州市市安办反馈检查情况，要求督办整改，依法依规进行处置。同时制定隐患问题整改清单和整改措施，明确整改责任和整改时间，抓好问题隐患，实行闭环管理。

（资料来源：福建省应急管理厅。）

### 2. 厨房油烟管道积油未及时清理

**福田区一酒店厨房发生火情……炒菜做饭，别忽视了它的危险**

2018年5月，深圳市福田区水围应急分队接到报警电话，称一酒店厨房发生火灾。接警后，应急分队立即出动一辆水罐消防车和八名作战员立即赶到现场，发现酒店外墙烟囱正在冒烟，但没有明火。救援队随即分成两组，一组寻找有无被困人员，另一组向冒烟点喷水降温。随后，消防中队到达现场，救援队配合消防中队一起展开救援工作，成功将烟熄灭。该起事故没有造成人员伤亡,经查,险情发生的原因是厨房内油烟管道油污积累过多,向外滴油时遇到明火,从而引发事故。

(资料来源:搜狐网。)

3. 液化气泄漏

**广东珠海斗门一酒店发生爆炸　伤亡不明**

2020年9月,珠海市斗门区一酒店附近发生爆炸,当地消防迅速出动4个中队,11辆消防车,55名消防员前往救援。根据网友所拍摄的视频,该大酒店一层和二层火势猛烈,消防等部门已迅速到场处置,现场有不少市民围观,其间发生二次爆炸。此次爆炸由煤气泄漏导致,有3名群众在事件中受伤,其中2名轻伤、1名烧伤。

(资料来源:《中国青年报》。)

4. 其他设施设备存在安全隐患

**上海一酒店宴会厅大门突然倒下,一七岁男童被砸成重伤**

2018年12月,上海一酒店的宴会厅举办了一场学员展示活动,然而,活动还没开始,正在候场的小朋友鹏鹏就被酒店宴会厅的大门砸伤,当场流血不止。事发后,鹏鹏被送往附近的儿童医院进行治疗。

(资料来源:澎湃新闻。)

5. 安全防护措施缺失

**泉州:五星级酒店茶餐厅用餐,3岁娃脚割伤缝了10多针,谁之过?**

2021年7月,刘女士带着母亲和三岁的孩子到泉州某酒店7楼茶餐厅享用下午茶,用餐过程中,三岁的儿子不慎踩到了沙发接缝处的金属包边,左脚底被割裂,鲜血直流,酒店方和刘女士一起将孩子送往进行医院包扎,伤口缝合了10多针。事后,酒店才对沙发金属包边进行了处理。

(资料来源:搜狐网。)

6. 警示标志缺失或不合理

**餐厅安全出口锁闭、配电箱缺少警示标志——威海某酒店被罚款2.8万元**

2023年9月,据山东省应急管理厅官网行政处罚公示专栏发布的消息,威海市一酒店因餐厅安全出口锁闭、配电箱缺少警示标志两项违法行为,被威海市环翠区应急管理局处以2.8万元的罚款。

(资料来源:中华网。)

### 7. 食材不符合食品安全标准

#### 罚款近6万！温州一酒店办婚宴致18人食物中毒

2022年10月，温州一酒店因涉嫌生产销售含致病微生物的食品，被平阳县市场监督管理局罚款5万元、没收违法所得8512元。处罚事由显示，3月25日晚，当事人经营场举办了一场结婚酒宴，共设16桌，就餐人数为160人左右。事后，消费者自述有47人出现腹痛、腹泻症状。经检测，当晚婚宴留样的白切鸡和玲珑球中均含有肠炎沙门氏菌，同时，患者粪便中也检测出了肠炎沙门氏菌。

（资料来源：搜狐网。）

### 8. 餐具消毒、清洗不合格

#### 关于武汉某酒店不合格食品核查处置情况的通报

根据《2021年武汉市食品安全监督抽检工作计划》，武汉市市场监督管理局对硚口辖区的1家食品经营单位进行了抽检。现将不合格问题核查处置情况通告如下：2021年10月28日，武汉市市场监督管理局对武汉某酒店使用的筷子（自行消毒餐具）进行了食品安全抽样检验，检验结果为不合格，具体为阴离子合成洗涤剂（以十二烷基苯磺酸钠计）项目不符合《食品安全国家标准 消毒餐（饮）具》（GB 14934—2016）的要求。经查，该单位存在餐具清洗消毒不合格的行为，违反了《中华人民共和国食品安全法》第三十三条的规定。

（资料来源：中国质量新闻网。）

### 9. 菜品未熟

#### 三亚一酒店多名客人进餐后出现吐泻发热，酒店回应：系沙门氏菌感染

2022年7月，顾先生带着7岁的儿子在三亚一酒店度假消暑，在吃过酒店的早餐后，顾先生的儿子出现了上吐下泻及发热等症状，最终被诊断为急性感染性肠炎。据悉，约有30人也遭遇了相同情况。酒店相关负责人表示，经有关部门检测，问题来自餐厅所使用的鸡蛋，可能是鸡蛋未完全煮熟所致，鸡蛋中也检测出了沙门氏菌。

（资料来源：澎湃新闻。）

### 10. 水质不佳

#### 广州一酒店回应黄浊水洗菜致细菌超标　承认管理疏漏

2011年6月，广州市食品药品监督管理局餐饮服务监管分局对某酒店"黄浊水洗菜洗肉"事件进行了跟进调查，发现涉事的酒店原有两套供水系

统,执法人员随即对二次供水蓄水池的总闸进行查封。涉事酒店承认黄浊水来自其中一个供水系统,并表示"我们管理上存在漏洞",同时对本企业管理疏忽造成的不良影响深表歉意。

(资料来源:新华网。)

11. 地面湿滑

**入住酒店就餐滑倒受伤　太婆起诉获赔3万余元**

2022年12月,64岁的梅太婆入住南充市顺庆城区某酒店。次日早上,梅太婆穿着酒店的室内拖鞋到餐厅就餐时,因地面湿滑,不慎踩到一摊积水摔倒。随后,梅太婆被送往医院治疗,经诊断为腿部骨折。梅太婆声称,她在酒店餐厅用餐期间因地面湿滑受伤,酒店未尽到安全保障义务,应承担相应的赔偿责任。

(资料来源:网易新闻。)

## (三) 环境因素

1. 治安环境

**深圳一餐厅服务员误将顾客当成有矛盾同乡　持菜刀伤人被刑事拘留**

2022年9月,深圳市公安局南山分局接到报警,称南山区工业三路一餐厅有人闹事。该局警力立即赶赴现场,将嫌疑人林某某(男,29岁,餐厅服务员)当场控制。经查,林某某供述,因误将前来用餐的黄某某(男,44岁)认成有矛盾的同乡,遂持菜刀进行报复。黄某某经送医救治后伤情稳定,林某某被南山分局采取刑事拘留强制措施。

(资料来源:《北京青年报》。)

2. 卫生环境

**海口3家餐厅被罚　卫生不达标逾期仍未进行整改**

2018年6月15日,执法人员对海口市某饭店进行检查时,发现该店厨房水沟破损未修、未安装油烟净化器、食品仓库存放不规范;6月19日,执法人员对某茶坊进行检查时发现,该店垃圾桶未加盖、食品操作间排水沟破损、糕点间存在墙体破损和地板起尘,以及未及时对食品加工器械进行定期维护和清洁。同时,在对某茶园进行检查时执法人员也发现了同样的情况,遂下达"责令整改通知书"。然而,10天后执法人员再次回访时,发现上述3家单位均逾期未整改。美兰区食药监局依法对3家单位分别处以1000元的罚款。

(资料来源:海口网。)

## （四）管理因素

### 1. 酒店无证或证件过期

**无证经营后厨脏乱差　海口某酒店被停业整改**

2016年4月，龙华区食品药品稽查大队在对海口美京海景大酒店进行检查时发现，该酒店厨房内一袋袋蔬菜被随意摆放在地上，工人在地上洗碗洗菜，污水横流，后厨环境脏乱不堪，难以相信这是一个旅游接待单位的后厨。经检查，该酒店还涉嫌无证经营。为此，稽查大队责令其停业整改。

（资料来源：《海口日报》。）

### 2. 未落实食品安全责任制

**涉过期食品，温州某知名酒店被通报重罚！**

2023年7月，温州市鹿城区监局在对某知名酒店进行检查时发现，酒店有28件正常食品已经超出了保质期，其中包括啤酒、牛奶、沙拉酱、酱油等，且部分食品已经被开封使用。因该公司销售过期食品和使用过期食品原料加工的食品，被温州市鹿城区市监局依法责令改正，没收全部28件过期食品，并处以50000元罚款及予以警告。

（资料来源：腾讯新闻。）

### 3. 食品卫生安全管理制度未落实或落实不到位

**男子在义乌一酒店吃早饭吃出"碎玻璃"　胃里疑似还有残留**

2018年6月，小王前往义乌出差，在义乌某酒店吃早餐时吃出碎玻璃。据小王向记者回忆，当时他食用了炒粉干、肉松和鸡肉等食物，咀嚼过程中突然感觉口中有异物，随后吐出并发现是两块玻璃碎片。小王提到，肉松是拌入面中一同食用的。感受到异物后，他立即联系了酒店方面。酒店随即陪同小王前往医院进行了CT检查，结果显示他的胃内还存有两块疑似玻璃渣的物体。小王表示："医生建议我回家喝生菜籽油，希望能帮助排出这些碎片，但同时也提醒我，如果腹部出现任何不适，应立即就医，因为担心这些碎片可能在体内造成划伤。"

（资料来源：《浙中新报》。）

### 4. 专兼职食品安全管理人员未配置或不足

**襄阳高新技术开发区某酒店　使用清洗消毒不合格餐具**

2024年6月，襄阳市高新技术产业开发区市场监督管理局在食品安全监督抽检工作中，检出高新技术开发区一酒店在食品生产经营中使用清洗消毒不合格餐具。经过深入调查与核实，确认这家酒店所使用的盘子是由员工自行清洗和消毒的。然而，酒店厨房的洗菜池位置设置不当，餐具保洁柜也不符合标准，且酒店未安排专职食品安全管理人员每日记录消毒情况。由于酒店在食品生产经营中使用了清洗消毒不合格的餐具，违反了《中华人民共和国食品安全法》第五十六条的规定，依据《中华人民共和国食品安全法》第一百二十六条的规定，市场监督管理局责令该酒店立即改正，并决定给予其警告的行政处罚。

（资料来源：襄阳市人民政府网。）

5. 酒店对燃气管道及设施管理不到位

### 屡不整改？珠海某酒店被停气

2021年10月30日，珠海港泰管道燃气公司在香洲区城市管理和综合执法局与吉大街道办事处的督办下，暂停对珠海某酒店供气。据珠海市城市管理和综合执法局透露，此举是因为该酒店存在燃气安全隐患，且在多次接受市、区城管部门的督查后仍不进行整改。10月24日，珠海市城市管理和综合执法局、市应急管理局联合港泰管道燃气公司对该酒店进行燃气安全检查，发现其存在燃气报警器和压力表未定期校验、燃气表房及锅炉房没有安装燃气报警器及紧急切断阀、燃气具没有熄火保护装置等安全隐患。当天，主管部门与港泰管道燃气公司立即给该酒店下达整改通知书，要求其在10月25日前完成整改，逾期将采取停气措施。10月29日，港泰管道燃气公司对该酒店进行复检，发现仍未完成隐患整改。港泰管道燃气公司立即将该情况汇报主管部门，并暂停对该酒店供气。

（资料来源：腾讯网。）

6. 燃气公司安全管理不到位

### 毕节市某酒店燃气爆炸事故调查报告

2022年11月，毕节市一酒店餐厅发生一起燃气爆炸事故，造成8人受伤（其中4人重伤、3人轻伤、1人轻微伤），直接经济损失约355万元。经专案组调查发现，此次爆炸事故的直接原因是该酒店冷库（原厨房）内的燃气管道被违法违规切除；间接原因是酒店和毕节燃气公司均对燃气管道及设施管理不到位。

（资料来源：毕节市七星关区人民政府。）

7. 安全管理部门不履职

### 安徽阜阳一酒店发生火灾　系后厨操作不当引起

2017年1月，位于安徽阜城人民西路的一家酒店突发火灾，这一事件引起广大市民关注。据了解,火灾的起因是酒店后厨操作不当,幸运的是事故没有造成人员伤亡。一位知情人士透露,起火点位于该酒店的后厨,里面存放了大量的易燃物,酒店安全管理部门存在失职,未能及时按要求清除存放在厨房内的易燃物品。

(资料来源:国家应急广播网。)

8. 酒店采购食材把关不严

**深圳一著名五星级酒店检出"农残"食品**

2021年1月,深圳市场监督管理局公布了《2021年第二期食品安全抽样检验情况通报》。在此次抽检中,共检验各类食品972批次,其中有13批食品不合格,不合格项目涉及农药残留、食品添加剂、重金属污染、品质指标等。值得注意的是,深圳某五星级酒店的苦瓜被检测出"氯氰菊酯和高效氯氰菊酯"项目不合格。氯氰菊酯和高效氯氰菊酯是一种拟除虫菊酯类杀虫剂,它们主要通过触杀和胃毒作用来消灭害虫。虽然少量的农药残留不会引起人体急性中毒,但长期食用农药残留超标的食品,对人体健康有不良影响。

(资料来源:搜狐网。)

9. 安全隐患排查缺失或不力

**四川一四星级酒店厨房被烧 外墙烧成"光架架"**

2016年5月,四川南充市一四星级酒店发生一起火灾,现场浓烟滚滚。接到报警后,当地消防随即赶往现场,对火灾进行控制。15分钟后,大火被扑灭。酒店负责人告诉记者,火灾的起因是酒店的蒸箱在使用燃气的过程中,抽油烟机不慎将火苗吸入排气管道,火苗随后在充满油污的油烟管道内迅速蔓延开来。这次火灾的发生,主要是因为酒店没有定期对厨房油烟管道内的油污进行清理,也没有做好相应的安全隐患排查工作。

(资料来源:搜狐网。)

10. 安全教育培训缺失或不足

**福建莆田某酒店面点坊死亡一人事故调查报告**

2021年1月,福建莆田市某酒店设于附属楼的面点坊和面间发生了一起悲剧,一名员工在和面时被绞入机器致死。经专案组调查,发现该和面机的安全保险装置有缺陷,当事人忽视安全、防护不当、操作错误,在桶盖开启状态下没有关闭设备,结果被旋转的搅拌桨叶扯卷入设备中。此外,涉事酒店也存在问题,该酒店未建立健全安全培训工作制度,对从业人员安全教育培训不到位,甚至未能提供员工安全培训考核结果材料。受害人缺乏必要的安全操作技术知识,这也成了本起事故发生的间接原因之一。

(资料来源:莆田市城厢区人民政府网。)

11. 安全宣传缺失或不足

**因过失引发火灾　绍兴一酒店厨师已被行政拘留**

2019年3月,绍兴市越城区某酒店二楼厨房冒起了滚滚浓烟,幸好消防救援力量第一时间赶到现场处置,虽说未造成人员伤亡,但由于现场烟雾较浓,造成较大社会影响。此次事故主要原因是厨师董师傅在煎鱼时放油过多、操作不当,导致油锅起火,引燃了油烟管道内的油污,并且未能有效控制初期火势,最终酿成大火。而酒店方未进行充分的安全宣传,没有向员工普及必要的消防知识和灭火技能是此次事故的间接原因。

(资料来源:《浙江日报》。)

12. 应急预案及演练缺失

**福田区应急管理局12月典型案例——"深圳市福田区某西餐厅未建立安全生产教育和培训档案等行为案"**

2019年8月,深圳福田,沙头街道执法中队执法人员对某西餐厅进行安全生产检查。该西餐厅于2016年4月开业,拥有360平方米的经营面积和30名员工。在检查过程中,执法人员发现其存在多种安全生产违法行为:①未建立本单位安全生产责任制;②未组织制定本单位安全生产规章制度;③未建立安全生产教育和培训档案,未如实记录安全生产教育和培训的时间、内容、参加人员以及考核结果等情况;④未制定本单位的生产安全事故应急救援预案,并未定期组织演练;⑤生产经营场所未设有符合紧急疏散要求、标志明显、保持畅通的出口,特别是水吧北侧的一处出口和一条通道未能保持畅通。针对这些问题,沙头街道执法中队当场向该西餐厅发出了"责令限期整改指令书",要求其在规定期限内完成整改。

(资料来源:福田区应急管理局。)

## 三、餐饮部安全风险防控对策

### (一)人因安全风险防控对策

1. 酒店人员安全风险防控对策

(1)管理者守法经营,加强监管力度。

首先,餐饮部管理者应强化法律意识,摒弃侥幸心理,依法依规诚信经营;其次,餐饮部管理者应加强监管力度,及时消除存在的各类安全隐患,为餐饮安全事故预防上保险。

(2)员工增强责任意识,全面提升安全素质。

首先,餐饮部应高度重视提升员工的责任意识,建立健全员工责任意识提升的管理制度,完善员工责任意识的教育与培训机制,确保本部门员工具有高度的责任意识;其次,餐饮部应从安全知识、安全意识、安全行为及安全技能等方面全面提升员工的餐饮安全素质,保证员工个人卫生安全和持证上岗。

2. 外来人员安全风险防控对策

首先,对于外来施工人员,要严格审核其工作资质,务必做到持证上岗作业,并在其作业期间对其加强监管,防止违规操作,避免施工事故发生;其次,针对餐饮场所易发生偷盗等安全风险,除了做好对客提示提醒工作,还要加强厅面的安保巡视力度和实时监控的有效落实,防止犯罪分子或团伙作案。

3. 顾客安全风险防控对策

首先,在就餐使用过程中,对于动火、用气、用电等设备,除提醒顾客相关的注意事项外,现场服务人员也要加强巡视和监管,避免因顾客操作不当引发事故;其次,对于携带未成年人的顾客,要提醒其对所携带的未成年人加强监护,确保未成年人安全用餐;最后,对于顾客恶意敲诈勒索行为,要保留好证据,若好言相劝不能解决的,应依法依规报警处理。

### (二)物因安全风险防控对策

1. 建立并落实设施设备维保制度,消除设施设备安全隐患

餐饮部设施设备繁多,既包括厨房的各类设施设备,如通风设施、排油烟设施、液化气管道(罐)等,也包括餐饮场所的各类设施设备,如桌椅、门窗、装饰物等,一旦维保不力,势必导致安全事故。为此,餐饮部应建立有针对性的设施设备维保制度,并同步制定对应的监督落实机制,确保及时精准消除设施设备的安全隐患。

2. 完善警示标志和防护措施,将预防工作落到实处

警示标志、防护措施在餐饮安全事故预防中的起着不可忽视的作用。警示标志虽小,但往往能在关键时刻提醒顾客,避免意外事故发生。防护措施则是基于能量意外释放理论而设计的,旨在通过为易产生危险的设施设备加装防护装置,如楼梯扶手、锐利棱角的包边等,来防止人员受伤。为此,餐饮部应加大安全投入力度,完善警示标志和防护措施,将预防工作落到实处。

3. 建立健全食品卫生安全管理制度,为顾客提供放心安全的餐饮服务

食品卫生安全管理是保证菜品和饮品质量、防止污染、预防疾病的重要手段。餐饮部应建立健全食品卫生安全管理制度,加强卫生管理,对食品的原材料、储存、加工、烹调、用水、厨卫设备、餐具等各种因素和环节进行严格把关,确保顾客享用到卫生安全的食品,为顾客提供放心安全的餐饮服务。

4. 加强餐饮场所地面清洁,谨防顾客因地面湿滑跌倒摔伤

餐饮场所常因清洁不力等,出现地面湿滑,在北方冬季,甚至会出现地面结冰现象,极易造成人员滑倒摔伤。餐饮场所应及时做好地面清洁工作,并以警示标志的形

式提醒顾客,防止意外事故发生。

### (三) 环境因素安全风险防控对策

1. 治安环境

餐饮场所因其聚集性、大客流等特点,易发生偷盗、打架斗殴、酗酒闹事、吃"霸王餐"、投毒、抢劫、恐怖事件等,直接影响其治安状况。为此,餐饮场所应从治安管理制度、安全教育与培训、安保配置与巡视、对客提醒提示等方面,强化餐饮场所治安管理。治安管理制度方面,不仅要完善和落实相关制度,强化制度管理,还要制定"顾客须知"来规范顾客行为。安全教育和培训方面,定期对各类餐饮场所进行安全宣讲和培训,提升服务人员的安全防范意识和技能。安保配置与巡视方面,既要配置适合的安保人员,又要加强安保人员的巡视力度,还要强化对安保人员履职的监督管理。对客提醒提示方面,包括提示顾客遵守"顾客须知"、提醒顾客看管好个人贵重物品等。

2. 卫生环境

餐饮场所卫生环境包括餐厅卫生环境和厨房卫生环境。具体管理规范包括:①加强墙壁、天花板及地面的管理,避免其藏污纳垢;②保持下水道及水管的畅通,避免污水倒灌以污染食品和餐具;③保持通风设施的畅通,及时排除气体垃圾;④配备足够的垃圾处理设施,分类处理垃圾;⑤加强对环境卫生的清扫和整理工作,消灭苍蝇、蟑螂、老鼠以及杜绝有害细菌滋生等问题;⑥规范使用清洁剂、消毒剂、灭鼠杀虫等药物,规定必须由专人负责管理。

### (四) 管理因素安全风险防控对策

1. 餐饮场所须持证、依法依规诚信经营,以保障顾客健康权利

餐饮场所应依据相关法律法规,办理相关证件,如营业执照、消防许可证、餐饮服务许可证等,并注意各类证件有效期限,对于即将过期的证件及时进行延期办理或重新申请,做到依法依规诚信经营,有力保障顾客健康权利。

2. 严格贯彻落实食品卫生安全相关制度,确保顾客餐饮安全

餐饮场所须依据《中华人民共和国食品安全法》等相关法律法规规定,本着"餐饮安全无小事"的理念,严格贯彻落实食品安全责任制、食品卫生安全管理各项规章制度,以制度化形式确保顾客餐饮安全。

3. 依法依规、合理配置专兼职食品安全管理人员

餐饮场所应根据《中华人民共和国食品安全法》等相关法律法规要求,结合自身生产经营规模,合理配备具备资质的专兼职食品安全管理人员,确保本单位食品安全监管工作的顺利开展。

4. 加强燃气管道及设施安全管理,确保其安全可靠运行

燃气管道及其相关设施是餐饮部重要设施,对其加强安全管理至关重要。餐饮部

应根据相关安全管理规章制度,加强安全检查,及时发现存在的安全隐患,并及时整改;燃气公司应有效落实安全监管责任,及时发现酒店餐饮部安全管理漏洞,及时指出和纠正,避免火灾爆炸事故等的发生。

5. 安全管理部门要端正安全态度,严格履职尽责

酒店安全管理部门应严格落实安全生产责任制,做到责任层层下沉,具体到每个安全管理人员;同时也要制定安全管理人员履职尽责监督机制,防止各类失职或不履职行为的发生,从安全管理的层面杜绝安全隐患的危害。

6. 酒店应严格把关,定点采购合格食品原材料

酒店应采购合格的食品原料,定点采购,加强采购和运输的过程控制,加强环境卫生的监控和管理,防止过程污染。

7. 建立餐饮部安全隐患排查机制,及时消除餐饮安全隐患

餐饮部应从树立隐患排查理念、加强隐患排查宣传、建设隐患排查队伍、丰富隐患排查手段、强化隐患整改监督等多个方面建立和完善餐饮安全隐患排查机制,切实切断隐患生长的环境,从细节上预防餐饮安全事故的发生,确保餐饮部安全生产经营。

8. 加大餐饮安全教育培训力度,切实规避餐饮安全风险

酒店应建立健全餐饮安全教育培训工作制度,并通过多种形式开展餐饮安全教育培训,同时注重对培训人员的考核及材料备案,不断提升餐饮部员工应对和解决各类安全事故的知识和技能,切实规避餐饮安全风险。

9. 加大餐饮安全宣传力度,营造良好安全工作与安全用餐氛围

酒店应科学合理制定餐饮安全宣传方案,可通过餐饮安全宣传月(周)、竞赛等形式,有计划地开展酒店餐饮安全宣传工作,营造良好安全工作与安全用餐环境。

10. 完善应急预案编制、强化应急演练,切实提升应急能力

酒店餐饮部应根据自身风险因素识别情况,精准编制健全各项应急预案,并定期不定期地开展应急演练,有效提升应急队伍的应急能力,确保一旦发生突发事件,能够在第一时间沉着冷静、科学合理应对。

## 第三节 酒店客房部安全风险识别与防控对策

客房作为顾客住宿、休息和会客的场所,具有人员高度密集、空间私密性强等特点,是酒店安全事故的重灾区,其安全性直接关系到顾客的生命财产安全,因此对酒店客房部的安全管理提出了更高的要求。本节将以酒店客房部为研究对象,在识别其安全风险因素的基础上,有针对性地提出具体防控对策,以期为酒店客房部实现本质化安全生产经营提供决策参考。

## 一、酒店客房安全基础知识

### （一）酒店客房部

客房部又称为房务部或管家部，是酒店向客人提供住宿服务的部门。客房部为住客提供各种客房服务项目，负责客房设施设备的维修保养，并承担着客房及酒店公共区域的清洁卫生工作，其管理水平的好坏和服务水平的高低，在很大程度上代表或影响着整个酒店的服务水准。

### （二）酒店客房安全

根据安全的内涵和酒店客房部安全生产的内在机理，酒店客房安全可界定为"酒店客房部在其安全生产经营过程中发生事故、造成人员伤亡或财产损失的危险没有超过可接受的限度"。酒店客房安全既包括酒店客房部生产经营过程中各环节的安全问题，也包括酒店客房部在生产经营过程中所涉及的人、物、环境、管理等不同层面的安全现象。

## 二、客房部安全风险因素识别

根据酒店客房安全事故案例，结合文献成果，基于人、物、环、管（MMEM）理论，酒店客房安全风险因素如图5-11至图5-15所示。

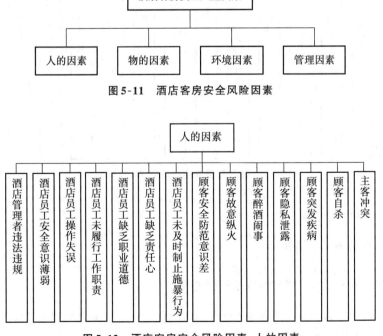

图5-11　酒店客房安全风险因素

图5-12　酒店客房安全风险因素：人的因素

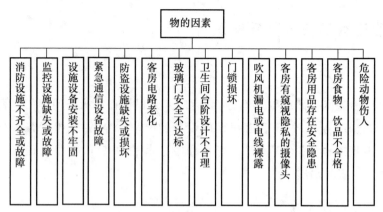

图5-13 酒店客房安全风险因素:物的因素

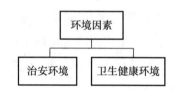

图5-14 酒店客房安全风险因素:环境因素

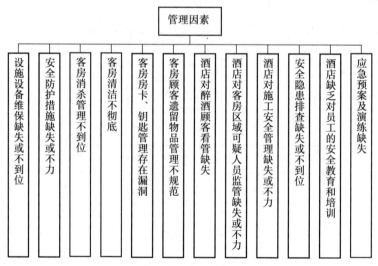

图5-15 酒店客房安全风险因素:管理因素

## (一)人的因素

### 1. 酒店管理者违法违规

**宾馆聚众赌博 警方:依法严厉查处**

2020年2月,四川德阳市公安局旌阳区分局旌阳派出所接到110指挥中心指令,称接到举报,在市区一酒店二楼客房内有人正在聚众赌博。接到指令后,旌阳派出所立即安排民警前往现场核查。当民警来到酒店后,经过查找,最终在酒店二楼棋牌室的三间客房内发现了情况。"我们发现现场有3间包间里有响动,而且位置都相对比较隐蔽,房间还只能通过刷房卡进入。"民警说。民警当即找到棋牌室负责人打开了房门,"我们看见这3间客房内均有人在赌博,两间客房内分别有3人,一间有4人,加上棋牌室负责人,共11人。其中3名女性,8名男性。"民警介绍,该棋牌室负责人自称酒店在接到相关通知后已经没有对外开放棋牌娱乐服务,但这些人都是他的朋友,因此他容留了他们在这里赌博。随后,民警将这些涉赌人员带至派出所进行进一步调查。

(资料来源:《德阳日报》。)

2. 酒店员工安全意识薄弱

**酒店员工因为一个小动作造成1人死亡,被判刑**

2015年9月,江西赣州市瑞金市消防大队值班室接到报警称,瑞金市象湖镇红都大道一酒店发生火灾。瑞金市消防大队接到报警后,立即出动2辆水罐车、1辆抢险救援车,以及应急救援大队的1辆水罐车,共计17人赶往现场扑救。火灾造成1人死亡,烧毁了6层布草间、部分走廊和部分物品,过火面积约30平方米。消防部门对火灾现场进行了详细勘验,采用复原勘验法、逐层勘验法以及查看现场监控视频,提取布草间地面燃烧残留物等痕迹物品,认定起火原因是该酒店清洁员将未熄灭的火柴丢入布草车撮箕内,引燃了周边的可燃物并迅速蔓延成灾。此次事故暴露出酒店员工的火灾隐患意识不足,未能及时发现并处理火灾初期的情况。

(资料来源:平阳县公安消防局。)

3. 酒店员工操作失误

**男子入住郑州一五星级酒店 凌晨被两陌生男子暴打**

2018年4月,在郑州某五星级酒店内,前台因操作失误,将一个已经安排给客人的房间,重复安排给另外一位客人,致使两名客人在房间内发生肢体冲突,造成一名客人受伤。对此,该酒店市场部经理称,他们已经向两位客人诚恳致歉,并取得原谅。

(资料来源:《大河报》。)

4. 酒店员工未履行工作职责

**入住五星级酒店发现床单有大片"血迹"?**

2021年1月,游客周先生入住南京某五星级酒店后,在早晨起床时意外发现床单上有一片明显的暗红色痕迹,形似血迹。这片痕迹长约八厘米,宽约两三厘米,中间颜色较深并带有絮状物质,单凭肉眼难以确切辨认是否为血迹。周先生随即向酒店反馈了这一问题,但遗憾的是,他等待了数小时却未见酒店管理层出面解决,整个过程中也没有任何人向他表示歉意。根据周先生提供的图片和视频资料可以清晰看到,这片疑似血迹的位置恰好位于床沿处,且上方有被子部分遮挡。此外,床的侧面木板上也沾染有少许相同类型的污渍。

(资料来源:《扬子晚报》。)

5. 酒店员工缺乏职业道德

### 上海一酒店客人钱财被盗　小偷竟是服务员

2018年7月,王先生夫妇携一岁半的儿子入住上海某酒店,将20500美元(共计205张,每张面值为100美元)放入房间的保险箱,并设置了密码。然而,王先生夫妇离开房间时取出现金,清点后却发现少了不少,遂拨打110报警电话。经侦查,犯罪嫌疑人戴某、李某系酒店客房部服务员,两人趁整理房间之际进入王先生房间,由戴某使用自己私自配制的钥匙打开了保险箱,共同窃取了2800美元现金。两名被告人在庭审过程中承认了犯罪事实。最终,法院判处两人有期徒刑并附加罚金。

(资料来源:解放网。)

6. 酒店员工缺乏责任心

### 酒店莫拿"工作疏忽"当挡箭牌

2023年11月,浙江杭州的陈女士在海南入住某连锁酒店期间,遭遇了一起令人不安的事件:有酒店工作人员未经允许自行刷卡进入她的房间。当时,陈女士与同事正在房内休息,这一突发状况让她们惊恐不已。

酒店方面对此解释称,此次误入客人房间是前台与涉事员工之间"沟通不足"导致的。事后,该连锁酒店海南片区的负责人表示,将对涉事员工进行开除处理,并当场支付了约20倍房费的赔偿金,共计6000元。

(资料来源:红网。)

7. 酒店员工未及时制止施暴行为

### 两女孩回酒店被跟踪　遭醉酒男子拳打脚踢

2016年4月,两名在四川旅游的女子吃完火锅后返回酒店准备休息。一名陌生男子与她们一同行至电梯间,两人觉得不对劲,又返回酒店大厅。在大厅里,她们质问男子为什么跟着她们,没想到对方竟挥拳相向,持续了数分钟之久。两名女子回忆说,在被打的数分钟内,现场有两名酒店保安站在旁边,其中一名保安曾试图阻止男子,但未能成功,最终还是退开了。事后,警方介入调查,得知打人男子姓彭。彭某的妻子在得知此事后迅速赶到派出所,她解释说,彭某因生意不顺,醉酒后情绪低落才做出了这样的行为。彭某及其妻子当场向两名女子表达了歉意,并赔偿了12000元,双方最终达成调解协议。对于这一事件,酒店方面表示积极处理,并全力配合警方的调查工作。

(资料来源:中国新闻网。)

8. 顾客安全防范意识差

**湖北黄石:一酒店客房突发火灾,肇事者被拘!**

2023年2月,黄石港区消防救援大队接到报警电话称,位于广场路的某酒店九楼的一间客房发生火灾。随后,消防救援人员立即赶赴现场处置。由于处置迅速,20分钟左右,明火被完全扑灭。据悉,该起火灾过火面积18平方米,烧毁空调、家具等物品,造成直接损失5万余元。经过公安、消防部门调查取证,起火原因系住客李某将未熄灭的烟头随意丢弃,引燃房间可燃物。根据《中华人民共和国消防法》第六十四条规定,黄石港区公安分局依法给予违法行为人李某行政拘留十五日处罚。

(资料来源:湖北消防。)

9. 顾客故意纵火

**上海一酒店凌晨发生大火 系男子为情所困纵火**

2019年5月,上海宝山区一家酒店的三楼客房突发火灾,火势凶猛,迫使酒店紧急疏散了全部40多名住客。据悉,这场火灾是由一名男子故意纵火引起的。酒店方面透露,5月22日凌晨,一名女子匆匆赶到前台,告知服务员有人在酒店三楼的一个房间内点火。服务员随即与该女子一同上楼查看情况,发现3楼的8351房间的房门大开,房内有火苗蹿出,并伴有大量浓烟涌出。工作人员见状,立即通知了店长并报警,同时迅速使用灭火器进行初期灭火。不久,消防部门抵达现场,一边展开灭火行动,一边在酒店工作人员的协助下,有序地疏散了其他房间的客人。由于处置及时,酒店内的40多名住客均被成功疏散,未造成任何人员伤亡。

(资料来源:环球网。)

10. 顾客醉酒闹事

**江苏一醉酒男子深夜踹女生房门,酒店方:喝醉找不到房间了**

2023年2月,在江苏苏州的一家酒店内,深夜时分,一名男子因醉酒而无法找到自己的房间,态度极其嚣张。他尝试用房卡逐个房间开门,未能成功后转而踹门。这一行为导致一房间内的三名女生受到惊吓,并与该男子发生了争执。

（资料来源：《潇湘晨报》。）

11. 顾客隐私泄露

### 上海警方介入"华住酒店客户信息疑被泄露事件"

2018年8月，有自媒体发布消息称，华住集团旗下连锁酒店的用户数据疑似在暗网上被出售。据卖家发布的消息，这些数据涵盖了华住旗下的多个酒店品牌，包含汉庭、美爵、禧玥、漫心、诺富特、美居、CitiGo、桔子、全季、星程、宜必思、怡莱、海友等。泄露内容包括顾客在官网注册的个人资料，如身份证、手机号、邮箱、身份证号、登录密码等，总容量达53GB，涉及约1.23亿条记录。此外，还有顾客入住时登记的身份信息，如姓名、身份证号、家庭住址、生日、内部ID号，总量为22.3GB，约1.3亿条记录。更为敏感的是酒店开房记录，包含内部ID号、同房间关联号、姓名、卡号、手机号、邮箱、入住时间、离开时间、酒店ID号、房间号、消费金额等，总量高达66.2GB，涉及约2.4亿条记录。据该自媒体统计，所有泄露数据加起来达到141.5GB，共包含4.93亿条个人数据。

（资料来源：人民网。）

12. 顾客突发疾病

### 男子酒店突发急症　酒店员工施以援手全程陪护

2018年11月，住在上海松江区某酒店的任先生突然感到腹中绞痛异常，头晕恶心，翻来覆去不见好转，他强忍疼痛拨通前台电话，简洁地告诉前台自己需要帮助。酒店工作人员立即到达任先生所住客房，只见任先生蜷缩一团，面色苍白，表情痛苦，于是工作人员一边拨打120，一边安抚任先生。酒店总经理尤总闻讯赶来，交代工作人员马上联络任先生同住在酒店的朋友李先生，后随救护车陪同任先生一起前往上海松江区第一人民医院就诊。经查任先生患急性阑尾炎，酒店工作人员代缴就诊费用，全程陪护，所幸任先生已无大碍，治疗后已返回家中休养。

（资料来源：新华社。）

13. 顾客自杀

### 上海一男子携液化气钢瓶酒店自杀　多名房客受伤

2005年8月，位于上海黄浦区的一酒店5楼的一间客房突然发生爆炸，5楼过道和多个客房被气浪炸得面目全非。事发时，房内的年轻男房客不幸被烧伤，情况危急，随即被送往瑞金医院进行抢救，生命垂危。经初步调查，此次爆炸事件是由于该房客意图轻生，引爆了自己携带的小型液化气钢瓶。

（资料来源：新浪网。）

14. 主客冲突

**酒店服务员打歪旅客鼻子假体赔了四千元**

2020年8月30日,易门县某酒店内发生了一起服务员与旅客因口角引发的纠纷,导致旅客蜂某的鼻子假体出现轻微变形。易门警方经过近三小时的耐心调解,最终促使酒店服务员柳某与旅客蜂某握手言和,并就鼻子假体的赔偿问题达成了协议。

当日17时42分,易门县公安局龙泉派出所接到群众报警,称其朋友蜂某被易门县某酒店的工作人员打伤鼻子,请求警方出警处理。经警方调查了解,旅客蜂某于8月29日入住该酒店,8月30日17时许,因房间钥匙遗落在房内,便找酒店服务员柳某使用备用钥匙帮忙开锁。其间,双方因开门事宜发生口角,服务员柳某对蜂某的辱骂耿耿于怀,随后再次来到蜂某房间,打了蜂某两个耳光,双方随即扭打在一起,导致蜂某花费两万余元做的鼻子假体出现轻微变形且移位。

在双方当事人的要求下,龙泉派出所民警对此次纠纷进行了调解。然而,由于双方就赔偿金额存在较大分歧,调解过程一度进展缓慢。经过民警近三小时耐心细致的调解,当晚10时许,双方当事人均对自己不理智的行为进行了检讨,并自愿达成了赔偿协议,由柳某当场一次性支付蜂某4280元作为赔偿。

(资料来源:易门警方。)

## (二)物的因素

1. 消防设施不齐全或故障

**靖西市一酒店存在重大火灾隐患!消防部门紧急介入并推动整改**

2024年4月,消防监督员在消防监督检查中发现广西百色靖西市某酒店存在多处火灾隐患。靖西市消防救援大队根据《重大火灾隐患判定方法》,综合判定该酒店为重大火灾隐患单位,并下达"重大火灾隐患整改通知书"。

该酒店存在的火灾隐患有外窗上设置影响逃生和灭火救援的障碍物,火灾自动报警系统不能正常运行,消火栓泵、喷淋泵不能正常联动控制,消防控制室值班操作人员未依法取得相应等级的消防行业特有工种职业资格证书。针对存在的火灾隐患,靖西市消防救援大队、靖西市商务局联合对该酒店消防安全负责人、管理者进行约谈,督促其加强消防安全管理,隐患整改期间要严格落实人防、技防、物防措施,坚决防止火灾事故发生。

(资料来源:广西百色靖西市人民政府门户网站。)

## 2. 监控设施缺失或故障

### 酒店监控故障客人3万现金被盗

2011年10月18日晚上9点左右,郭女士一行人从榆林来到西安参加竞标,共十多人入住了某酒店,并开设了五个房间,其中郭女士与她的丈夫同住一间。据郭女士回忆,她当时将两个皮包放在了房间内的桌子上,其中一个装有3.3万元现金、银行卡以及包括身份证在内的多个证件,另一个则存放了一些票据。在睡觉前,她还特地检查了门窗,确保都已关好。然而,到了19日清晨6点30分,当郭女士起床时,却发现装有财物的皮包不翼而飞。更为离奇的是,房间内的门窗都完好无损,没有任何被撬的痕迹。这一发现让郭女士惊恐万分,因为当天正是他们竞标的日子,而身份证的丢失将直接导致他们失去竞标价值千万元工程的资格,并且之前缴纳的工程保证金也可能无法取回。当她急忙要求酒店方查看监控录像时,却被告知酒店的监控系统在18日晚上10点40分突然发生了故障。

(资料来源:《华商报》。)

## 3. 设施设备安装不牢固

### 客房洗手盆突然脱落 砸伤客人脚背

2016年10月,来自北京的曹先生和妻子在国庆假期自驾到广州旅游,于10月6日入住位于广州中山大道西的某酒店。晚上10时许,曹先生的妻子洗完澡后,准备在客房的浴室洗手台洗衣服,结果台上的陶瓷面盆竟然发生脱落,碎裂的陶瓷片在住客李女士的左脚背上留下一道数厘米长的伤口。对此,酒店相关负责人回应称,已和伤者就赔偿问题事宜进行沟通,同时已找来专业工程队对该酒店所有房间的洗浴设备进行检查和维护。

(资料来源:搜狐网。)

## 4. 紧急通信设备故障

### 女子自称被困五星级酒店厕所三个多小时,酒店:正在进行详细调查

2022年12月,一网友发视频投诉北京某五星级酒店危害其人身安全。网友自称,她在该酒店房间谈完工作后前往客厅的卫生间,并顺手带上了卫生间的门,没想到卫生间的门再也无法打开。该网友称:"我的手机在客厅里,卫生间内唯一能与外界取得联系的壁挂电话居然是坏的。"且卫生间内没有其他应急报警装置,她敲门、敲墙、呼喊均未吸引到其他人注意。"卫生间大约2平方米,内部也没有其他的通风装置。"网友称。她拆卸下固定卷筒卫生纸的小铁管,不停砸向门锁。门锁周边被破坏,但门锁依旧没能被损坏。她又找来捆绑马桶塑料软管的塑料扎带,并尝试用扎带拧门锁的螺丝,成功拧

开了螺丝,破坏了门锁,并逃出了卫生间。"当我自救逃出来后,发现已经过了三个半小时,惊魂未定。"网友表示。事后她报了警,警方进行调解协商,但酒店方并未给出合理的解决方案。

（资料来源:极目新闻。）

5. 防盗设施缺失或损坏

### 广德一宾馆发生入室盗窃案

2020年7月,安徽宣城广德某酒店发生了一起盗窃事件,涉及多名外地旅客,其中包括来自江苏和浙江的旅客。据一位来自南京的旅客描述,他在被盗当天下午一点钟入住该酒店。下午时分,他在房间内看电视,并未特别留意酒店的防护和防盗措施。直到凌晨三点钟左右入睡后,他的房间遭到了盗窃。调查显示,共有6位旅客的房间被盗,失窃的现金总额约为1.5万元。记者在现场观察到,被盗的房间在安全防护方面存在明显不足。不仅未安装防盗窗,连铝合金窗上的安全扣也已损坏,这导致窗户无法完全关闭。由于窗外紧邻低矮的平房,盗贼很容易就能攀上窗台并打开窗户进入房间。旅客们对这种安全状况表示强烈不满。一位旅客指出,酒店方面应该承担一定的责任,特别是在二楼、三楼等较低楼层,应安装防盗窗以保障顾客的安全。

（资料来源:宣城新闻网。）

6. 客房电路老化

### 海口一酒店因线路老化引发火灾　两老人火中逃生

2014年6月,海口某酒店的住客符女士在谈及前一天晚上从火灾中惊险逃生的经历时,仍然心有余悸地说:"大火差点要了我们老夫妻的命。"记者前往该酒店8楼探访时,发现楼道里仍弥漫着刺鼻的烟味,地面上布满了乌黑的污水,而被烧毁的配电室则一片漆黑。符女士回忆道,事发当晚10时左右,她正在房间内看电视,突然停电了。"当时我们并不知道已经发生了火灾,直到浓烟进入了房间。我们迅速用湿毛巾捂住口鼻,弯着腰逃离了现场。如果不是这样,我和老伴可能就没命了。"该酒店物业管理处的相关负责人表示,经过初步调查,火灾是由于8楼的配电箱线路老化引发的。

（资料来源:《海口晚报》。）

7. 玻璃门安全不达标

### 胶州某酒店浴室玻璃门碎裂　客人洗澡时被划伤

2023年9月,都先生在青岛胶州某酒店洗澡时,浴室玻璃门突然破裂,都先生手臂被碎玻璃划伤。事发后,都先生因手臂受伤,短期内无法工作,他欲向酒店方索要误工费。但由于浴室内没有监控,酒店高经理称无法确定玻璃门自爆原因。而在采访中,酒店方也表示,相关索赔事宜可走法律程序。

(资料来源:信网。)

8. 卫生间台阶设计不合理

### 游客客房内滑倒骨折

2021年5月,郭女士和朋友带着小孩从西安到成都旅游,入住了成都市武侯区某酒店。可就在入住第二晚凌晨,意外发生了。郭女士说:"5月3日凌晨1点左右,我穿着酒店提供的一次性拖鞋,从卫生间走出时,右脚不慎从约20厘米高的台阶上滑脱,随后我整个身体失去平衡摔倒。当时我发现自己的腿已经扭曲变形,脚也无法抬起了。"摔伤后第一时间,朋友便带着郭女士前往四川省骨科医院就医。经过诊断,医生建议手术治疗,可由于郭女士是外地游客,治疗耗时并非一两天时间,因此她希望通过和酒店协商回西安进行治疗。结果酒店方不仅没有第一时间出面解决,并且还一直声称这件事与他们没有关系。

(资料来源:看看新闻网。)

9. 门锁损坏

### 五星级酒店客房门可用房卡"撬"开?酒店:属实,已安排维修

2023年3月,一位网友入住武汉一家五星级酒店4108房间时,发现房间大门的门锁用房卡顺着门缝插入后,左右拨动几下就能轻松将门打开,根本无需贴卡感应开门。该网友震惊不已,在网上分享了自己用房卡"撬"门的过程,直言:"这个房间太没有安全感了。"酒店经理称,当天接到顾客反映后,工作人员和工程师立刻前往4108房间检查门锁,发现房间确实可以从门缝撬开。工作人员立即为顾客换房,并送上果盘表达歉意。同时,酒店将4108房间暂停销售,安排工程师在第二天前往检修。据了解,工程师对房门进行了紧螺丝等处理。目前,4108房间门锁已恢复正常。

(资料来源:《长江日报》。)

10. 吹风机漏电或电线裸露

### 出门游玩住酒店被吹风机电击 怎么赔偿引双方争议

2024年2月,西安的冀女士在咸阳一家酒店遇到了一起令人不悦的事件。"这给我造成伤害不说,还耽误了我们一家半天的行程,没想到事后酒店根本不提赔偿。"冀女士感到很不满。据冀女士反映,2月14日自己和家人带孩子去咸阳市游玩,并于当日入住咸阳市某酒店。2月15日上午8点,冀女士在起床使用酒店浴室内配备的电吹风时,由于吹风机电线裸露,右手被电击。"被电后我的右手食指手指发黑,同时出现右侧手臂胀痛、腿部发麻和头晕的

症状。"冀女士表示。并且事发后酒店一直未给出说法且不同意送人去医院就诊。"直到上午10点,警察抵达后,酒店工作人员才出面陪同我去医院检查。"随后,冀女士来到陕西中医药大学附属医院进行相关检查。门诊病例显示,医生诊断冀女士为电击伤,并建议密切观察,必要时需进一步检查。酒店工作人员支付了检查费用,双方一同返回酒店进行进一步协商。

（资料来源：中工网。）

11. 客房有窥视隐私的摄像头

**女子入住郴州一酒店发现摄像头,换房后又见一个,警方正调查**

2021年10月,唐女士出差期间入住郴州某酒店,却发现酒店房间内正对着床的插座孔中藏有针孔摄像头,她向酒店提出换房间,但在被安排的新房间的同一位置又发现了隐藏的摄像头。唐女士称,摄像头中有29GB内容,说明已经拍摄了不少视频。目前,该案件已被警方受理,正在进一步调查。

（资料来源：澎湃新闻。）

12. 客房用品存在安全隐患

**酒店拖鞋内嵌着刀片割伤女顾客脚,警方：正在追查刀片来源**

2023年5月,针对"酒店拖鞋内嵌着刀片割伤女顾客脚"这一事件,河南省新乡市警方相关负责人回应记者称,正在追查刀片来源,弄清是有人故意为之还是拖鞋供应商操作不慎遗留的。孙女士介绍,5月20日,她来到河南新乡出差。5月21日凌晨,通过网络预订,她入住了位于新乡市红旗区和平大道的一家酒店。入住酒店后,孙女士换上拖鞋准备洗漱时,不料右脚脚板被某利器割伤。她强忍疼痛查看伤口,发现右边拖鞋的底板内竟然嵌着一片刀片。这片刀片上沾有污垢,长度约为3厘米,其中有1厘米裸露在拖鞋外部。据孙女士介绍,她的伤口长约2厘米,深约1.5厘米,医生已经为她缝了两针。目前,她无法正常行走。新乡市中心医院的病历显示,孙女士足部受到了损伤。孙女士担忧地说："我就怕那片刀片上带有病毒,但现在还检查不出来。"

（资料来源：光明网。）

13. 客房食物、饮品不合格

**住客喝了一口赠送的矿泉水,发现竟是清洁剂,酒店称：已报警**

2023年6月,曹女士和家人一同前往位于松江区的一家五星级酒店度假。曹女士和家人在顺利入住酒店的2061房间后,由于天气炎热,曹女士的丈夫感到口渴,便随手打开了一瓶酒店赠送的矿泉水饮用,但随即表示水的味道不对劲。曹女士起初有些疑惑,水还能有什么特别的味道？然而,当她仔细观察并摇晃那瓶水后,惊讶地发现瓶内竟然产生了泡沫,且散发出一股洗洁精或清洁剂的刺鼻气味。曹女士意识到情况不对,马上联系客房负责人,并进行了报警处理。

(资料来源:光明网。)

14. 危险动物伤人

**女子称入住上海某五星级酒店被毒蛇咬伤,酒店回应:已封锁涉事房间**

2023年12月,一女子在网上发文称,她在入住上海某五星级酒店时,在睡觉时被蛇咬伤。据当事人透露,入住次日上午10点左右,她醒来后突然感觉左胳膊被咬了一口,随即用右手一抓,竟拽出一条长30至40厘米的蛇,该蛇迅速钻入床底。她提供的一份来自上海中医药大学附属龙华医院的急诊病例显示:患者于酒店中被不明种类蛇咬伤左上臂,当时感到疼痛,未见明显出血。现患者左上臂有两处规则的、较短的咬痕,未见明显渗血,未见明显红肿,触痛不明显。诊断结果为"毒蛇咬伤"。据该女子描述,事发后酒店仅给予免房费,并未有其他补偿措施。事发后,酒店方回应称目前尚未查询到有相关异物痕迹,对于涉事房间已经进行封锁,仍在进一步调查中,有消息会及时更新。

(资料来源:《潇湘晨报》。)

## (三)环境因素

1. 治安环境

**男子持玩具枪抢劫五星酒店　使用捡来身份证登记入住**

2014年3月,程某在北京东城区某知名五星级酒店内,强迫服务员吃下数片安眠药后拿走房卡,随后持玩具枪及刀具,进入其他客人的房间实施盗窃、抢劫。得手后,他立即乘飞机经泰国逃往马来西亚。记者从东城检察院获悉,程某某已被抓获归案,检方以盗窃罪、抢劫罪对其批准逮捕。

(资料来源:《京华时报》。)

2. 卫生健康环境

**曝五星酒店:脏浴巾擦遍杯子和厕所　垃圾桶里捡一次性杯盖**

2018年11月,一网友发布的一段视频再度对国内五星级酒店的卫生乱象置疑。该视频揭露了14家五星酒店存在的共同问题:使用同一块脏抹布以及顾客用过的脏浴巾来擦拭杯子、洗手台、镜面等卫生设施。更令人震惊的是,售价高达约4500元一晚的上海某酒店,其客房服务人员竟从垃圾桶中捡出一次性杯盖继续给客人使用。"现实比视频展现出来的更加糟糕。"该网友在接受记者采访时透露,他一共暗访了30多家五星级酒店,视频曝光的仅仅是拍摄效果相对清晰、比较有代表性的14家,事实上酒店卫生乱象的波及面高达100%。"这已经是国内做得最好、监管最到位的酒店了,其他酒店状况可想而知。不要以为这只是富人的危机。"

在采访中,该网友还进一步透露,国内酒店行业在卫生方面存在的问题远不止杯子的清洁。例如,酒店的浴袍和浴缸的清洁也存在问题,许多酒店只是简单地将客人穿过的浴袍重新整理一下而已。此外,酒店餐厅餐具的清洁同样存在卫生问题。网友表示,由于这些问题在拍摄过程中存在难度,因此视频中并未呈现,但仅就目前国内酒店业所暴露出的卫生乱象来看,已经足以引起高度重视。

(资料来源:海外网。)

## (四)管理因素

### 1. 设施设备维保缺失或不到位

**上海某酒店外墙探头拍下顾客睡觉过程,酒店称摄像头被风吹歪角度偏移**

2016年10月,王女士入住上海某酒店时,发现房间窗外安装了一个摄像头正对屋内,王女士随即报警。据警方提供的监控视频,摄像头拍到了王女士在屋内穿着睡衣睡觉的画面。酒店负责人表示,酒店安装的摄像头确实拍摄到了客户王女士房间的部分画面,这是酒店摄像头在风力作用下角度发生偏移所致。事发次日,该酒店已在警方监督下调整了摄像头的位置。但由于该摄像头是酒店外墙公开安装的,主要用于治安防盗,并非用于窥探顾客隐私,并且没有将所拍摄的录像用于其他利益交换,因此警方不予立案,建议当事双方协商解决。

(资料来源:澎湃新闻。)

### 2. 安全防护措施缺失或不力

**酒店突发意外!30斤重的画从墙而降,女住客当场头破血流**

2021年3月,李女士与家人在成都某五星级酒店的地毯上坐着聊天时,突然遭遇惊险一幕。一个重物猛然间从天花板上坠落,李女士当时根本来不及反应。整个过程仅仅持续了两三秒,她就感到头上一阵温热,随即发现头部已经流血。根据李女士提供的照片显示,掉落的挂画尺寸相当大,原本挂在房间内一把椅子后方的墙上。据她描述,当画突然砸到头上时,她整个人都蒙了。被砸伤后,李女士头部出血,随后被120急救车送往附近的医院。经诊断,李女士遭受了闭合性颅脑损伤(轻型)、头皮裂伤以及头皮血肿,目前她正在医院住院观察并接受进一步的检查。考虑到自己是在这家每间客房价格高达800多元的豪华酒店房间内遭遇这样的事故,李女士表示,她希望酒店方面能够以一个明确且积极的态度来处理此事。

(资料来源:都市现场。)

3. 客房消杀管理不到位

**枕头边有条长蜈蚣,大学生索赔300元遭拒**

2021年4月,广西河池的一位大三的黄同学在入住某酒店时,发现一只大蜈蚣在枕头边爬行。黄同学向酒店索赔300元的精神损失费赔偿,结果遭到酒店方拒绝。酒店经理表示,愿意送两个晚上的房间供其随时入住,但黄同学坚持要300元,对此酒店经理表示自己做不了主。至于蜈蚣的来源,目前无法查询,但酒店承诺之后会进行彻底的消毒处理。

(资料来源:光明网)。

4. 客房清洁不彻底

**又是高档酒店!网友爆料浴袍口袋里竟有半盒感冒药!**

2018年11月,一位网友在微博上分享自己的经历,称自己入住上海某五星级酒店时,在晚上洗完澡换上酒店提供的浴袍后,竟从浴袍口袋里意外发现了一盒已经开封并用过且仅剩一半的"白加黑"感冒药。他幽默地自嘲道:"希望前任房客的感冒已经好了!"这一事件再次将五星级酒店的问题推向风口浪尖,从之前的"不换床单""杯子的秘密",到如今的"不换浴袍",一系列卫生问题被接连曝光,令人触目惊心。许多网友对此感到震惊和失望,纷纷质疑:花费几千元一晚的五星级酒店房间,难道就没有干净的东西了吗?针对此事,涉事酒店迅速做出了官方回应,表示已经向客人表达了诚挚的歉意,并将立即着手整改酒店的卫生管理问题,以确保为客人提供更加干净、卫生的住宿环境。

(资料来源:环球网。)

5. 客房房卡、钥匙管理存在漏洞

**酒店再爆安全问题:保洁员为其他人开客人房门,某知名连锁酒店承认违规**

2016年2月,戚先生入住上海市中心某知名连锁酒店期间,丢失2800元现金。监控显示,一名保洁员曾为一名男子打开了戚先生所住的8615号房间的门。不久之后,前台又为另一位男子办理了该房间的入住手续。该酒店公关经理魏小姐对此事进行内部了解后回应,事发当晚,确实发生了酒店员工为其他人开门进入戚先生入住的8615号房间的情况。当事保洁员解释称,当时有一名客人在入住楼层声称"忘带房卡",在核实了客人的姓名和房号后,她为其开了门。至于在戚先生未退房的情况下,酒店还为其他人办理了该房间的入住手续,酒店方面回应说,值班员工当时用电话和在房内的客人进行了确认马上会退房后,为陈姓男子办理了入住手续,并交付了房卡。

魏小姐还表示,在这起事件中,由于员工未按流程操作,酒店方面确实负有不可推卸的责任。然而,酒店方面的解释并未让戚先生满意。他认为这家酒店在安全管理上存在严重问题,如果保洁员和前台员工的说法属实,那么可能是酒店方面泄露了客人的入住信息,从而让其他人成功地骗过了值班的保洁员和前台员工。

(资料来源:澎湃新闻。)

6.客房顾客遗留物品管理不规范

**长沙一酒店"强制"退房　陌生女子入住,1万现金失窃**

2010年8月,陈先生入住长沙韶山南路的某酒店8408房间。次日早上7点多,陈先生外出办事,下午6点多返回酒店时却被前台工作人员告知,由于他只交了一天的押金且没有及时续房,酒店已经安排了其他客人入住该房间。想到行李还在房间,陈先生在酒店保安的陪同下来到8408房间。当他们打开门时,惊讶地发现一名女性正躺在床上。更令陈先生震惊的是,他发现自己的衣物被随意扔进了柜子,行李包也有被翻动的痕迹。在仔细清点行李后,陈先生发现里面的1万块钱现金不翼而飞了。

(资料来源:《三湘都市报》。)

7.酒店对醉酒顾客看管缺失

**醉酒女子被送入酒店后于客房内死亡,酒店被判赔偿9万余元**

2020年8月,安徽马鞍山一女子与他人聚餐喝酒后出现无意识状态,同桌多人一起将该女子抬入酒店后离去。次日该女子被发现口有呕吐物,送医后抢救无效死亡。经鉴定,该女子是急性乙醇中毒死亡。事发后,女子家属将当晚与该女子一起用餐的6人以及女子被发现出事的酒店起诉至法院,要求赔偿损失共计100余万元。法院判决,参与饮酒的各被告应共同承担30%的责任,判决6人承担0.5%至12%的赔偿责任,赔偿4000余元至11万余元不等。涉事酒店在未对受害人登记、查验身份证件情况下,放任他人将已经处于无意识状态的女子抬入酒店房间,未尽到对消费者的安全保障义务,属于不作为的侵权行为,应承担10%的赔偿责任,赔偿女子家属9万余元。

(资料来源:枣庄网警。)

8.酒店对客房区域可疑人员监管缺失或不力

**女子入住酒店后1.8万元名表被盗**

2023年8月,在湖南长沙的一家酒店内,一位女士在准备沐浴时,将自己的名贵手表摘下放置在洗漱台上。随后,她前往隔壁同事的房间取物品,整个过程大约耗时1分钟。然而,当她返回时,发现手表已经不翼而飞。通过调取监控录像,她们发现一名陌生男子从酒店大堂直接乘坐电梯上楼并实施了盗窃行为。据了解,这名小偷进入酒店时并未在大堂进行任何登记手续。女士认为酒店对此负有失职之责,并已前往当地派出所报案。

(资料来源:网易新闻。)

9. 酒店对施工安全管理缺失或不力

### 小偷卸掉酒店窗户　3名来武汉旅游客人3万元钱物被盗

2019年9月,李先生等五位来自荆门的游客入住武昌区某酒店三楼的一个套房,入住次日上午10点钟起床时,他们赫然发现床头的钱包、手表、手机、裤子、挎包都不见了,房间窗户大开,还少了半扇窗。他们发现那半扇被卸下的窗户、裤子和钱包都被丢弃在距离房间数米远的外墙脚手架上,他们立即用手机记录下了这些被盗现场。李先生透露,他在香港花费18800元购买的手表被盗,加上另外两位朋友丢失的手机和钱包,他们的总损失接近3万元。记者在李先生所住的房间看到,房间右边半窗户已被封死,窗外是脚手架。服务员介绍,这栋大楼正在进行外墙面装修,脚手架可能成了小偷的"帮凶"。"很明显,酒店存在管理责任。"李先生要求酒店方给个说法。但酒店方负责协调此事的张经理称领导在外地,他无法答复。

(资料来源:凤凰网。)

10. 安全隐患排查缺失或不到位

### 女子在酒店洗澡时天花板坠落　肋骨被砸骨折

2017年1月,张女士一家人到西安旅游,入住凤城五路某酒店。入住当晚10点左右,张女士在淋浴间洗澡时,天花板突然坠落将她砸中。张女士表示,掉下来的是淋浴间吊顶,由石膏材料制成。事发当晚,酒店方迅速将张女士送往医院进行检查。CT检查显示,张女士右侧第六、第八前肋改变,有骨折的嫌疑,医生建议住院治疗。酒店负责人表示:"天花板是石膏材质,因为上方的管道漏水造成脱落。"交涉中,他们愿意支付张女士此次受伤的所有医药费,并给予一定的补偿。对于张女士提出的10万元补偿,酒店方认为过高,并建议他们通过司法程序解决。

(资料来源:华商网。)

11. 酒店缺乏对员工的安全教育和培训

### 女子在酒店休息时被强行开门,酒店这样回应

2024年5月,一名女子在山西襄汾某酒店入住时,遭遇了非退房时间房

门被强行刷开的事件。据当事人介绍,当时她正处于裸睡状态,且并未到退房时间。突然,她听到有人刷卡撞击到房门上的防盗链,但当她拿起手机准备录制视频时,对方已经离开了。酒店方面对此事进行了回应,解释称服务员在中午大约11点20分时敲门未得到回应,为了再次确认房间内是否仍有客人,服务员便刷卡开门进行查看。在发现房门上挂着防盗链后,服务员随即离开了房间。酒店方面表示,之前曾有客人在离开房间时留下房卡,因此服务员此次行为只是想提前提醒客人。同时,酒店也承认这名服务员是新来的,相关培训做得不够到位。

(资料来源:光明网。)

12. 应急预案及演练缺失

### 南昌起火酒店顾客:酒店无预警　有顾客坐电梯逃生

2017年2月,江西南昌一酒店发生火灾,致16人被送医,其中2人死亡。事后,一位顾客回忆起当时的情景说,大约在上午8点半,他在酒店8楼的客房内闻到了刺鼻的烟味。当他打开房门时,发现楼道里已经弥漫着呛人的烟雾,能见度极低。这位顾客表示,当时有几名顾客从房间里跑出来,但由于消防通道已经被堵塞,他们无法顺利逃生,有人因吸入烟雾而感到身体不适。过了一会儿,一名女服务员过来引导他们通过另一条楼道逃离。在下楼的过程中,这位顾客不慎摔倒并擦伤。此外,这位顾客还注意到,在火灾发生后,酒店的电梯仍然在运转。他清楚地看到楼道内的电梯显示屏仍然显示着升降状态,电梯时而上升时而下降,中间还有停顿,显然仍有住客在使用。他的同事也反映,在逃生时电梯在他们那一层打开,里面挤满了人。顾客还批评说,酒店在火灾发生后没有发出任何火情预警或通知,显然缺乏应急预案。

(资料来源:《新京报》。)

## 三、客房部安全风险防控对策

### (一)人因安全风险防控对策

**1. 强化法律意识,酒店管理者须守法经营**

客房因其私密性,往往被不法分子利用进行黄赌毒等违法犯罪活动。作为酒店管理者应强化法律意识,依法依规守法诚信经营,不给犯罪分子以可乘之机。

**2. 增强客房员工安全意识,筑牢客房安全防线**

酒店客房部应当通过以下四个方面来增强员工的安全意识,从而筑牢客房的安全防线:一是通过培训学习来提升员工的风险识别能力;二是强化员工心存敬畏的态度,以此增强他们的安全防范意识;三是持续敲响安全警钟,确保员工始终保持遵规守纪的自觉性;四是依靠完善的制度来推动员工履行安全职责,增强他们的责任感。

#### 3. 加强客房员工职业道德感，全心全意为顾客服务

加强客房员工职业道德感，全心全意为顾客服务，需要做到如下三点：①高度重视，热心为客人服务；②增强职业责任心和道德义务感，忠于酒店，为顾客提供优质安全服务；③努力改善服务态度，用心服务，不断提高服务质量，避免主客冲突。

#### 4. 加强引导提示和应急预防，有效应对顾客层面的安全风险

在精准识别顾客层面存在的各类安全风险的基础上，通过引导提示增强顾客风险防范意识，通过制定相应突发事件的应急预案提升客房部应急能力，进而有效应对顾客层面的安全风险。

### （二）物因安全风险防控对策

#### 1. 按需配备符合要求的设施设备用品，完善和落实设施设备维修保养制度，确保设施设备用品安全可靠

其一，要根据客房安全内在需求，合理配备、安装符合要求的各类设施设备用品，切勿出现设施设备缺失、设施设备不齐全、设施设备安装不牢固、设施设备带病运行、设施设备不达标、用品存在安全隐患等情况；其二，完善和落实设施设备维修保养制度，确保出现故障、老化、损坏、漏电等安全隐患时得到及时维修和保养，消除安全隐患。

#### 2. 定期组织检查，确保客房隐私安全

酒店客房部应定期组织检查，确保客房内未被安装偷窥、偷拍、窃听等设备，保障顾客隐私安全。

#### 3. 加强客房食物、饮品质量管理，确保其合格安全

客房内所配备的食物、饮品等要加强食品安全管理，定期进行安全检查和更换，以确保其合格安全，防止食物中毒等事故发生。

#### 4. 加强客房安全检查，防止危险动物伤人

酒店客房，尤其是依山傍水的酒店客房，常常容易进入一些危险动物，如蛇、鼠、蜘蛛、蜈蚣及其他有毒或具有攻击性的动物，也有客人携带的危险动物，这给房客安全造成严重威胁。因此，需要酒店客房部加强客房安全检查，防止危险动物伤人。

### （三）环境因素安全风险防控对策

#### 1. 治安环境

偷盗、暴力犯罪、黄赌毒、窥探隐私等对客房安全造成了严重威胁，是酒店客房治安管理的重点内容。为此，客房部应从如下几个方面加强治客房安全管理，打造良好的客房治安环境：

（1）客房部管理者应建立健全客房安全管理各项规章制度，同时加强对其落实情况的监督检查；

（2）加强员工安全防范意识，如房务员做房用工作车堵住客房门口以防外来人员入内；楼层服务员发现可疑情况及时报告；对于顾客要求开房门的情况，严格按照规定进行身份验证并登记；

（3）加强对客提示提醒，增强住客安全防范意识，如提醒住客睡前反锁房门、夜间不要轻易开门等；

（4）加强午间、夜间等特殊时段的客房楼层巡视，尤其要关注女性、外籍等住客群体安全；

（5）保安部各岗位要保证24小时监控有力，做好交接班工作，切勿疏忽大意，给犯罪分子以可乘之机。

2. 卫生健康环境

卫生健康环境直接影响顾客的身心健康和舒适程度，伴随全民健康意识的提高，卫生健康环境业已成为顾客选择酒店入住的关键指标。为此，客房部应做到：

（1）建立健全客房卫生健康管理相关制度，将客房卫生健康工作制度化、责任化；

（2）依据《公共场所卫生检验方法 第6部分：卫生监测技术规范》等标准规范，构建卫生健康动态监测机制，监测项目要涵盖客房热环境、空气洁净度、声环境、光环境、公共用品清洁消毒效果等方面。对于监测不达标的项目进行及时整改，确保为住客提供卫生、健康、舒适的入住环境。

（四）管理因素安全风险防控对策

1. 加强维保工作，确保客房设施设备时刻处于良好工作状态

客房部担负着维护和保养客房及公共区域设施设备的任务，要使设施设备常用常新，保持良好的使用状况，并与工程部紧密合作，保证设备和用品完好率，提高其使用效率。需要维保的设施设备既包括电梯、空调、玻璃门、吊顶灯、热水器、吹风机等基础设施设备，也包括电视监控系统、自动报警系统、消防监控系统、网络通信系统、防盗系统等安全设施设备。

2. 配备必要的安全防护措施，有效预防物因安全事故发生

客房部应居安思危，提高风险意识，识别存在的可能风险，配备必要的安全防护措施，有效预防物因事故发生。例如，在洗浴间配备防滑垫，预防滑倒跌伤事故；对装饰壁画进行加固防护措施，预防其脱落砸伤人员；对吊顶、空调机加框，预防其坠落；对窗户加装防盗护栏，预防入室偷盗事件等。

3. 加强客房消杀管理，为顾客提供卫生健康的住宿环境

客房因其住客的频繁入住和所处的不同地域和位置，难免存在卫生健康隐患。加强对客房定期不定期的消杀管理，包括对细菌及病原体的消杀、对"四害"（老鼠、蟑螂、蚊子、苍蝇）及毒虫等的消杀，为顾客提供卫生健康的住宿环境。

**4. 做好客房清洁管理，为住客提供干净、整洁的住宿环境**

客房清洁卫生工作需要做到：①客房清扫需要科学的清扫原则、程序和岗位规范；②客房清洁应根据房态不同进行简单清扫、一般清扫、重点清扫、彻底清扫；③客房管理者和清洁卫生工作人员应熟悉本店卫生操作程序和标准，不断对照改进；④落实逐级检查制度，包括服务员自查、领班全面检查、主管抽查、经理查房等。

**5. 严格钥匙管理，预防偷盗事故发生**

严格钥匙管理，遵守如下规定：①专人保管及收发客房部全部钥匙，认真做好交接登记；②员工只限领取当日自己服务区段的钥匙并予以妥善保管，不得让他人借用；③客房部丢失、损坏任何钥匙时，均应上报保安部。

**6. 增强员工职业道德感，规范化管理客房遗留物品**

凡在客房范围内拾获的一切无主物品均视为遗留物品。客房部员工一旦拾获，必须马上登记拾获人姓名、日期、时间、地点及物品名称等，上交部门管理者，由酒店统一登记造册与存放，私存遗留物品的行为视为盗窃。

**7. 加强对醉酒顾客的看管和照顾，为顾客安全保驾护航**

醉酒顾客因其意识模糊或不清，极易发生危险状况。客房部应对醉酒顾客进行看管和照顾，尤其对于无同伴顾客及时提供必要帮助，并为醉酒顾客保管好随身贵重物品，履行合同期内的安全保障义务，为顾客安全保驾护航。

**8. 加强巡视和监控，确保无可疑人员进入客房区域**

保持24小时全天候视频监控及值守，做好交接班工作，切勿疏忽大意，尤其要加强在中午和夜间时段的保安巡视力度，以确保无可疑人员进入客房区域。

**9. 建立健全施工安全监管制度，加强施工安全管理**

客房部应与工程部、保安部紧密合作，建立健全施工安全监管制度，严格审核施工人员资质，及时识别施工过程中所产生的各类安全隐患，并制定对应安全防范措施，加强客房区域施工安全管理。

**10. 建立客房安全隐患排查机制，及时消除客房安全隐患**

客房部应从树立隐患排查理念、加强隐患排查宣传、培育隐患排查队伍、丰富隐患排查手段、强化隐患整改监督等多个方面建立和完善客房安全隐患排查机制，切实消除客房安全隐患。

**11. 加大客房安全教育培训力度，切实规避客房安全风险**

酒店应建立健全客房安全教育培训工作制度，并依据它通过多种形式开展客房安全教育培训，同时注重对培训人员的考核及材料备案，不断提升客房部员工应对和解决各类安全事故的知识和技能，切实规避客房安全风险。

12. 完善应急预案编制、开展应急演练,有效提升客房部应急能力

酒店客房部应根据自身风险因素识别情况,精准编制健全客房各项应急预案,并定期或不定期开展应急演练,有效提升客房部应急队伍的应急能力。

## 第四节　酒店康乐部安全风险识别与防控对策

酒店康乐部是顾客进行保健和娱乐的场所,其服务项目众多、来往人流复杂、多种风险因素交织、管理难度较大、安全事故发生率较高,是酒店安全管理的重点和难点。本节将以酒店康乐部为研究对象,在识别其安全风险因素的基础上,有针对性地提出具体防控对策,以期为酒店康乐部实现本质化安全生产经营提供决策参考。

### 一、酒店康乐安全基础知识

#### (一)酒店康乐部

康乐部也称俱乐部、康乐中心、康体部(中心),是酒店组织客源、销售康乐产品、组织接待和对客服务,并为顾客提供各种综合服务的部门,是完善酒店配套附属设施和服务的重要机构。

#### (二)酒店康乐安全

根据安全的内涵和酒店康乐部安全生产的内在机理,酒店康乐安全可界定为"酒店康乐部在其安全生产经营过程中发生事故、造成人员伤亡或财产损失的危险没有超过可接受的限度"。酒店康乐安全既包括酒店康乐部生产经营过程中各环节的安全问题,也包括酒店康乐部在生产经营过程中所涉及的人、物、环境、管理等不同层面的安全现象。

### 二、康乐部安全风险因素识别

根据酒店康乐安全事故案例,结合文献成果,基于人、物、环、管(MMEM)理论,酒店康乐安全风险因素如图5-16至图5-20所示。

图5-16　酒店康乐安全风险因素

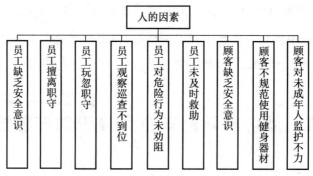

图 5-17　酒店康乐安全风险因素：人的因素

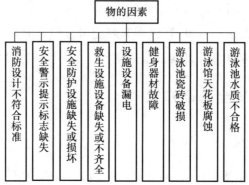

图 5-18　酒店康乐安全风险因素：物的因素

图 5-19　酒店康乐安全风险因素：环境因素

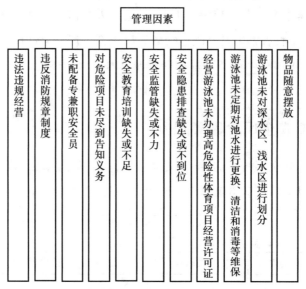

图 5-20　酒店康乐安全风险因素：管理因素

## (一) 人的因素

1. 员工缺乏安全意识

### 房客在海口一酒店使用跑步机摔骨折 称酒店推脱责任仅补偿万元

2015年10月,一名来自贵州的游客投诉称,其岳母黄女士入住海口某酒店,使用酒店内跑步机时被喝止引发摔伤,事发后"酒店推脱责任,旅游质量监督所不作为",南海网记者对此事进行调查。投诉人田先生称,他们一行11人国庆期间来海南自驾游,于10月2日入住海口某酒店。事情发生在10月4日,当天上午11时许,当事人黄女士(66岁)去酒店健身房使用跑步机。黄女士正在跑步时,突然有服务员在背后喊她,说不穿运动鞋不能使用跑步机。黄女士于是扭头应答,不料摔下跑步机。随后当事人立即去海口市人民医院检查,检查发现脚踝和腿部3处骨折。当事人认为,造成这样的后果自己有责任,同时,酒店方也有一定责任。原因有二:一是酒店方没有在健身房明示不穿运动鞋不能使用跑步机;二是服务员不应在背后喊当事人,如果服务员在当事人面前说话或直接关掉跑步机,就不会分散当事人注意力从而造成意外。

(资料来源:南海网。)

2. 员工擅离职守

### 广州某酒店淹溺事故调查报告

2021年8月,广州某酒店温泉区室外游泳池发生一起淹溺事故,七岁幼童溺水,后经送医抢救无效死亡。经调查,本次事故发生的直接原因如下:不懂水性的7岁幼童防溺水的自我保护意识和能力差,在没有父母监护的情况下,独自在温泉区域玩耍,误入观瀑游泳池亲水平台,坠入游泳池深水区,导致事故的发生。事故发生前,观瀑游泳池凉亭旁的两处救生观察台均无人值守,安全员巡查不到位,未能及时发现和制止不懂水性的幼童独自在温泉区高危险性水域玩耍的危险行为,导致事故的发生。

(资料来源:广州市增城区人民政府门户网站。)

3. 员工玩忽职守

### 五星级酒店游泳馆溺水,挣扎一分多钟无人施救,安全员竟在玩手机

2022年11月,李女士在河南信阳一家五星级酒店的游泳馆内游泳,大约半小时后不幸溺水。她在水中挣扎并呼救了一分多钟,然而一旁的安全员却低头玩手机,完全没有注意到这一紧急情况,导致李女士险些丧命。李女士

事后表示，在这样高端、本应注重安全的公共场所，消费者的生命安全竟然得不到应有的保障，这让她感到极度后怕和绝望，内心受到了严重的创伤。她强烈希望有关部门能够对此事给予重视，加强相关管理，确保人民群众的生命安全得到切实保障。

（资料来源：网易新闻。）

4. 员工观察巡查不到位

**一男子蒸桑拿"中暑"住进重症监护室**

2016年12月，李先生在深圳罗湖区长某酒店的保健按摩中心蒸桑拿时突然晕倒，几个小时后才被同行友人发现送往医院。经医生诊断，李先生为热射病（俗称重症中暑），并伴有多器官衰竭等。据李先生的弟弟介绍，李先生在蒸桑拿时突然晕倒，但迟迟未有服务人员察觉异样，直至四小时后，李先生的一位朋友黄先生刚好也去汗蒸房蒸桑拿时才发觉，并叫人将其抬出送往医院。李先生的弟弟认为，保健中心的服务员未能及时发现李先生的异常，管理上存在问题，应对此事负责。他表示，李先生今年49岁，身体状况一直不错，没有任何特殊病史。"好好的人晕倒那么久，身上都烫伤了，还无人察觉，要是早点发现，我哥病情也不至于那么重。"李先生的弟弟说。

（资料来源：《深圳晚报》。）

5. 员工对于危险行为未劝阻

**酒店回应男子躺在无边泳池险些跌落，酒店：视频行为属于客人自行操作**

2023年5月，在贵州黔东南地区，一名男子发布了一段视频，内容是他躺在漂浮床上险些跌落山谷的惊险经历，这段视频迅速引起了网友们的关注。据当事人描述，他当时跳上了位于无边泳池中的床垫，他主观上认为自己已快要到达泳池边缘，然而实际上并未感受到床垫触碰到池边的触感。就在这时，他无意间用余光一瞥，惊恐地看到自己躺着的床垫有一半竟然已经悬在了深渊的边缘。幸运的是，他反应极快，立刻起身，这才躲过了一劫，避免了可能发生的危险。他强调说，泳池外层的玻璃围栏宽度仅有一米左右，如果床垫掉下去，根本无法接住。

事后，该民宿酒店的工作人员对此事进行了回应。他们表示，泳池配有专业的安全救生员，但由于救生员在晚上九点下班，因此相关设施也会被收起。视频中的行为是客人自行操作的，并不符合酒店的规定。工作人员还指出，他们看到客人有这样的行为时会进行提醒，并向安全员反映这一情况，以便监管。

（资料来源：环球网。）

6. 员工未及时救助

**桂林：女游客酒店游泳池溺亡　当地已成立事故调查组**

2018年6月，苏女士到桂林旅游，入住桂林某酒店时在酒店的游泳池里溺亡。涉事酒店负责人称，事发时救生员将苏女士救上岸施救，经抢救无效死亡。家属却表示疑惑，为什么救生员没有及时救人。事发后，苏女士的哥哥苏先生从福建赶到桂林料理妹妹后事。苏先生说，事发游泳池的深水区水位约1.8米，妹妹身高1.6米。妹妹是在海边长大的，从小就会游泳。妹妹为什么忽然在5分钟内溺亡，是被人撞昏迷了，还是体力不支，在水中挣扎多时？他来到丽君派出所报案，民警随后送他们到秀峰公安分局刑侦大队报案。秀峰警方派法医进行尸检，初步结果是死于溺水。然而，由于缺乏监控视频，苏女士的具体溺水原因仍然无法确定。目前，秀峰区已经成立了事故调查小组，以进一步查明事件真相。

（资料来源：广西新闻网。）

7. 顾客缺乏安全意识

**男子在温泉酒店扎猛子头缝11针找酒店索赔，酒店：他们在比赛潜泳**

2023年10月，郑州的罗先生与朋友们一同前往澡堂享受休闲时光。在轻松愉快的氛围中，他们突发奇想，决定在浴池内举行一场潜泳比赛，看谁的扎猛子动作更帅气。不幸的是，在比赛过程中，罗先生的头部不慎撞到了浴池内的柱子上。事故发生后，酒店方面迅速响应，立即为罗先生进行了初步的包扎和急救处理，并随即安排他前往医院接受进一步治疗。经医生诊断，罗先生的伤口需要缝合，最终共缝了11针。

（资料来源：网易新闻。）

8. 顾客不规范使用健身器材

**顾客忽视安全规定在五星级酒店健身房受伤，酒店表示已尽到提醒责任**

2021年8月，一位顾客在上海某五星级酒店度假期间，因个人疏忽在健身房使用跑步机时受伤。据了解，该顾客与其家人于事发当日晚间进入健身房锻炼，尽管酒店方面设有安全提示，但顾客未遵守规定，穿着拖鞋使用跑步机，最终导致受伤。事发时，健身房工作人员已开启跑步机供顾客使用，但未对顾客的穿着进行强制干预。事故发生后，健身房工作人员建议顾客及时就医，但由于顾客需照顾孩子，未能立即行动。直到第二天早上，顾客在前台投诉后，酒店员工陪同其前往医院。顾客承认自己在事件中存在责任，但对于酒店健身房的管理存疑。然而，酒店方面表示，健身房内已有明确的安全提示，禁止穿拖鞋使用健身设备，且工作人员在提供服务时已尽到提醒义务。

酒店认为,此次事故主要因顾客个人忽视安全规定所致,因此,酒店无需承担医药费用。该事件再次提醒公众,在使用健身设施时应严格遵守安全规则,以避免类似事故的发生。

（资料来源：黑猫投诉。）

9. 顾客对未成年人监护不力

### 三亚某酒店泳池溺亡事故调查报告处理工作情况评估报告

2022年7月,三亚一酒店康乐部游泳池发生溺水事故,造成1人死亡。死者为一名4岁的男童,随家人一起到该酒店度假。事故调查报告指出,该酒店的分管负责人在管理职责范围内未能提供有效证据,证明其已依法履行了对康乐部安全生产的管理职责,对事故负主要责任;死者父母安全意识淡薄,对儿童游泳危险性预见不足,在孩子游泳期间未尽到应有的看管职责,对事故负次要责任。

（资料来源：三亚市吉阳区人民政府。）

## （二）物的因素

1. 消防设计不符合标准

### 武汉工程大学附近一酒店起火　产权属校方,消防验收未通过

2020年7月,位于湖北省武汉市洪山区雄楚大道的武汉工程大学附近的一酒店发生大火,火势凶猛。洪山区消防救援大队发布火情通报称,系某酒店附楼三楼康乐沐足厨房发生火灾,目前火灾已扑灭,无人员伤亡,火灾原因正在调查中。

曾在2018年8月,武汉市公安局洪山区分局消防大队就对该酒店做出行政处罚决定,认定该场所未进行竣工验收消防备案,决定对该酒店处罚款、责令停止营业。同年9月10日,武汉市公安局洪山区分局消防大队认定,该酒店装修工程部分消防设计不符合国家工程建设消防技术标准,主要存在以下问题：①该工程资料审查为不合格；②该工程消防设计文件审查为不合格；③该工程其他装修装饰材料的燃烧性能等级低于《建筑内部装修设计防火规范》。

（资料来源：上游新闻。）

2. 安全警示提示标志缺失

### 温泉隐形台阶导致8岁女孩摔倒受伤　赔偿责任如何划分

2020年8月,一名8岁女孩在重庆南岸区的一家温泉酒店学习游泳课程时,不慎在过道上连续两次摔倒并受伤。据女孩的母亲吴女士描述,她拍摄

了女儿受伤的现场,并在视频中详细叙述了事件的经过。吴女士说,事故发生在更衣室附近,那里有一个不易察觉的隐形台阶,且周围没有任何安全提示。女孩在撩开门帘后,没想到门帘后面还有一道门,结果一不小心直接撞到了门框上。撞击发生后,女孩捂着嘴往回走,但在再次撩开门帘时,由于没有注意到隐形台阶,又一次摔倒在地。这次摔倒导致女孩的牙槽需要缝针,嘴唇红肿,并且门牙根部断裂,还可能面临牙龈坏死的风险。

(资料来源:上游新闻。)

3. 安全防护设施缺失或损坏

**男子酒店泳池边滑倒颈椎骨折　8万元手术费该谁承担?**

2018年10月,吴女士与丈夫王先生携孩子前往某温泉酒店游玩。在办理完相关手续后,他们前往酒店的泳池游泳。当天下午6点左右,王先生在泳池边一个高出水面约50厘米的台阶上不慎滑倒,头部撞到了泳池底部。尽管泳池的水深标注为1.4米,但实际水深仅约1米。王先生上岸后发现自己头部受伤,脖子也无法动弹。

王先生回忆说,他滑倒的地方并没有铺设防滑垫,而且泳池内也没有设置防滑提示语。当时,泳池入场处仅有一名穿着礼服的温泉酒店工作人员。吴女士在返回酒店后拍摄了泳池的照片,照片显示,王先生滑倒的台阶上确实没有防滑垫。此外,记者注意到,这个长方形的泳池四个边中,仅有两个边上铺设了1到2米宽的防滑垫,而另外两个边则没有铺设。

(资料来源:《华商报》。)

4. 救生设施设备缺失或不齐全

**女童泳池溺水后身亡,父母却被酒店告了:要求偿还27万!**

2021年8月,7岁的女孩萌萌(化名)在广州某温泉酒店的一个室外泳池不幸溺水。尽管经过了近4个月的全力救治,萌萌最终还是离开了人世。为了抢救萌萌,张先生一家花费超过90万元,其中ICU的费用就高达50多万元。酒店最初垫付了39万元,但之后拒绝继续垫付,剩余的费用均由萌萌的家属承担。

据张先生透露,萌萌溺水后,是酒店的一名服务人员将她从泳池中捞起并放在岸边,但随后该服务员便离开了现场,而这名服务员并非酒店的安全员。当时,对萌萌进行急救的是酒店住客杨女士。事发当天下午3时左右,天气炎热,她看到一个女孩躺在树边,半睁着眼睛,呼叫她也没有反应。最初,杨女士以为女孩是中暑,但拉开女孩的衣服后,发现女孩的肚子鼓胀,大动脉搏动消失,她立刻意识到女孩是溺水了。于是,杨女士立即对女孩进行了抢救，随后又有一名儿科医生身份的住客加入抢救。杨女士表示，整个抢救过程非常漫长，她们一直持续到120急救人员到场。在抢救过程中，她从未见过酒店的安全员出现，还多次催促酒店的服务人员拨打110报警电话和120急救电话。此外，她们在抢救时发现，酒店的抢救箱内的设备并不齐全，既没有除颤仪AED，也没有氧气袋。

更令人意想不到的是，在萌萌仍在ICU接受救治时，酒店竟然在同年11月起诉了家属，要求家属补偿酒店之前垫付的医疗费用，这一举动引发了网友的广泛争议。

（资料来源：光明网。）

5. 设施设备漏电

**6岁男童温泉酒店触电身亡？涉事项目已停业，警方介入**

2023年2月，云南曲靖发生了一起悲剧事件，一名6岁男孩在某温泉酒店泡温泉时触电身亡。据报道，事故发生在2月4日，而涉事温泉酒店在事故发生后仍正常营业，泳池旁边的泡泡机仍然在供儿童玩耍。孩子父亲黄先生在接受媒体采访时称，游泳池旁的泡泡机是通电设备，旁边没有任何安全提示语，也没有安全栅栏保护措施，法医初步鉴定孩子是触电身亡。

（资料来源：光明网。）

6. 健身器材故障

**广州某酒店健身器材故障致顾客骨折，酒店拒绝承担责任**

2021年5月，一名顾客在广州某酒店使用健身器材时，因器材故障导致脚部严重受伤，经医生诊断为骨折，需护理三个月并每周复查。受伤顾客指出，酒店在事发后立即收起健身器材，且拒绝承担任何责任，引发维权争议。

据受伤顾客反映，其在酒店健身房使用器械时，由于器材存在问题，致其脚部被砸伤骨折。医生警告，伤处可能出现的并发症包括压疮、化脓性皮炎、继发移位和畸形愈合等。尽管如此，酒店方面对于此次事故概不负责，受伤顾客维权无门。事故发生时，酒店工作人员迅速收起了涉事健身器材，这一行为引起了顾客的质疑。酒店方面辩称，如果顾客不使用器材就不会受伤，并声称有录音为证。受伤顾客对此表示不满，质问如果游乐园项目发生意外，是否也是游客自身的过错。目前，受伤顾客正在寻求法律途径维护自己的权益，同时呼吁相关部门对酒店健身设施的安全管理进行严格监管，以防止类似事件再次发生。公众对于酒店在安全事故处理上的态度和做法表示关注，期待事件的公正处理和受伤顾客能够得到应有的赔偿。

（资料来源：黑猫投诉。）

### 7. 游泳池瓷砖破损

**事发澄迈！酒店泳池瓷砖划破客人脚掌，如何赔偿双方分歧大**

2022年7月，在海南澄迈老城的一家酒店内，10岁的男孩小马在享受假期游泳时遭遇了不幸，导致他行走困难。据记者了解，7月26日，马先生的妻子带着儿子前往该酒店度假，并预订了为期15天的房间，总费用超过3000元。然而，在7月29日，当小马在酒店室外泳池游泳时，刚下水就不慎被泳池台阶边缘一块破损的瓷砖划伤。接到妻子的电话后，正在外工作的马先生立刻赶回了酒店。据马先生描述，小马的脚底板被割伤，当时出血非常严重，一包纸巾很快就用完了，但仍然无法止住血。伤口长6到7厘米，深约1.5厘米。由于简单的包扎处理无法有效止血，马先生在同事的帮助下，迅速将儿子送往附近的医院进行治疗，最终伤口被缝合了5针。事后，马先生向酒店方提出了赔偿要求，希望酒店能免去10天的房费，并赔偿包括医疗、营养、误工等费用共计3万元。然而，酒店方对此并不认可，双方因此产生了分歧。

（资料来源：直播海南。）

### 8. 游泳馆天花板腐蚀

**突发！一酒店泳池顶棚垮塌，3人遇难9人受伤**

2022年4月，河南郑州一酒店的游泳池顶棚发生垮塌。应急、公安、消防、卫健等部门现场共紧急救援出12人，其中轻微伤和轻伤9人、死亡3人（1人经抢救无效死亡，2人现场死亡）。经调查，事故直接原因为游泳馆屋盖结构长期在潮湿环境下使用，钢屋架杆件、节点及支座部位均腐蚀严重，部分杆件截面损失率较大，致使杆件强度和稳定性严重不足，部分杆件荷载引起的稳定应力严重超出材料强度。在上部荷载作用下，游泳池深水区上方钢屋架部分杆件失稳，最终导致屋面结构坍塌。

（资料来源：《半岛晨报》。）

### 9. 游泳池水质不合格

**深圳多家豪华酒店泳池被曝尿素超标**

2015年7月，深圳市卫生监督局通报"2015年深圳市游泳场所水质第二批抽检结果"，24家游泳池卫生状况不合格。其中，有10家位于豪华酒店。深圳市卫生监督局通报称，本次共抽检游泳场所224家、检测指标为游离性余氯、浑浊度、尿素、pH、细菌总数、大肠菌群六项，检测结果合格率为89.1%，不合格率为10.9%，不合格指标主要为细菌总数、大肠菌群、尿素、游离性余氯、pH。该局表示，目前已责令水质检测不合格单位立即整改，并依法对其实施行政处罚。

（资料来源：央广网。）

## （三）环境因素

### 1. 治安环境

**梅城一酒店KTV发生一起持刀斗殴案件，3人被刑拘**

2018年1月3日晚上，梅州市梅江区丽都西路某酒店三楼的KTV内发生了一起打架事件。梅州市公安局110报警台在接到报警后，市局指挥中心迅速调集刑侦、巡警以及派出所等相关警种赶赴现场进行处置。

经警方调查，此次打架事件的起因是犯罪嫌疑人肖某生与肖某鹏在酒店KTV厢房内消费期间发生口角矛盾，进而引发肢体冲突。肖某生随后纠集了宁某发等7人，持刀等工具将肖某鹏等5人打伤。警方在现场成功抓获了肖某生等4名犯罪嫌疑人，而宁某发等3人则被公安机关依法刑事拘留。双方受伤人员的伤情均已稳定，无生命危险。

（资料来源：《南方都市报》。）

### 2. 卫生环境

**泳池卫生情况堪忧！奉贤区多家五星级酒店遭上海市消保委点名**

2023年4月，上海市消保委点名了上海奉贤区的多家五星级酒店，原因是这些酒店的游泳池水质细菌总数严重超标，同时毛巾和浴巾的pH以及细菌总数等项目也未达到相关标准。

（资料来源：央广网。）

## （四）管理因素

### 1. 违法违规经营

**广东佛山：某国际大酒店多名年轻女子因涉黄被抓**

2022年6月，广东佛山某国际酒店因涉嫌违法活动被警方进行扫黄打非行动。相关视频显示，酒店内部有多名男女坐在地上，而酒店外则停满了警车。酒店工作人员证实，该酒店内的KTV确实存在因嫖娼行为被警方查获的情况。案发后，酒店及KTV均已停止营业。当天，KTV和酒店内的所有人员均被警方带走。

（资料来源：网易。）

### 2. 违反消防规章制度

**造成20人死亡的长春某酒店火灾案一审判决**

2001年5月，吉林省长春市某酒店特大火灾事故案迎来一审判决。这场火灾造成了20人死亡，11人受伤。法院判定，该酒店康乐部原经理刘某因犯有重大责任事故罪，被判处有期徒刑5年。法院指出，身为洗浴中心和美容美发中心承包经营的康乐部经理、被告人刘某，目无国法，违反消防规章制度，在明知安全疏散通道铁门被上锁、不畅通的情况下，没有履行向领导反映、解决事故隐患的义务；在经营活动中，没有定期检验消防设备，未能及时消除火灾隐患，保障疏散通道、安全出口畅通。刘某的行为，使员工处于极度危险的工作环境之中。

（资料来源：中国新闻网。）

3. 未配备专兼职安全员

#### 女律师五星级酒店游泳池内溺亡　酒店被指未配备救生员

2015年8月，黄女士在黄山某五星级酒店的室内泳池溺水身亡，当地警方已介入调查。据家属反映，该酒店室内和室外两个泳池都没配备救生员，只是张贴"无救生员值班，风险自负"的安全告示。黄女士的妹妹表示，室内泳池内并没有救生员在场，只有一名酒店的女服务员。监控录像显示，当时这名服务员察觉到了水中的黄女士有些异样，但她只是观察了几分钟，并未采取任何救助措施。直到8分钟后，该服务员才呼喊其他游客将黄女士拉上岸，并随后跑开去喊人。现场一名女游客随后对黄女士进行了急救，但遗憾的是，由于错过了最佳的救援时机，已无力回天。

（资料来源：安徽新闻。）

4. 对危险项目未尽到告知义务

#### 深圳一33岁企业家酒店干蒸室内猝死

2016年3月，一名男子在深圳某酒店五楼男宾部抽搐身亡。事发当日11时37分左右，该男子来到酒店五楼男宾部干蒸房消费。12点40分左右，五楼男宾部服务员发现该男子在不断地抽搐，服务员立即通知了酒店医务室，并拨打了120急救电话和110报警电话。120急救人员赶到现场后，经过十多分钟的紧急救治，确认该男子已经不幸身亡。律师表示，蒸桑拿这项活动本身就带有一定的风险性，并非所有人群都适宜参与。当消费者进入酒店进行此类消费时，酒店与消费者之间实际上已经形成了一种服务合同关系。因此，酒店有责任确保消费者的人身安全，对于具有一定危险性的项目，酒店应当明确告知消费者相关的注意事项和可能的风险，否则，如果因这种危险性导致消费者受到伤害，酒店应当承担相应的责任。

（资料来源：奥一网。）

### 5. 安全教育培训缺失或不足

**男子在游泳馆潜泳两分钟后溺亡！妻子：游泳馆必须负责！**

2020年11月，山西太原的一位女网友透露，其丈夫弓某某于11月7日晚在太原市某酒店的游泳馆游泳时不幸溺水身亡。据她叙述，事故发生时间为晚上7点40分，而酒店直至8点5分才通知她丈夫发生了意外。尽管随后拨打了120急救电话，但遗憾的是，她丈夫因窒息抢救无效死亡。

家属进一步描述，弓某某在7点27分进入酒店游泳馆，游完一圈后，在第二圈往回游的过程中曾短暂站起，随后潜入水中，但两分钟后未能再浮出水面。最终，是其他游泳的客人将他抬到了岸边。监控视频显示，在等待120救援期间，酒店游泳馆的工作人员并未采取心肺复苏、人工呼吸等紧急救治措施。

家属认为，酒店应对弓某某的溺亡负主要责任。首先，酒店未能及时发现意外情况；其次，酒店未能及时提供有效的救助，反映出酒店对员工的安全救援培训不足；最后，酒店通知家属的时间过晚。

（资料来源：网易新闻。）

### 6. 安全监管缺失或不力

**深圳富商入住酒店被按摩浴池吸住后溺毙**

2015年4月，吴某在澳门某酒店的暖水按摩池中遭遇不幸。由于水池底部的回水口吸力异常强大，吴某的腰背近臀部被紧紧吸附住，他的妻子和其他泳客试图合力将他拉起，但未能成功。大约过了20分钟，酒店工作人员才关闭了按摩池的抽水系统，众人随后将已经全身无力的吴某拉到池边。此时，吴某已经失去知觉，众人立即将他送往医院抢救，但遗憾的是，经全力救治后，吴某仍然不幸身亡。

专家对此指出，酒店有责任确保泳客的安全。为防止类似悲剧再次发生，酒店应采取适当的预防措施，例如在回水口处加设铁护栏和铁丝网，以防止泳客的衣物或身体被吸入造成伤亡。此外，酒店还应安排专职人员负责看管，一旦发生意外情况，应立即采取措施关闭相关设备。

（资料来源：央广网。）

### 7. 安全隐患排查缺失或不到位

**6岁男孩酒店泳池游泳 右脚底被划伤**

2021年2月，冷女士6岁的儿子在三亚某酒店泳池游泳时，右脚脚底被划伤。据冷女士回忆，事发当天大约17时，她儿子兴奋地想要到酒店泳池游泳，于是她陪同前往。儿子在泳池里玩得很开心，不时潜入水中捞起一块块脱落的"小瓷片"。冷女士后来注意到,泳池的多个地方都有瓷片脱落的现象。

冷女士表示,如果不是这次儿子受伤,她还真没意识到泳池瓷片脱落会带来如此大的安全隐患。她儿子受伤的位置在右脚脚底,当时出血量较大,酒店工作人员随即进行了简单的处理。然而,到了次日早上,冷女士发现儿子包扎好的伤口仍在渗血,于是她要求酒店方面陪同带孩子去医院接受进一步治疗。

(资料来源:《海南特区报》。)

8. 经营游泳池未办理高危险性体育项目经营许可证

**旅客酒店泳池溺水呼救无应答,溺亡事故谁担责?**

2024年4月,游客时某在海南某康养酒店游泳池溺亡,事发时他多次呼救,无人应答,溺亡后整夜无人察觉,直到次日才被发现。家属质疑酒店管理存在疏漏,缺乏相应的经营资质,负有全部责任。游泳属于高危体育项目,经营游泳池需要办理高危险性体育项目经营许可证,配备相应的救生设备和救生员,但该酒店并无高危性体育项目经营的相应许可,仅对经营项目做了备案。并且,该游泳池为开放式游泳池,并无具体经营时间,也未按照泳池管理规章制度配备安全员。

(资料来源:界面新闻。)

9. 游泳池未定期对池水进行更换、清洁和消毒等维保

**嘉兴一酒店泳池池水污染致20多名孩子发皮炎:擅自营业被罚**

2022年7月,浙江嘉兴南湖区卫生监督所接到市民反映,称孩子在某酒店泳池游泳后身上出现红疹,有些孩子还称耳朵疼。卫生监督人员调查发现,酒店的卫生许可证中并未包括泳池项目,属擅自营业。现场检查发现,泳池无法出具消毒记录、新水补充记录等,现场监控显示泳池未及时进行池水更换。随后,卫生监督人员对酒店的游泳池和戏水池水体进行了检测,发现水中余氯含量偏低,无法达到消毒效果,容易滋生细菌,于是对水体进行了采样以进行进一步研究。

"我们检测了泳池采样水体的浊度、尿素、细菌总数,以及大肠杆菌、化合性余氯、氰尿酸等,经检测,泳池水体菌落总数明显超标。疾控部门也对20多名有症状的孩子进行了流行病学史调查,采了咽拭子、肛拭子标本,已初步排除传染病的可能性。"南湖区卫监所所长表示,出现红疹的20多名孩子均为皮炎,部分伴有湿疹、过敏性皮疹等,卫监部门判定这起事件是因酒店管理不善、池水消毒不规范造成池水污染导致的聚集性皮炎。

(资料来源:中国网。)

10. 游泳池未对深水区、浅水区进行划分

### 武汉男孩三亚某酒店泳池溺亡　家长索赔3千万

2007年2月,海南某酒店游泳池里,武汉一名11岁的男孩在游泳时不幸溺水身亡。受害人家属在接受记者采访时称,他们将向酒店索赔3000万元,赔偿金将全部用于儿童公益保护事业。受害人家属的代理律师认为,酒店应对这起悲剧事件负责。律师表示,据他调查,酒店内的这座泳池虽大部分水位很浅,却有一处深约1.5米的深水区,深水区域未做明确界线标识、警示。"11岁的小学生在配备着救生员、保安员的泳池内溺亡,酒店无疑要承担责任。"

(资料来源:《南国都市报》。)

11. 物品随意摆放

### 在北京某五星级酒店健身变伤身,酒店方拒赔偿

2016年3月,在北京某五星级酒店,一名顾客在游泳池游泳后,刚推开更衣室的门,就被保洁人员随意堆放的准备更换的地毯绊倒,导致左脚五指趾骨发生粉碎性骨折。事故原因是酒店工作人员摆放物品时未考虑到顾客的视野盲区。然而,酒店却拒绝了顾客的赔偿要求。

(资料来源:大众点评网。)

## 三、康乐部安全风险防控对策

### (一)人因安全风险防控对策

1. 员工安全风险防控对策

针对康乐部员工存在安全意识淡薄、职业道德感弱化、责任心不强等问题,康乐部应高度重视,认真对待,有效应对。具体对策如下:

(1)从制度、教育、培训等多个方面提升员工安全意识,使员工养成良好安全习惯并心存敬畏;

(2)严格落实岗位责任制和安全奖惩机制,加强对员工在岗监督管理,确保员工履职尽责,切实保障顾客消费安全;

(3)强化职业道德感和责任意识教育,培养员工爱企业、爱岗位、全心全意为顾客服务的意识和情怀,从细微处、点滴处保障顾客安全不受威胁。

2. 顾客安全风险防控对策

针对顾客存在安全意识差、使用健身器材不规范、对未成年人监护不力等问题,康乐部应端正态度,积极应对。具体对策如下:

(1)通过在醒目位置悬挂标语、电子屏滚动播放安全宣传资料、合适位置配置提示

牌等形式,为顾客营造良好的安全氛围,引导顾客提高安全意识、遵守安全规定;

（2）对于顾客不安全行为或做法,员工应劝阻并加以纠正,在过程中要注意方式方法;

（3）加强对未成年人等弱势群体的看护与照顾,提醒其监护人加强监护,对于老年人要提醒其动作不宜激烈,对于残障人士应给予必要的协助等。

### （二）物因安全风险防控对策

1. 加强装修改造工程消防设计管理,保证消防设计符合国家标准

康乐部应与工程部紧密合作,加强对装修改造工程消防设计的管理,并依据工程消防设计方案文件材料对施工过程进行监管,确保消防设计符合国家标准。

2. 完善安全警示提示标志,提醒顾客注意不安全因素

康乐部应根据其各类康乐项目存在的安全风险,设置安全警示提示标志,提醒顾客注意不安全因素,防止事故发生,保证顾客人身财产的安全。

3. 配备安全防护设施,为顾客安全提供可靠屏障

康乐部应根据其设施设备的特点,有针对性地配备安全防护设施,如对于跑步机要配备防滑垫、对于楼梯要配备扶手等,且要对损坏的安全防护设施进行及时修复和更换,为顾客安全提供可靠屏障。

4. 合理配备救生设施,有效应对突发状况

康乐部应根据康乐项目事故风险和应急需求,科学合理配备救生设施,如救生圈、氧气袋、AED等,有效应对突发状况,提升康乐部应急救援能力。

5. 把好采购和维保关,谨防设备漏电伤人

康乐部设备众多,如果采购了不合格设备或设备未得到及时维保,极易出现漏电情况。康乐部应把好采购和维保关,确保采购合格设备、漏电隐患及时解决,谨防设备漏电伤人。

6. 加强对健身器材的故障检测,确保其安全可靠运行

健身器材往往使用频繁、容易发生故障,康乐部应对其加强故障检测,对于发生故障的健身器材及时修复,确保健身器材安全可靠运行。

7. 加强游泳池设施维保,保障顾客游泳安全

游泳池是康乐部高危险体育项目场所,其设施安全对顾客至关重要。康乐部应加强对地面瓷砖、泳池护栏、池底设施、天花板、斜梁、钢架等设施的维保,谨防设施破损、脱落等原因伤及顾客,保障顾客游泳安全。

8. 加强管理和水质监测,确保泳池水质合格

进入游泳池就意味着增加与病原微生物和消毒药/副产品暴露接触的风险。为此,康乐部应做到:

(1) 严格按照水质安全标准,进行泳池水质监测,并据监测结果进行干预调节;
(2) 根据设计容量,合理控制入池人数;
(3) 监督顾客在入池前进行冲淋、浸脚、戴泳帽;
(4) 对游泳过程中搓澡、大小便等行为进行制止。

### (三)环境因素安全风险防控对策

#### 1. 治安环境

康乐部项目繁多,既包括健身器材等康体类项目,也包括KTV等娱乐类项目,还包括洗浴等保健类项目,其中娱乐类项目和保健类项目极易发生黄赌毒、偷盗、打架斗殴等事件,康乐部治安管理任务艰巨。

康乐部应从如下几个方面入手,加强治安管理,营造良好治安环境:
(1) 建立完善的安全管理制度,包括安全管理制度、全天候值班制度等;
(2) 配备必要的设施设备,如防盗防爆设备、监控报警系统等;
(3) 加强安全巡逻检查,针对员工制定明确的岗位责任制和行为准则等;
(4) 从行业控制与管理、顾客禁黄赌毒教育与管理、黄赌毒防控的实践经验等方面,加大对黄赌毒的打击与控制力度;
(5) 加大危险品管理力度,严禁顾客将易燃易爆炸、放射性、腐蚀性、剧毒等危险品带入康乐场所;
(6) 时刻关注排查洗浴区域的可疑人员,严禁通过偷拍等方式侵犯客人隐私,一旦发现可疑人员,及时与酒店安全部门联系,由安全部进行处理。

#### 2. 卫生环境

打造良好的卫生环境是康乐部一项重要工作,它贯穿康乐服务的全过程。其中,康乐环境及设备的清洁卫生状况是康乐服务质量的重要组成部分。康乐卫生管理工作的好坏,不仅直接影响到康乐服务质量,还会影响整个酒店的形象、声誉乃至经济效益。

康乐部可采取日常卫生管理与计划卫生管理相结合的方式,为顾客营造一个舒适、洁净、安全的卫生环境。具体而言,日常卫生管理遵循"三清洁制度",即班前进行小范围清洁、班中随时保持清洁、班后开展全面大清洁。同时,计划卫生管理则按照周期划分,涵盖周度计划卫生项目、月度计划卫生项目、季度计划卫生项目及年度计划卫生项目,确保卫生管理工作的系统性和持续性。

另外,康乐部还要针对康体类项目、娱乐类项目及保健类项目等的特点和差异,严格执行《公共场所卫生管理条例》等相关要求,制定不同的卫生管理制度及卫生标准。

### (四)管理因素安全风险防控对策

#### 1. 增强法律意识,合法诚信经营

康乐部因其项目特点,容易成为黄赌毒等违法犯罪活动的庇护场所。康乐部管理

者应增强法律意识和安全意识,按照国家法律法规规定,严格按照"严格禁止、不包庇、不纵容"的原则,合法诚信经营。

2. 强化消防安全理念,按消防规章制度办事

本着消防安全重于泰山的理念,康乐部应严格按照消防规章制度要求办事:

(1) 定期检查消防设备,确保其安全可靠运行;
(2) 及时进行火灾隐患排查,确保消除消防风险或将风险降至最低;
(3) 摸排安全疏散通道是否畅通,及时清理打通安全疏散通道及安全出口。

3. 按需配备专兼职安全员,及时有效应对突发状况

康乐部应根据安全管理实际需求,依法依规配备安全管理人员,如泳池的救生员、KTV的保安员、健身房的安全指导人员等,以便及时有效应对突发状况。

4. 加强危险项目管理,杜绝危险行为发生

康乐部的游泳项目、桑拿项目、健身项目等均具有一定危险性,容易引发安全事故。康乐部应列出其开展的各项危险项目,根据国家法律法规要求,制定危险项目安全管理规章制度,并对顾客尽到项目危险性告知义务,杜绝危险行为发生。

5. 强化安全教育培训,提高员工处理安全事故的能力

首先,康乐部要加强员工的安全意识培训,使员工认识到安全服务的重要性,提高员工维护安全的自觉性;其次,康乐部要加强员工的安全技能培训,未取得专业技术上岗证的,不得从事相关操作活动。培训内容应涉及设备安全、人员安全、消防安全和治安环境等方面,员工通过培训了解并熟悉安全管理制度,有效提升处理安全事故的能力。

6. 建立健全安全监管机制,让制度落到实处

完善的安全管理制度是酒店进行正常经营管理所必需具备的,它是一种强有力的保障。但很多情况下,各种制度很难落到实处,影响了其效力的发挥。康乐部应建立健全安全监管机制,检查和督促各种安全制度的落实情况,使得设施设备有人监管、员工在岗履职尽责,让制度落到实处。

7. 建立安全隐患排查机制,及时消除各类安全隐患

受折旧年限、资金问题影响,康乐部设施设备或是出现老化或是出现损坏未及时得到检修等状况,给康乐部埋下了大量安全隐患。康乐部应建立安全隐患排查机制,精准排查各类康乐项目存在的安全隐患,并进行更换、更新或修复等,及时消除各类安全隐患。

8. 加强游泳池安全卫生管理,确保顾客身心健康安全

首先,游泳池作为高危险性体育项目经营许可单位,康乐部必须依法依规办理高

危险性体育项目经营许可证,做到持证合法合规经营;其次,康乐部应定期对游泳池定期开展池水更换、清洁及消毒等维保工作,保证泳池池水符合安全标准;最后,康乐部应对泳池进行深水区、浅水区的划分,并以清晰醒目的标识予以区分,提醒顾客根据自身情况进行选择。

9. 加强规范化管理,使场所物品有序摆放

康乐部设施设备物品众多,若摆放不合理也会引发安全事故。康乐部应加强设施设备物品的规范化管理,使场所物品合理有序摆放,减少绊倒、碰撞等事故的发生。同时,也要加强员工在清洁、维保设施设备等操作过程中的安全意识,切勿将操作过程中使用的物品随意摆放,以免成为安全隐患,伤及顾客。

## 第五节　酒店工程部安全风险识别与防控对策

酒店工程部设施设备繁杂,既有配电设施等基础设施设备,也有消防设施等安全设施设备,还有电梯、锅炉等特种设备,其安全管理难度巨大,一旦发生事故后果也非常严重。本节将以酒店工程部为研究对象,在识别其安全风险因素的基础上,有针对性地提出具体防控对策,以期为酒店工程部实现本质化安全生产经营提供决策参考。

### 一、酒店工程安全基础知识

#### (一)酒店工程部

工程部是专门负责酒店电力、电梯、空调、给排水、锅炉等系统的运行管理和负责设备设施的维修保养等职责的后勤支持部门,是维持酒店正常运营不可或缺的重要部门。

工程部的工作内容按其性质可分为运行、维修和改造。运行是指对各机电系统的大型设备,如变配电设备、锅炉、制冷机组等的运行操作;维修主要是指对酒店所有硬件设备及建筑装修的日常维修和计划维修工作;改造是指对设备设施和酒店经营功能的改建、更新等。

#### (二)酒店工程安全

根据安全的内涵和酒店工程部安全生产的内在机理,酒店工程安全可界定为"酒店工程部在其安全生产经营过程中发生事故、造成人员伤亡或财产损失的危险没有超过可接受的限度"。酒店工程安全既包括酒店工程部生产经营过程中各环节的安全问题,也包括酒店工程部在生产经营过程中所涉及的人、物、环境、管理等不同层面的安全现象。

## 二、工程部安全风险因素识别

根据酒店工程安全事故案例,结合文献成果,基于人、物、环、管(MMEM)理论,酒店工程安全风险因素如图5-21至图5-25所示。

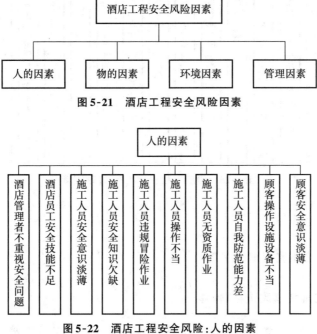

图5-21 酒店工程安全风险因素

图5-22 酒店工程安全风险:人的因素

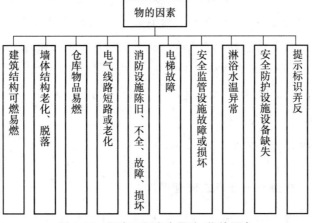

图5-23 酒店工程安全风险:物的因素

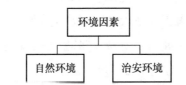

图5-24 酒店工程安全风险:环境因素

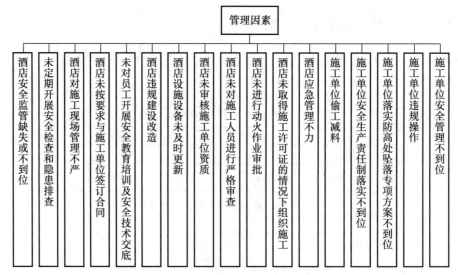

图 5-25　酒店工程安全风险：管理因素

## （一）人的因素

### 1. 酒店管理者不重视安全问题

**酒店违规装修改造被"喊停"**

2022年2月，一开发区消防救援大队监督执法人员在开展大排查工作时，发现某酒店四层在营业期间进行装修改造，但没有向相关部门申报，另外装修材料也不符合要求，消防部门对该酒店四层装修改造部位进行临时查封。执法人员对装修场地负责人和安全员进行消防安全提醒，要求其要高度重视消防工作，切实提高消防安全意识，规范施工，加强施工现场的消防安全管理，避免留下"先天性"火灾隐患。

（资料来源：《半岛晨报》。）

### 2. 酒店员工安全技能不足

**深圳某酒楼触电一般事故调查报告**

2018年6月，在深圳市某酒楼一楼，一名酒店工程部员工在进行照明灯具线路接驳时发生触电事故，经120急救人员抢救无效死亡。相关部门调查后发现，事故的主要原因是作业人员未取得电工特种作业操作证，作业时未佩戴绝缘手套，未采取有效的安全防电措施，且在未先行检测电路是否带电的情况下，违规冒险进行电气线路接驳作业。

（资料来源：深圳市盐田区人民政府网。）

3. 施工人员安全意识淡薄

**苏州昆山某酒店一般高处坠落事故调查报告**

2023年12月,苏州昆山某酒店发生一起高处坠落事故,造成1人死亡。由于施工人员安全意识淡薄,违反《建筑施工高处作业安全技术规范》要求,在未正确系挂安全带且未搭设临时走道板的情况下,违规行走在轻质屋面上搬运防水卷材,因重力致使屋面破裂,自己从21米高的屋顶坠落至地面,最终死亡。

(资料来源:昆山市人民政府网。)

4. 施工人员安全知识欠缺

**突发!泉州市区一酒店电梯出事了!一死一伤!**

2018年12月,福建泉州某酒店内,工人们正在更换新电梯,意外突然发生,两名工人被砸,事故造成一人当场身亡,另一人受伤送医。由于电梯公司施工现场负责人徐某未完全掌握即将拆除电梯的具体状态,对电梯结构原理认知不足,违反公司电梯拆除施工方案流程,在井道脚手架未搭设和轿厢未多重固定前,擅自组织进入底坑拆除对重块,致使轿厢下滑。同时,根据技术分析,轿厢从顶层下滑至底坑至少运行了13.3秒,底坑深度达1.42米符合标准要求,时间和空间上足够让底坑作业人员做出应有的避险动作,但底坑作业人员对存在的危险因素预见严重不足,对本应感知轿厢下滑这一险情而未能及时发现,未能采取有效措施或蹲或趴或卧躺等动作进行避险,致使轿厢直接打击到身体。

(资料来源:《东南早报》。)

5. 施工人员违规冒险作业

**河南一酒店违规作业引火灾 3名责任人被拘留14天**

2018年6月,河南新乡市某酒店楼顶,3名施工人员在拆解招牌作业时,砂轮摩擦铁片产生火花,引燃下方杂物引发火灾。经调查,该火情系施工人员违规作业引发周围可燃物起火所致。三名责任人员被依法行政拘留14日。

(资料来源:《大河报》。)

6. 施工人员操作不当

**酒店装修疑因工人操作不当引大火 幸无人员伤亡**

2013年12月,福建福州仓山区杨周路,一家正在装修的酒店因工人操作不当发生火灾。事发前,工人正在窗外安装广告牌。初步判断是工人在电焊过程中,有火星落入房间内,点燃了地毯,最终引发火灾。

(资料来源:《海峡都市报》。)

### 7. 施工人员无资质作业

**官方通报武汉一停业建筑起火:系工人氧焊切割施工不当,5人被行政拘留**

2021年3月,武汉市武珞路一停业建筑发生火灾。现场为16层楼的12层起火,燃烧物质为室内杂物,经应急救援部门和警方联手扑救,火被扑灭,无人员伤亡。经初步调查,确认起火原因系工人氧焊切割施工操作不当,据现场施工人员交代,他们并无从事氧焊工作的资质和证照,用氧割切除废旧新风管道时,溅出的火星引燃了现场堆放的泡沫。

(资料来源:人民资讯。)

### 8. 施工人员自我防范能力差

**广西靖西某酒店触电事故调查报告**

2023年12月,广西靖西某酒店外墙进行灯盏安装作业时发生一起触电事故,造成两人救治无效死亡。调查组通过现场勘查、调查取证、综合分析等,查明了事故发生的原因。其中,施工人员安全意识淡薄,自我防范能力差,未对存在的安全风险进行识别是事故发生的直接原因。

(资料来源:靖西应急管理局。)

### 9. 顾客操作设施设备不当

**六岁顽童爬进传菜电梯摔伤  酒店担40%赔偿责任**

2012年3月,6岁儿童佳佳跟着父亲去邹城某酒店参加婚宴,被安排在三楼的一间餐室就餐。由于酒店灶间在一楼,往房间上菜都通过一部专用传菜电梯,佳佳看到后感到很好玩,宴席期间多次想进传菜电梯内玩耍,被服务人员阻止。喜宴持续到下午3点,大人们酒兴甚浓还没有结束的迹象,佳佳又独自跑到传菜电梯玩,推开轿厢进入电梯时由于电梯已断电,佳佳随之从三楼传菜口摔落到一楼,致使左大腿骨折、右膝及面部皮肤挫伤,家人发现后急送其至医院治疗。虽然经过及时诊治,但佳佳已构成九级伤残,且骨折愈合后需二次手术拆除腿内固定物。

(资料来源:《齐鲁晚报》。)

### 10. 顾客安全意识淡薄

**维修空调时酒店客人接通电源致工人身亡,酒店被判担责6成赔偿55万余元**

2023年7月,在四川绵阳的一家酒店内,小袁负责进行空调维修工作。

事发当天上午11点左右,一位入住该酒店的客人向前台报告说房间内的空调出现故障,前台随即指派小袁前去处理。小袁独自进入客人指定的房间。他告知房间内的客人需要断开空调的电源以便进行维修。客人按照小袁的指示断开了电源,随后离开房间去用餐。不久之后,客人因感到房间闷热,想要重新使用空调,于是返回房间并重新接通了空调电源。然而,在当日13时左右,这位客人惊讶地发现小袁竟然悬挂在房间的窗外。尽管众人迅速展开抢救,但遗憾的是,小袁被当场确认死亡。

(资料来源:红星新闻。)

## (二)物的因素

### 1. 建筑结构可燃易燃

**凌晨突发!贵州一客栈火灾致9人遇难,现场火光冲天!**

2023年8月,贵州黎平县一客栈发生火灾,造成9人遇难,2人受伤。据了解该客栈是砖混结构,房屋主体为砖块,房屋的外墙为一层木头,而房屋的内部则铺了一层复合板,木头和复合板均为易燃物,导致火情发展十分迅速。

(资料来源:澎湃新闻。)

### 2. 墙体结构老化、脱落

**广东惠州一停业酒店重物坠落,致地面1人经抢救无效死亡,3人受伤**

2023年1月,在广东省惠州市惠城区的一家酒店,其顶楼铺设的抛光耐磨砖(连同附着的水泥砂浆)发生了脱落,并向下坠落。这些脱落的砖块和砂浆先砸到了三楼室外的钢架装饰腰线及钢架雨棚,随后两者一同坠落至地面。这一事故导致地面上一人受伤并经抢救无效死亡,另外三人也不同程度受伤。

(资料来源:环球网。)

### 3. 仓库物品易燃

**突发!沈阳一酒店突发火灾,现场浓烟滚滚,目击者透露更多细节**

2024年3月,沈阳市消防救援支队指挥中心接到报警称,沈阳市沈河区青年大街某酒店发生火灾,消防员到场后发现,酒店一楼库房内被褥起火。随后,明火被扑灭,现场无人员伤亡。

(资料来源:网易新闻。)

### 4. 电气线路短路或老化

**餐厅半夜失火,元凶仍是电器线路**

2024年11月,北京怀柔区开放路某餐厅发生火灾。该餐厅的碗柜已连续使用数年,其间从未断电也未进行检修,且碗柜内堆放有一次性餐具、筷子等物品。火灾调查人员依据消防员的描述和现场痕迹,初步判定起火部位为碗柜附近,起火原因是电气线路故障。由于扑救及时,火势被迅速扑灭,未造成人员伤亡。

(资料来源:光明网。)

5. 消防设施陈旧、不全、故障、损坏

### 云南独克宗古城火灾调查报告公布,10名官员受处分

2014年1月11日凌晨1时左右,位于云南独克宗古城仓房社区的一家客栈经营者唐某发现其小客厅西北角的电脑桌附近起火。唐某先后两次尝试使用水和灭火器进行灭火,但均未成功。随后,他指示员工报警并切断了电源,自己再次报警后从餐厅逃离。

1时22分,迪庆州消防支队接到报警。特勤中队的首批救援力量于1时37分抵达现场,1时41分开始出水控制火势。经过15分钟的努力,火势被控制在客栈的范围内。然而,当参战部队试图开启附近的4个室外消火栓进行补水时,却发现均无水可供。因此,他们不得不调整车辆到1.5千米外的龙潭河取水,并同时组织力量从市政消火栓取水。尽管如此,火势仍然开始蔓延。为了扑灭大火,大量人力以及扑火设备被调集到现场。同时,丽江、大理、昆明消防支队以及省消防总队的灭火指挥部也前来驰援。最终,在当日上午10时50分左右,古城的明火基本被扑灭。

据报告分析,此次火灾的直接原因是唐某在睡前未关闭取暖器,导致取暖器引燃了可燃物。而2012年6月新建成的"独克宗古城消防系统改造工程"中的消火栓未能正常出水等7项因素,被认为是导致古城大火蔓延的主要原因。

(资料来源:澎湃新闻。)

6. 电梯故障

### 酒店游客被困电梯20余分钟 脱困后打砸前台物品

2016年2月,四川自贡某酒店,多名游客被困电梯,获救后大闹酒店,并砸坏酒店物品。经电梯维护方自贡市双立电梯起重机械有限公司负责人余先生介绍,此次事故系超重导致故障。

(资料来源:央广网。)

7. 安全监管设施故障或损坏

### 贵阳某五星级酒店误报火灾 凌晨疏散旅客

2011年6月,贵阳某五星级酒店26至29楼的消防广播突然发出火险警报,将沉睡中的旅客惊醒。旅客被迅速从安全通道疏散到酒店一楼大厅,然

而经过酒店逐一排查,并未发现任何火情,原来是酒店消防广播系统误报所致。

(资料来源:北方网。)

8. 淋浴水温异常

**顾客入住酒店洗澡被烫伤**

2019年5月,陈先生通过在线平台预订了北京某主题酒店的房间。入住当晚,陈先生准备洗澡。由于酒店安装的淋浴器的热水和凉水是在左右两侧通过两个阀门调节,而当时的水温不稳定,陈先生采用先放凉水,再加热水的方式调节水温,直到水温合适。就在陈先生洗过头,涂上沐浴露准备冲洗时,水温突然升高,他躲闪不及,踩在防滑垫上摔倒。最终,陈先生的膝盖和手腕摔伤,背部被烫伤。

(资料来源:中国青年网。)

9. 安全防护设施设备缺失

**西乡街道富华社区某酒店一般高处坠落事故调查报告**

2023年2月,在深圳西乡街道富华社区的一处酒店拆除工程中,发生了一起严重的高处坠落事故,导致1人死亡。经过详细调查,事故的原因逐渐清晰:涉事的楼板已经被切割了三边,但施工方并未对该楼板采取任何加固或防坠落的措施。由于楼板处于悬挑状态,本身就存在着坠落的风险。又因施工人员安全意识非常淡薄,他们在没有佩戴安全带或其他必要安全防护设备的情况下,站在那块已经被部分切割的楼板上作业,所以当切割到楼板的第四边时,楼板突然断裂,与切割机一起从三楼坠落到地面。

(资料来源:深圳市宝安区人民政府网。)

10. 提示标志弄反

**福清一酒店弄反热水器开关标志　客人开冷水反被烫伤**

2014年8月,何先生带着妻儿入住福清市某商务酒店。客房卫生间热水器冷热开关标志被弄反,何先生的儿子按照提示打开冷水开关冲澡,没想到喷出了滚烫的热水,何先生儿子的手臂被烫伤。

(资料来源:福州新闻网。)

(三) 环境因素

1. 自然环境

**三亚一在建酒店工棚倒塌　3名工人遇难1人轻伤**

2013年5月,三亚海棠湾某在建酒店工人居住的工棚倒塌,造成3人死亡、1人受轻伤。记者从当地监管部门获悉，可能是大暴雨导致工棚旁边的路基护墙发生坍塌，最终造成工棚倒塌。

（资料来源：安全文化网。）

2. 治安环境

### 当场抓获！一名中年男子在英山某酒店偷窃

2023年10月18日中午12时左右，湖北英山县的一家酒店内发生了一起盗窃事件。酒店的一名工作人员向温泉派出所报警，称正在装修的房间内的电线、窗帘、床单等物品被盗。

接到报警后，民警迅速抵达现场。他们发现酒店正处于装修阶段，虽然楼内监控设备并不完善，但四周的围栏较高，且施工区域有工作人员负责看管。基于这些情况，民警初步推测盗窃嫌疑人有可能是酒店内的装修工人，也有可能是伪装成装修工人混入施工区域进行盗窃的人员。

随后，民警调取了有限的监控录像，并发现了一名戴着蓝色口罩的中年男子多次进入装修样本间，手里提着白色的蛇皮袋来回走动，形迹十分可疑。基于这些线索，民警断定该男子很可能就是盗窃嫌疑人，并立即展开追踪，准备实施抓捕。大约13时，当这名盗窃嫌疑人正准备携带赃物离开酒店时，被及时赶到的民警当场抓获。民警从嫌疑人身上搜出了若干赃物，并予以扣押。经过询问得知，这名盗窃嫌疑人是邻县的一名小工，由于收入较低，便心生贪念，伪装成该酒店的装修工人模样潜入店内盗窃电线、窗帘、床单等生活用品。

（资料来源：英山网。）

（四）管理因素

1. 酒店安全监管缺失或不到位

### 济南某酒店升降机钢丝断裂　男子摔昏迷右腿骨折

2014年10月，在济南从事婚庆工作的小冉遭遇了一次惊心动魄的事故。当时，他所乘坐的电梯钢丝锁突然断裂，导致他从三楼的高度重重摔落。事后，医院的诊断报告显示，小冉全身多处受伤，右腿骨折，具体为右侧胫腓骨开放性骨折，同时还伴有右侧气胸和创伤性湿肺，伤势相当严重。据记者调查了解，小冉所搭乘的并非酒店的正常客梯，而是一部简易的升降机，主要用于酒店日常传菜。尽管酒店方面已尽到提醒的义务，却未能有效阻止这一意外事故的发生，这表明酒店在安全监管方面仍存在疏漏。

（资料来源：大众网。）

2. 未定期开展安全检查和隐患排查

### 北京朝阳一家饭店屋顶坍塌未造成人员伤亡

2006年8月,北京朝阳一饭店屋顶坍塌,坍塌面积约100平方米。由于坍塌前出现了预警迹象,饭店工作人员及时疏散大厅的食客,被困食客和饭店人员也被消防员救出,未造成人员伤亡。房东称,屋顶大梁因年久失修,最终导致了坍塌,但其在明知有安全隐患的情况下,未对饭店进行安全检查,未对可能存在安全隐患的屋顶采取加固或其他保护措施,这是事故的主要原因。

(资料来源:浙江省应急管理厅。)

### 周口通报一酒店新建项目工地发生事故:9名涉险工人被救

2021年1月,河南省周口某酒店新建项目工地发生涉险事故,9名工人涉险。相关部门接报后赶赴现场救援,经过3个多小时救援,9人被救出。经现场医护人员初步诊断,涉险人员伤情不重,均无生命危险,被送往医院诊治。经初步判断,事故原因为东裙楼主体第二层顶板在混凝土浇筑过程中,支撑点承受不了上部荷载,造成模板断裂。施工单位没有在动工前排查出可能存在的安全隐患,导致事故发生。

(资料来源:澎湃新闻。)

3. 酒店对施工现场管理不严

### 江阴某酒店一般高处坠落事故调查报告

2018年5月,江苏江阴某酒店的一名酒店工程师在对女工更衣室进行照明线路故障检修时,不幸从高空坠落,经抢救无效死亡。经调查,事故主要是酒店对施工现场管理缺失,酒店未认真开展隐患排查治理工作,未及时发现并消除维修人员在检修作业时踩踏铝扣板吊顶的事故隐患,并且未监督、教育从业人员按照使用规则佩戴、使用劳动防护用品等。

(资料来源:江阴市应急管理局。)

4. 酒店未按要求与施工单位签订合同

### 关于2021年度第二轮全市保障农民工工资支付工作、建筑市场行为和建设工程项目施工合同履约评价检查情况的通报

温州某酒店建设项目,涉及以下单位及人员:建设单位为A置业有限公司,施工单位为B科技集团有限公司,项目负责人张经理;监理单位为C工程项目管理有限公司,项目总监徐总监。

该项目存在的问题有:①农民工工资支付保障工作方面,建设单位与施工单位未在合同或协议中约定实施建筑工人实名制管理相关内容,没有按照

工程进度将工资款按时足额付至施工单位在主管部门备案的工资专用账户；施工单位未与农民工签订劳动合同，未落实实名制管理、分账管理和按月足额支付工资制度。②建筑市场行为方面，项目管理人员未纳入实名制管理；建设单位将同一单位工程发包给不同施工单位施工，未向施工单位提供工程款支付担保；施工单位未按合同约定派驻质量负责人、安全负责人，材料合同签订方和材料款支付方非总包单位；总监及个别监理人员未提供社保缴纳证明及劳动合同；分包单位资质和人员资格未报审。③建设工程施工合同履约方面：施工合同的工期、质量标准、履约保证金与邀请招标的招标文件不一致，合同签订时间早于中标通知书时间，合同未约定安全文明施工费标准、支付条款且该费用支付和使用不及时，未约定标化工程项目计费标准，未约定进度款支付时间且已完成的进度款未及时申请和支付。

（资料来源：温州市住房和城乡建设局。）

5. 未对员工开展安全教育培训及安全技术交底

### 武汉某酒店一般触电事故调查报告

2018年8月，位于武汉径河街辖区内的某酒店员工在进入客房进行空调线路检修时被发现触电，随后该员工被紧急送往东西湖区人民医院进行抢救，但遗憾的是，最终抢救无效死亡。经调查认定，除作业人员违章操作外，酒店工程部总监及安全部门负责人，对安全工作疏于监管是间接原因，酒店没有对施工员工开展岗前安全教育培训，对电工操作证过期仍从事电工作业等问题失察失管。

（资料来源：武汉临空港经济技术开发区管委会网。）

### 深圳某酒店拆除工程一般高处坠落事故调查报告

2023年2月，深圳某酒店拆除工程发生一起高处坠落事故，造成1人死亡。经调查发现，该施工单位在未取得专业资质的情况下违法承接楼板切割拆除工程，并且未制定楼板切割拆除的安全操作规程，未对入场作业工人进行安全教育培训、技术交底，确保作业工人具备必要的安全生产知识。

（资料来源：深圳市宝安区应急管理局。）

6. 酒店违规建设改造

### 福建省泉州某酒店坍塌事故调查报告公布

2020年3月，位于福建省泉州市鲤城区的某酒店所在建筑物发生坍塌事故，造成29人死亡、42人受伤，直接经济损失5794万元。事发时，该酒店为泉州市鲤城区新冠肺炎疫情防控外来人员集中隔离健康观察点。国务院批复该坍塌事故调查报告，认定这是一起因违法违规建设、改建和加固施工导致建筑物坍塌的重大生产安全责任事故。

（资料来源：福建省应急管理厅网。）

7. 酒店设施设备未及时更新

**惠城一高层酒店空调突发自燃，消防员到场紧急疏散6人**

2022年8月，惠州市惠城区一酒店21层走廊一部柜式空调着火冒烟，现场疏散6人，火灾未造成人员伤亡。经初步调查，此次空调着火系空调老化导致。

（资料来源：惠州消防。）

8. 酒店未审核施工单位资质

**洪湖市某酒店一般高处坠落事故调查报告**

2022年5月，湖北省洪湖市某酒店发生一起高处坠落事故，导致1人死亡，直接经济损失130万元。经事故调查组调查，事故发生的原因为该酒店未落实安全生产主体责任，未审核施工单位资质，将工程发包给不具备安全生产条件和相应资质的个人。此外，施工人员安全意识淡薄，在施工作业平台进行高处作业时，未佩戴劳动防护用品（安全帽、安全带）。

（资料来源：洪湖市人民政府网。）

9. 酒店未对施工人员进行严格审查

**鄂州两人违规电焊引发某酒店火灾被拘留**

2016年3月，位于湖北省鄂州市鄂城区某酒店的客房部八楼多功能会议室发生火灾，消防支队接到报警后，迅速赶赴现场处置，疏散酒店内人员300余人。经调查，认定火灾原因系鄂州市某广告装修公司违规电焊割引起。当日，该涉案公司经理陈某指使安装工闫某在对酒店八楼北侧外墙进行电焊割作业时，不慎引燃了周边可燃物引发火灾，且闫某未取得焊工类资格证，现场也未采取相应消防安全措施。

（资料来源：搜狐网。）

10. 酒店未进行动火作业审批

**丰台区六里桥一酒店违规动火作业，公安部门对涉事者处五日拘留**

2024年3月，北京丰台区六里桥街道安全生产检查队在日常检查过程中，发现一酒店存在违规动火作业：使用打磨机打磨时产生金属火花，且施工区域存放大量可燃物、易燃物，同时现场未设置灭火器及安全监督员、未开具动火作业审批。针对此次严重违规行为，街道工作人员现场向涉事单位开具了"安全生产检查整改单"，要求立即停止违规动火作业，并严格按照相关规定进行整改。同时，公安部门依法对涉事人员给予拘留五日的行政处罚。

（资料来源：《新京报》。）

11. 酒店在未取得施工许可证的情况下组织施工

### 南宁某酒店一般死亡事故调查报告

2023年6月，在南宁某酒店的装修施工过程中，一名工人不慎摔倒并触电，经120救护人员现场抢救无效死亡。经调查认定，这起事故被确认为一起因违规带电作业导致的触电生产安全责任事故。此外，调查还发现，在施工开始之前，酒店负责人未能按照《建筑工程施工许可管理办法》第二条第一款的相关规定，将装修项目向建设主管部门进行备案，这一行为构成了建设工程违规擅自动工。

（资料来源：广西南宁市西乡塘区人民政府门户网。）

12. 酒店应急管理不力

### 广州市增城区某酒店较大坍塌事故调查报告

2020年11月，在广州增城区某酒店的二期建设项目中，发生了一起施工边坡坍塌事故，事故造成4人死亡，直接经济损失约844.79万元。坍塌事故发生之后，现场人员由于缺乏组织，盲目进行救援，造成次生事故，加剧了人员伤亡。

（资料来源：广州市人民政府网。）

13. 施工单位偷工减料

### 酒店回应男子被坠落天花板砸骨折：已垫付医药费

2023年7月，徐先生在广东东莞某酒店睡觉时，天花板突然掉落，致其肋骨骨折。这一事故暴露出酒店房间存在安全隐患，推测在施工过程中可能存在偷工减料等问题。店方负责人回应，已垫付医药费，事发房间已维修，双方已协商一致。

（资料来源：环球网。）

14. 施工单位安全生产责任制落实不到位

### 南宁市桂春路某酒店触电事故调查报告

2020年6月，在南宁市桂春路某酒店10层天台工地内，发生一起触电事故，造成1人死亡。经调查组深入调查，事故的直接原因是切割机的外壳与电动机线圈之间未能有效绝缘，使得切割机外壳带电。此外，切割机使用的电源线并非三插头类型，且地线未正确接入切割机内部，导致在漏电时无法形成接地短路,进而使得空气开关未能及时跳闸,最终引发了作业人员的触电事故。事故的主要原因则在于玉林市杰美机电设备有限责任公司和广西卓众制冷科技有限公司在安全生产责任制方面的落实不到位。施工单位未安排专门的人员进行现场生产安全管理,也未能有效督促检查本单位的安全生产工作,从而未能及时消除生产安全事故隐患。

（资料来源：青秀区人民政府门户网站。）

15. 施工单位落实防高处坠落专项方案不到位

### 宜兴某酒店新建工程一般高处坠落事故调查报告

2021年4月,在宜兴市宜城街道,某建筑公司承建的一家新建酒店工程在清理宴会厅楼面时,不幸发生了一起高处坠落事故,造成1名木工辅助工死亡,直接经济损失116万元。经调查,事故由于施工单位落实防高处坠落专项方案不到位。该建筑公司未按照防高处坠落专项方案的要求对预留洞口设置防护、张贴相应的安全警示标志,导致现场洞口防护不可靠、同时高处作业区域缺乏必要的安全警示,使得相关安全隐患未能得到及时消除,最终酿成了这起悲剧。

（资料来源：安全管理网。）

16. 施工单位违规操作

### 江西在建宾馆坍塌事故原因查明：施工方违规操作

2014年10月,江西新干县界埠镇在建的某度假酒店发生了一起高大模板支撑坍塌事故,作业面有12名工人,事故造成6人死亡,6人轻伤。江西省住建厅发布的通报指出,初步的事故原因分析显示,该项目在施工过程中未严格遵循安全专项施工方案。具体而言,支模系统未能与四周的结构柱进行稳固的连接,且违反了标准规范,采用了柱、梁、板同时浇筑混凝土的方法。此外,支模架的立杆间距、步距以及剪刀撑的设置均不符合相关规范和方案的要求。这起事件被认定为一起严重的安全责任事故。

（资料来源：中国新闻网。）

17. 施工单位安全管理不到位

### 琼海市某酒店山体护坡挡土墙加固工人死亡事故调查报告

2019年8月,海南琼海市某酒店项目山体挡土墙加固工地发生一起高处坠亡事故。施工单位主体责任不落实,安全管理缺陷,是本次事故发生的最主要原因。一是该施工单位安全意识薄弱,安全防护措施不落实,施工期间,工地现场未设置施工范围安全护栏,不安排人员看管,阻止非工作人员进入工地;二是工地高处作业安全警示标志缺陷,不能对安全意识薄弱的工人进行安全警告;三是没有要求委托人对高空作业工人进行安全教育,做安全交底,发放安全带、安全帽等,致使工人进入工地后,习惯性不戴安全带、不佩戴安全帽就爬上脚手架上酿成悲剧;四是在没有施工合同、不编制施工方案、不编制安全操作规程、不指定专门人员做安全监督的情况下,将施工工作委托给不具备资格条件、不履行安全职责的个人,造成施工工地安全责任不落实,放任自流,安全措施不落实,安全隐患大,安全条件不足等。

(资料来源:琼海市人民政府。)

## 三、工程部安全风险防控对策

### (一)人因安全风险防控对策

1. 酒店人员安全风险防控对策

(1)酒店管理者端正安全态度、负起安全责任、重视安全问题。

安全问题的解决与否,很大程度上取决于酒店管理者的安全态度。酒店管理者要端正安全态度,不能心存侥幸、忽视安全制度,对安全问题要积极对待,不能敷衍、拖延和阳奉阴违,要负起安全责任,重视一切安全问题。

(2)加强安全培训,提升酒店员工安全技能。

首先,通过分析工程部员工安全操作规程及岗位考核标准,提炼出工程部员工需要掌握的核心安全技能;其次,精准设计工程部员工安全技能培训方案;最后,定期不定期开展安全技能培训,锤炼和提升工程部员工预防和控制事故发生的技术和能力。

2. 施工人员安全风险防控对策

(1)严格审查、加强监管,规范管理施工人员。

其一,工程部应对施工人员进行资质审查,看其是否具备资质并持证上岗作业;其二,在施工人员操作过程中,工程部应加强对其监督和管理,确保其施工作业安全。

(2)提升施工人员安全素质,防止人因施工事故发生。

施工单位应给予高度重视,多措并举,提升施工人员安全素质,防止人因施工事故发生。首先,通过安全培训、树立典型、营造安全环境及加强岗位练兵等形式,强化施工人员安全意识;其次,通过安全知识教育、学习HSE指导书、事故案例教育等方式,强化施工人员的安全知识;再次,通过经常性的安全培训促使施工人员对其自身存在的不安全行为进行自我纠正,形成较为规范的安全行为;最后,通过习得安全操作规程、规范化操作人员动作、提升应急处突能力等,强化施工人员的安全技能。

3. 顾客安全风险防控对策

顾客在入住酒店期间,酒店内常会开展设施设备的维护保养工作以及局部装修作业等。在此情形下,顾客自身需提高安全意识,积极防范各类事故的发生。其一,工程部应针对维保和施工场所进行对客提示提醒,向顾客说明施工过程中存在的安全隐患和危险操作;其二,工程部应在维保和施工场所派专人进行监管,以免出现意外情况,导致发生危险事故。

### (二)物因安全风险防控对策

#### 1. 加强防火、维保工作,确保酒店建筑结构安全

其一,工程部应加强对酒店整体建筑的防火安全管理,尤其对于后续装修改造工程进行严格审核和监管,选择符合《建筑装饰装修材料燃烧性能分类》的建筑材料,提高防火性能;其二,强化维保工作,重视结构老化的情况,予以重视,并制订维保工作计划,及时维保,确保酒店建筑结构安全可靠。

#### 2. 严格落实消防安全管理制度,加大仓库易燃物品管理

酒店仓库存放大量易燃物品,一旦引发火灾,后果不堪设想。为此,酒店应严格落实消防安全管理各项规章制度,强化岗位安全责任制,加大仓库易燃物品的管理,保障酒店财产安全。

#### 3. 多措并举,消除电气线路短路、老化隐患

酒店工程部需多管齐下、综合施策,具体可采取以下措施有效消除酒店电气线路火灾隐患:定期对电气线路进行维护与检查,确保线路运行安全;安装过载保护装置,防止电路超负荷运行;科学合理地规划线路布局,并配备漏电保护设备;加强对员工的培训,提升其安全意识与操作技能,同时开展应急演练,提高应对突发事件的能力;此外,还需定期检查灭火设备和消防器材的完好性与有效性,确保在紧急情况下能够正常使用。

#### 4. 加强消防设施设备管理,预防火灾事故发生

酒店消防安全虽不等于酒店安全,却仍是酒店安全管理的重中之重。工程部要加强消防设施设备管理:对于陈旧的消防设施设备要及时更换;针对消防设施设备不齐全的情况,要及时补足;对存在故障、损坏的消防设施设备进行维保。要保证消防设施设备完好无损、安全可靠,及时将火灾事故消灭于萌芽之中。

#### 5. 加强电梯故障预防,降低电梯故障发生率

酒店电梯长期处于工作当中,电梯故障本身难以避免,只有通过预防措施来降低电梯故障发生率,减少故障引起的损失,延长电梯使用寿命和设备性能,保证电梯的运行不出意外。具体预防措施包括健全电梯维保制度、加强维保人员技能培训、加强电梯安全知识宣传。

#### 6. 加强巡检维保力度,确保淋浴、安全监管等设备正常运行

淋浴水温不稳定的情况,容易使顾客因受凉而生病感冒,或是被过热的热水烫伤,进而

对顾客的身体健康构成威胁。同时,安全监管设备若发生故障,可能会导致其无法及时对潜在事故风险发出预警,又或是出现误报情况,从而引发不必要的恐慌。为此,酒店工程部应加大对淋浴设备以及安全监管设备的巡视检查频次和维护保养力度,力求确保这两类设备始终处于良好的运行状态,为酒店的正常经营提供坚实有力的保障。

7. 增强安全防范意识,配备使用安全防护设施

安全防护设施能够在关键时刻起着挽救生命、避免伤亡的作用。工程部管理者应增强安全防护意识,科学合理配齐安全防护设施,并监督施工人员穿戴安全防护设施,避免伤亡事故的发生。

8. 增强责任意识,正确安装提示标识

提示标识具有提醒、引导的功能,起着督促顾客正确使用设施设备、避免危险行为的作用。一旦提示、标识错误或弄反,容易引发冲突或安全事故。为此,工程部员工应增强责任意识,正确安装提示标识,谨防出现贴反、错别字等情况,确保提示标识准确无误。

### (三)环境因素安全风险防控对策

1. 自然环境

自然环境会对酒店的选址、建设、装修及改造等产生影响,如若选址不当或预防缺失,将会造成不可挽回的后果。首先,酒店选址要充分考虑自然环境的影响,禁忌在泥石流、山体滑坡、山洪等地质灾害频发地区建设酒店;其次,工程部和施工单位要及时关注天气预报,做好台风、暴雨、高温等气象灾害下酒店在建工程、装修改造工程的预警预防工作,切实保证施工人员安全。

2. 治安环境

酒店在装修改造工程实施过程中,因人员的复杂性,加之管理不善,经常发生偷盗等刑事治安事件。酒店工程部应联合施工企业,从制度、监控设施设备、人员配备、施工人员管理等方面加强治安管理,打造良好的治安环境。在制度方面,出台并落实外来施工人员专项管理制度,并对其开展培训学习活动,增强其遵规守法意识。在监控设施设备方面,按需配备,不留死角,并加强检修和维保,同时要落实24小时值守排班制度。在人员配备方面,根据工程规模,合理配备保安人员等。在施工人员管理方面,要求施工人员佩戴特制工作牌出入并遵守酒店治安管理规定,同时也要特别注意识别冒充施工人员进入酒店作案的可疑人员。

### (四)管理因素安全风险防控对策

1. 严格落实安全监管责任,提升酒店安全管理水平

酒店工程部应严格落实安全监管责任,监督检查各类工程设备的运行状况、员工

在岗履职情况、施工人员安全作业情况等,不断提升酒店安全管理水平。

2. 开展安全检查,消除安全隐患

安全检查是发现安全隐患、堵塞安全漏洞的重要手段。工程部应与施工单位紧密合作,有计划性开展安全检查工作,采用日常、定期、不定期等多种方式,针对管理机构、管理制度、现场管理、安全培训、安全防暑措施、特种设备及危险源管理、应急预案及演练情况、违章、事故隐患等进行安全检查,以消除安全隐患。

3. 加强现场管理,确保施工安全

酒店施工现场既包括装修改造施工现场,也包括设施设备检修维保施工现场,对其加强管理能有效降低事故发生率。工程部应联合施工单位加强各类施工现场的安全监管,及时发现施工过程中存在的安全隐患,并给予整改,确保施工安全。

4. 按照安全管理要求签订合同,确保施工安全管理规范有序

酒店应充分考虑施工过程中的一切安全影响因素,在签订施工合同时严格依据相关法律法规及酒店施工安全管理要求,将施工人员实名制管理等相关安全管理内容纳入合同条款,确保施工安全管理规范有序进行。

5. 珍视员工生命安全,做好安全教育培训及安全技术交底工作

酒店及施工单位均应本着珍视员工生命安全的态度,定期不定期开展工程施工安全教育培训,并由工程部施工负责人或施工单位具体施工负责人在施工前对作业人员进行该作业的安全操作规程和注意事项的培训和强调,以达到预防事故、保证人员安全的目的。

6. 强化底线思维和红线意识,依法依规进行建设改造

酒店管理者应强化底线思维和红线意识,认真经验教训,心存敬畏,依法依规对酒店建筑进行建设改造,切实承担起安全生产主体的责任,避免酒店建筑施工重特大事故的发生。

7. 加大安全投资力度,确保设施设备安全无恙运行

酒店管理者应转变观念,认识到安全投入能够带来经济效益,必须加大安全投资力度,更换老化的设施设备,检修存在安全隐患的设施设备,确保设施设备安全运行。

8. 严格制定审查制度,把好施工单位、施工人员资质关

工程部应高度重视施工单位、施工人员的资格审查和安全管理工作,制定施工单位、施工人员审查制度,制定施工单位安全、施工人员安全监管制度,确保施工单位具备相应资质和安全生产条件,确保施工人员持证挂牌上岗作业。

9. 提高警惕,依法依规动火

违规动火作业引发的火灾事故,可能导致无可挽回的人身和财产损失,并且涉嫌违法。工程部进行动火作业时必须遵守如下禁令:未经批准,禁止动火;不与上传系统

隔绝,禁止动火;不清洗,置换不合格,禁止动火;不清楚周围易燃物,禁止动火;不按时做动火分析,禁止动火;没有采取消防措施,禁止动火。

10. 依法申领施工许可证,筑牢施工安全底线

酒店在开工前,应依照《建筑工程施工许可管理办法》,向所在地的县级以上地方人民政府住房城乡建设主管部门申请领取施工许可证,筑牢施工安全底线。

11. 健全应急救援体系,增强安全生产应急处置能力

众多酒店工程事故案例表明应急管理不力仍是酒店应对各类突发事件的短板。酒店企业应从如下四个方面着手,以完善酒店应急救援体系,提升酒店安全生产应急处置能力:第一,提升应急意识;第二,加强应急队伍建设;第三,加强应急救援体系建设及应急救援设备和物资储备;第四,做好应急培训,开展应急演练。

12. 多措并举,杜绝偷工减料行为

偷工减料究其原因,是利益的驱使,逐利是偷工减料的内因。在外部因素作用下,只要条件具备,如体制不完善,监督不力等,必然导致偷工减料的发生。为此,施工企业可从如下几个方面防止偷工减料行为的发生:第一,完善基本建设管理体制;第二,全面推行工程建设监理制;第三,推广标准化设计;第四,实行设计的奖罚制度;第五,提高设计人员的综合素质和业务水平;第六,大力推广新技术、新产品、新材料在工程设计中的应用。

13. 严格落实安全生产责任制,牢牢守住施工安全底线

严格落实安全生产责任制,牢牢守住施工安全底线,施工单位要做到:第一,提高各级领导对安全生产责任制的认识;第二,建立、健全安全生产责任体系;第三,建立、健全安全生产责任制度体系;第四,层层分解落实安全生产目标,使安全生产始终处于可控、在控、能控状态;第五,加强日常安全管理中的责任制落实;第六,加强安全知识教育培训;第七,狠抓施工作业现场安全责任,确保作业现场安全。

14. 严格落实预防高处坠落专项整治方案,有效防止高处坠落事故发生

施工单位应严格落实相关的法律法规,切实解决建筑施工临边洞口防护缺失、不规范等多发易发安全问题和隐患,有效防止高处坠落事故发生。

15. 强化责任意识,杜绝违规违章操作

施工单位应强化责任意识,杜绝违规违章操作,具体要做到:第一,必须将"管生产必须管安全"的原则落实到管理层和作业层;第二,建立健全各层级、各岗位的安全生产责任制;第三,加大安全投入;第四,加强日常监管,做到从严从细;第五,形成体系化管理,做到层层抓安全,人人讲安全。

16. "严"字当头,加强施工单位安全管理

第一,严格落实安全教育培训制度,确保教育培训的针对性和效果;第二,加强施

工现场风险管理,包括风险识别、评价及控制;第三,严格执行工作岗位安全操作规程,认真落实操作监护制度,强化施工现场监管;第四,严格安全责任落实和责任追究,充分体现"全员负责、全方位执行、全过程监督";第五,科学合理设置必要的防护措施,减少施工现场事故发生概率;第六,加强员工安全管理,为员工提供符合安全条件的工作环境,保障员工人身安全。

### 洪山宾馆:守牢安全红线　切实保障顾客食品卫生"安全感"

2023年9月,湖北洪山宾馆集团有限公司被省人民政府授予"第二届湖北省食品安全突出贡献奖(先进集体)"称号。

洪山宾馆作为有60多年历史的国有老字号品牌酒店,曾多次接待过党和国家领导人及国外元首,是湖北省对外接待的重要窗口。宾馆始终坚持将食品安全放在接待服务的首要位置,严格落实食品安全责任,有效防控食品安全风险,加强员工食品安全培训,确保宾客"舌尖上的安全"。

2017年起,为加强餐饮服务食品安全监督管理,在食药局的指导下,洪山宾馆成立了食品安全管理部门,专职食品安全管理人员均获得食品安全管理员证书,并逐步建立了较为完备的食品安全制度体系。为进一步落实食品安全责任,宾馆实行员工个人责任制,食品安全管理员进行不定期检查,并定期组织员工进行食品安全法律法规和食品安全知识培训及考核,为宾馆创造稳定食品安全环境打下坚实基础并树立了重要安全屏障。

1.制止餐饮浪费,切实培养食品节约意识

洪山宾馆严格规范餐饮服务行业,建立了文明餐桌与文明用餐制度,积极向宾客推广"适量点餐、够吃正好和营养均衡"的理念,不仅在各个餐饮营业区都能看到反浪费的宣传,该集团还不断优化就餐、点餐方式,推行"N-1"点餐模式,营造健康合理的餐饮消费氛围。同时,洪山宾馆持续开展"光盘行动"主题活动,提升员工和客人的节约意识,还推出"晒光"有礼活动,鼓励客人积极参与,传承优秀餐饮文化,推动餐饮行业健康发展,受到了广泛的认可和赞扬。

2.推行垃圾分类工作,降低食品污染风险

根据湖北文旅集团总部的部署,洪山宾馆开展"不忘初心齐参与、垃圾分类我先行"主题活动。洪山宾馆邀请武昌区城管委对全体员工进行垃圾分类培训,提升了全体员工垃圾分类的意识,掌握垃圾分类及回收利用的常识、倡导低碳工作,并制定了垃圾分类工作方案,规范了垃圾收集、分类处置及转运的管理,引导员工及住店客人掌握垃圾分类技能,垃圾分类长效工作机制初步建立，垃圾分类的良好氛围已经形成。洪山宾馆作为全省垃圾分类示范点，迎来了省领导一行的检查和调研，对宾馆的垃圾分类工作给予了高度评价。

3.承接世界级活动，提供高品质食品安全服务

2019年10月，洪山宾馆承接了第七届世界军人运动会开闭幕式茶歇供应服务工作。作为武汉市市场监督管理局唯一指定茶歇生产单位，本次活动规模大、级别高、要求严，对茶歇产品的种类及时效性要求严格，整个制作过程需要在极其严苛的条件和极短的时间内完成。

为确保食品安全，从菜单确定环节开始，武汉市市场监督管理局受邀参与，对采购原料、原料存放、制作过程及成品检测等进行了全程监管，通过反复的调整，洪山宾馆从源头上对食材及人员进行全面把控，提高食品的安全稳定性，公安刑侦部门和药品监督管理局对"军运会"开闭幕式茶歇产品进行的9批次22个项目的检测，结果全部合格。

在食品的冷链运输管理上，宾馆做到了事无巨细。在冷链运输车的挑选、运输方案制定、时间节点的控制等，都进行了反复的研究及推演，最终采用最为妥善的运输方案。在茶歇消杀和防止二次污染上，经过多次试验，最终钻研出多次少量的消杀方法，为茶歇质量与安全提供有力保障。

食品安全不仅责无旁贷，更是企业安身之本，洪山宾馆将继续坚持贯彻食品安全法，完善食品安全服务，加强食品安全监管，严把从农田到餐桌的每一道防线，守牢食品安全红线。

（资料来源：荆楚网。）

**案例讨论**：食品安全是酒店餐饮的生命线，酒店企业应如何守住守牢食品安全红线，为广大顾客提供安全可靠的餐饮服务？

## 重要术语

酒店前厅部（Hotel Front Department）

酒店餐饮部（Hotel Catering Department）

酒店客房部（Hotel Housekeeping Department）

酒店康乐部（Hotel Recreation Department）

酒店工程部（Hotel Engineering Department）

风险识别（Risk Identification）

防控对策（Control Measures）

**思考题**

1. 前厅部安全风险包括哪些,如何防控?
2. 餐饮部安全风险包括哪些,如何防控?
3. 客房部安全风险包括哪些,如何防控?
4. 康乐部安全风险包括哪些,如何防控?
5. 工程部安全风险包括哪些,如何防控?

# 第六章
# 酒店安全保障体系

　　酒店安全保障工作,是确保顾客从入住到离店的整个过程中,能够安全、健康、舒适地开展各项活动的重要前提,同时也是保障酒店得以正常运营的关键因素,它直接关系到酒店企业的可持续发展。

　　从系统观念着眼,酒店安全保障体系可由酒店安全政策法规、酒店安全预警、酒店安全控制、酒店安全救援和酒店保险五个具体要素构成,这五个要素相互影响、相互作用,进而构成酒店安全保障体系,如图6-1所示。

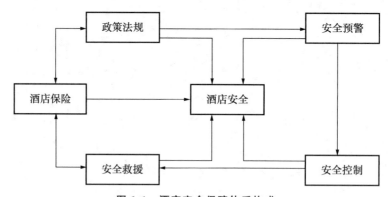

**图6-1　酒店安全保障体系构成**

　　酒店安全保障体系中,政策法规是行业视角下的强制性保障和管理依据,安全预警属于事故发生前的预防和提醒,安全控制属于事故发生过程中的监管,酒店保险属于事故发生之后的补偿赔偿体系,安全救援则是事故发生过程中采取积极主动措施的重要环节。

本章要点

1. 了解酒店安全政策法规的作用。
2. 熟悉酒店安全政策法规的构成。
3. 了解酒店安全预警的作用与功能。
4. 掌握酒店安全预警的机制。
5. 熟悉酒店安全预警的类型。

6. 掌握酒店安全控制的定义和内容。
7. 熟悉酒店安全救援的基础知识。
8. 掌握酒店安全救援的机构和系统构成。
9. 理解保险的概念。
10. 熟悉酒店适用的常见保险产品。

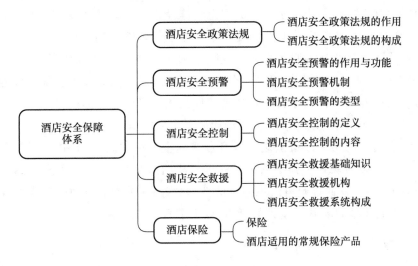

系统观念；权威性；法制化；政策；法规；标准；条例；规章制度；动态调整；可持续发展；安全协调；一人为众，众人为一；安全保障义务

## 第一节 酒店安全政策法规

酒店安全政策法规是酒店安全保障体系的前提和基础，对于酒店安全预警、酒店安全控制、酒店安全救援、酒店保险的建立和推进具有规范和指导作用，为酒店安全管理提供法律法规基础，保障酒店生产经营活动的顺利进行以及酒店业安全可持续发展。

### 一、酒店安全政策法规的作用

#### （一）提高酒店安全意识，约束酒店各类人员行为

酒店安全政策法规以其权威性、强制性规范和控制包括酒店从业者（管理者、一线员工等）、酒店消费顾客及酒店第三人在内的各类人员的行为，同时也对上述酒店各类

人员安全意识提升具有促进作用。

酒店安全政策法规对酒店各类人员的约束作用可概括为以下几个方面。

(1) 规范指导酒店经营管理过程中涉及酒店安全的各项工作,强化酒店业经营管理中的安全管理。受酒店安全政策法规的指引,各酒店企业根据自身实际情况,纷纷建立了安全管理组织体系,配备了专业的安全管理人员,制定了详尽的安全管理规章制度及具体实施措施,并配置了必要的安全设施设备。这些举措极大地增强了酒店企业的安全保障能力,从而推动了整个酒店行业安全管理水平的提升。

(2) 规范酒店从业者的服务行为,为酒店服务的安全操作提供依据,确保了酒店服务的安全性。酒店安全更多体现在各个具体服务行为上,为确保酒店服务行为的安全可靠,需对酒店各部门各具体服务行为制定规范化的安全操作标准,并加以培训,进而提高酒店从业者的安全氛围技能,实现酒店服务本质安全。

(3) 酒店安全的相关政策法规在提升顾客安全意识的同时,有效地规范了顾客的行为。一方面,政策法规加强了酒店对安全事故的防范力度,降低了发生酒店安全事故的概率;另一方面,通过政策法规的权威性,顾客不仅能够自觉遵守酒店的各项安全规章制度,而且也能自觉约束个人的行为,减少了酒店安全隐患。

## (二) 营造安全的酒店环境

酒店安全政策法规的出台促进了酒店及周边社区的安全管理工作的开展,为创建安全的酒店环境提供了保障。

(1) 在酒店安全政策法规的规范和指导下,酒店相关管理部门通过设立酒店安全管理机构、配备酒店安全管理干部、制定酒店安全管理细则、强化监督检查制度等行为,为构建安全的酒店接待环境提供了可能。

(2) 在酒店安全政策法规的规范和约束下,酒店企业加强了自身安全风险的管理力度,通过识别、评价与控制存在的各类风险因素,将酒店安全隐患控制在萌芽状态,有效避免了酒店安全事故的发生,为建立安全的酒店接待环境奠定了基础。

(3) 在酒店政策法规的约束下,酒店周边社区居民和顾客也会自觉遵守相关规定,规范自身行为,共同维护和营造安全的酒店内外部环境,有效推动了酒店企业的良性可持续发展。

## (三) 规范酒店安全管理各项工作

酒店安全政策法规规范酒店安全管理工作主要体现在以下几个方面。

(1) 规范和健全了相应的酒店安全管理机构与组织,形成了从国家到地方、从行业行政管理到行业协会、从企业到部门各级相应的领导和开展酒店安管工作的机构和组织。

(2) 完善了相应的酒店安全管理制度和条例。在酒店安全政策法规的规范下,各地方、各行业和各酒店企业会根据自己的情况和特点,制定相关的安全管理条例、规范和制度等,将酒店安全管理推进到制度化层面。

(3)推动了酒店安全预警、控制和救援工作的开展,显著提高了酒店安全管理能力和水平。

### (四)进一步完善酒店管理法规体系

酒店安全政策法规不但是现有酒店管理法规的补充和拓展,而且很大程度上充实了现有酒店法规的内容,推动了酒店政策法规体系的进一步完善。例如,自1987年以来,公安部和国家旅游局等相关部门制定和发布了《旅馆业治安管理办法》《旅游安全管理办法》《重大旅游安全事故报告制度试行办法》《重大旅游安全事故处理程序试行办法》《关于加强旅游涉外饭店安全管理严防恶性案件发生的通知》《中华人民共和国旅游法》《中华人民共和国反恐怖主义法》等,为规范酒店安全管理提供了法律依据。这些法规条款不仅丰富了酒店管理法规的内容,而且进一步完善了酒店管理法规体系,并将酒店安全管理工作纳入规范化、法制化的轨道,使得酒店安全管理工作有法可依,营造了良好的法治环境。

## 二、酒店安全政策法规的构成

酒店安全政策法规由政策、法规、标准、条例、规章制度五个具体要素构成。

### (一)政策

酒店安全政策主要是指由国家、省、地市、县等各级政府针对所辖范围内酒店安全问题而颁布的相关政策、规定及通知等。例如,《关于加强电竞酒店管理中未成年人保护工作的通知》(文旅市场发〔2023〕82号)、《文化和旅游部 公安部 自然资源部 生态环境部 国家卫生健康委 应急管理部 市场监管总局 银保监会 国家文物局 国家乡村振兴局关于促进乡村民宿高质量发展的指导意见》《广东省旅馆业治安管理规定》(粤府令第315号)、《关于进一步加强旅馆业(酒店)、流动人口、出租房屋管理严格落实各项疫情防控措施的通告》(宿迁市2022年 第12号)等。

### (二)法规

酒店安全法规是指由国家一级政府以及国家行业管理部门和地方政府颁布的与酒店安全相关的法律条文和规定。例如,《中华人民共和国旅游法》(2013年4月25日颁布,2013年10月1日实施,2016年11月7日第一次修订,2018年10月26日第二次修订)、《中华人民共和国反恐怖主义法》(2015年12月27日通过,2016年1月1日实施,2018年4月27日修订)、《星级饭店安全规范》(DB 34/T 2603—2016)、《江苏省旅游涉外饭店安全管理规定》(1991年6月20日颁布,1991年7月20日实施)等。

### (三)标准

酒店安全标准是指与酒店安全管理相关的标准,包括国家级、地方政府和行业部门两种层次三种类型的标准。例如,《中华人民共和国国家标准》(国务院,GB/T

16767—1997)、《中华人民共和国旅游涉外饭店星级标准》(国家旅游局,1988年8月22日)、《旅游饭店星级的划分与评定》(GB/T14308-2023)、《宾馆饭店消防安全管理规范》(DB36/T 924-2022)、《旅游民宿基本要求与评价》(LB/T 065-2019)等。

### （四）条例

酒店安全条例是指由国家一级、地方政府、行业主管部门颁布和实施的与酒店安全管理相关的条例和办法。例如,《娱乐场所管理条例》(文市发〔2006〕7号)、《旅馆业治安管理办法》(1987年9月23日国务院批准,1987年11月10日公安部发布,2011年1月8日修订)、《旅游投诉处理办法》(2010年1月4日通过,2010年7月1日实施)、《黄山市民宿促进和管理条例》(黄政办秘〔2022〕41号)等。

### （五）规章制度

酒店安全规章制度是由地方政府、行业主管部门、酒店企业制定的与酒店安全管理相关的规定、办法、细则和制度。例如,《宾馆饭店消防安全管理十条规定》(国家消防救援局)、《北京市酒店业管理暂行办法》(京文旅发〔2023〕83号)、《浙江省旅馆业治安管理办法实施细则》(浙江省人民政府令第208号)等。酒店企业各部门规章制度通常是依据酒店企业整体状况以及各部门自身具体情况和独特特点来制定完成的。

## 第二节　酒店安全预警

为保证顾客的安全和酒店业的正常运营,建立酒店安全预警机制,发布与酒店安全相关的各种信息,警示或提醒顾客和酒店企业,对于增强顾客的安全意识、提高安全防范与控制能力,使顾客和酒店企业预见风险并采取积极主动的防范措施具有较好的推动引领作用。

### 一、酒店安全预警的作用与功能

#### （一）维护酒店消费者的知情权

酒店安全预警机制的建立,是对顾客知情权的一种最起码的尊重,体现了酒店企业以顾客为本的理念。对于大多顾客而言,他们所获得的酒店安全信息来自各种媒体的报道,酒店安全信息的数量很难得到保障。如果没有一个客观公正的信息机构对相关酒店安全信息加以发布或披露,就会使顾客做出违背其初衷和意愿的酒店消费决策,或者降低其防范意识而使其陷入到一种不安全的酒店环境中,使顾客的人身财产受损。

## （二）警示顾客和酒店企业，降低酒店安全事故发生率

酒店安全预警信息的及时发布，对于顾客和酒店企业而言，具有安全警示与提醒的重要作用。它能够促使顾客和酒店企业密切关注预警系统所发布的、与酒店安全相关的各类问题，进而在酒店各项活动中保持高度警惕，并提前做好防控准备工作。通过这样的方式，可以有效降低酒店安全事故的发生率，确保酒店企业能够平稳、正常地运营。

## （三）保障酒店企业的安全生产经营

酒店安全预警机制的建立有利于酒店企业生产经营活动的有序化开展。当一个区域或酒店发生程度不同的安全事件时，酒店安全预警系统可根据其酒店安全信息发布的权威性和公正性给出级别不同的安全警示，如此既能避免因为发生安全事故而导致酒店企业利益受损，也能避免因为安全消息不实而造成顾客群体恐慌，它是酒店企业安全操作的基本保障条件。

# 二、酒店安全预警机制

## （一）预警机制

酒店安全预警机制是根据信息收集、信息分级、信息评估和信息发布等四个因果相关的相继环节，实现对酒店企业潜在安全风险的警示提醒，如图6-2所示。

信息收集 → 信息分级 → 信息评估 → 信息发布

**图6-2 酒店安全预警机制**

### 1. 信息收集

酒店安全预警信息收集是指收集国内外的酒店安全相关信息，如国内外的社会治安状况、公共卫生事件状况、投资风险状况、员工流失状况、产品创新风险状况、财务风险状况、经营风险状况等。

### 2. 信息分级

酒店安全预警信息分级，指的是依据酒店潜在安全风险的严重程度，对预警信息进行不同等级的划分。这一分级机制为应急管理工作的精准制定提供了科学依据。目前，常用的预警分级方式包括四级预警和三级预警，其中四级预警的应用最为普遍。

### 3. 信息评估

一般而言，评估环节对于精准预警至关重要，它决定了预警的准确程度。酒店安全预警信息评估是根据分级内涵及标准，采用科学合理的评估模型与方法，对所获得预警信息进行客观评估，以确定预警信息所属预警分级。

#### 4. 信息发布

酒店安全信息发布是根据评估确定的预警分级,通过公众媒介向国民发布预警信号及相关信息的行为活动,旨在为相应的酒店企业或顾客提供恰当的酒店安全信息,以便其做出正确的行为决策。

### (二)应用案例

例如,《威宁县草海大酒店突发事件应急预案》根据涉旅突发事件的性质、危害程度、可控性和影响范围,将涉旅突发事件分为特别重大(Ⅰ级)、重大(Ⅱ级)、较大(Ⅲ级)和一般(Ⅳ级)。

#### 1. 特别重大(Ⅰ级)涉旅突发事件

符合下列情况之一的,为特别重大(Ⅰ级)涉旅突发事件:①一次事件造成旅游者30人以上死亡,或者100人以上重伤(以上包括本数,以下不包括本数,下同),或者1亿元以上直接经济损失的;②国务院认为有必要启动Ⅰ级响应的其他涉旅突发事件。

#### 2. 重大(Ⅱ级)涉旅突发事件

符合下列情况之一的,为重大(Ⅱ级)涉旅突发事件:①一次事件造成旅游者10人以上30人以下死亡,或者50人以上100人以下重伤,或者5000万元以上1亿元以下直接经济损失的;②因200名以上旅游者滞留24小时、对当地生产生活秩序造成重大影响的;③省旅发委认为有必要启动Ⅱ级响应的其他涉旅突发事件。

#### 3. 较大(Ⅲ级)涉旅突发事件

符合下列情况之一的,为较大(Ⅲ级)涉旅突发事件:①一次事件造成旅游者3人以上10人以下死亡,或者10人以上50人以下重伤,或者1000万元以上5000万以下直接经济损失的;②因50人以上200名以下旅游者滞留24小时、对当地生产生活秩序造成较大影响的;③市旅发委认为有必要启动Ⅲ级响应的其他涉旅突发事。

#### 4. 一般(Ⅳ级)涉旅突发事件

符合下列情况之一的,为一般(Ⅳ级)涉旅突发事件:①一次事件造成旅游者3人以下死亡,或者10人以下重伤,或者1000万元以下直接经济损失的;②因50人以下旅游者滞留24小时、对当地生产生活秩序造成一定影响的;③草海大酒店认为有必要启动Ⅳ级响应的其他涉旅突发事件。

预警根据涉旅突发事件的严重性、紧急关部门提供的预警信息进行预警。

按特别重大(Ⅰ级)、大(Ⅱ级)、较大(Ⅲ级)和一般(Ⅳ级)不同预警级别布预警信息,分别为红色、橙色、黄色、蓝色表示。

## 三、酒店安全预警的类型

### (一)政治预警

酒店安全政治预警是指对酒店所在国家政治稳定状况所进行的安全分析和信息

发布,以避免由于政治因素等造成对国内旅游者的伤害。

**外交部提醒中国公民谨慎前往伊朗**

2024年4月,伊朗驻叙利亚使馆遭空袭。4月14日,伊朗对以色列发动军事打击。外交部领事司和中国驻伊朗使馆提醒中国公民密切关注地区局势发展,近期谨慎前往伊朗,已在当地的中国公民和机构保持高度警惕,加强安全防范,做好应急准备。如遇紧急情况,请及时报警并向驻伊朗使领馆寻求协助。

(资料来源:新华社。)

### (二)治安预警

酒店治安预警是指对酒店企业所在地治安状况所进行的安全级别划定和信息发布,以提醒顾客根据自身的安全适应性来进行合理的酒店消费决策。

**中国驻马里使馆证实酒店发生枪击　大使馆发布安全提醒**

2015年11月20日,中国驻马里大使馆发布最新消息称,当地时间早7时,马里首都巴马科发生枪击事件,目前警方已封锁周围地带。鉴于近期巴马科治安状况不断恶化,中国驻马里使馆提醒在马中资机构和华侨华人加强安全防范,减少不必要外出,避免前往上述场所及人员聚集区,确保人身安全。

(资料来源:中国新闻网。)

### (三)容量预警

酒店容量预警是基于酒店客房预定量,对某地在特定时期内客源剩余容量进行预测和信息发布的活动,旨在提醒顾客在相应时期内合理选择酒店,避免顾客过度集中导致人满为患,从而损害顾客利益。

**关于春节假期涉海旅游,大鹏文旅部门提醒市民:限量、预约、错峰出行**

2022年春节期间,大年初三至大年初五为各地人员前往深圳大鹏新区旅游、出行、聚集高峰期,大鹏各大景区、酒店、民宿爆满,为了游客朋友们的安全和旅游体验,大鹏文旅部门建议游客大年初三至大年初五谨慎前往,错峰出行,减少人员聚集风险。为了确保游客朋友度过欢乐、祥和的春节,大鹏文旅部门温馨提醒,"限量、预约、错峰",安全文明出游。

(资料来源:《深圳特区报》。)

### (四)健康预警

酒店健康预警是对酒店的环境卫生状况、食品卫生状况、公共卫生事件状况等卫生情况所进行的安全信息发布。

> **提醒！多家知名酒店被通报！涉及河北的有四家**
>
> 2019年6月，国家卫健委通报住宿场所卫生专项整治情况，一些知名酒店因卫生不合格上黑榜。其中，河北有四家酒店被点名。被通报名单中不乏知名连锁酒店，它们因存在多项违法行为被曝光，包括未按规定对顾客用品用具进行清洗、消毒和保洁等。河北的这四家酒店也已被相关部门查处。
>
> （资料来源：长城网。）

### （五）其他预警

其他预警，如未成年人入住旅馆风险预警、酒店企业经营风险预警、财物风险预警、投资风险预警、员工流失预警、产品创新风险预警等。

> **湖州南浔：全省首个未成年人入住旅馆风险自动预警系统启用**
>
> 为了最大限度减少未成年人因入住旅馆遭受侵害，湖州市南浔区人民检察院和湖州市南浔区公安分局联合开发了未成年人入住旅馆风险自动预警系统——DWS智瞳系统，通过数字赋能确保旅馆对未成年人入住登记和报告制度得到全面贯彻落实。
>
> 据了解，DWS智瞳系统是以浙江省旅馆业治安管理信息系统为平台，由旅馆从业人员对旅客身份信息进行查验登记后，系统自动对登记内容进行数据的碰撞分析，根据分析结果，自动分为红色预警、黄色预警、绿色备案三大类。
>
> 公安机关在接到预警后，针对不同的预警类别，分别采取相应的应对措施。检察机关则根据系统记录每一个预警情况的处理流程、处理结果等详细信息，并依法对处理过程中可能存在的瑕疵或者违法情况依法进行监督。
>
> （资料来源：湖州市南浔区人民检察院。）

## 第三节　酒店安全控制

### 一、酒店安全控制的定义

酒店安全控制是指酒店行政主管部门、酒店企业、顾客及其他社会机构之间通过政策、制度控制和利益协调而相互影响、相互作用的安全管理过程。

酒店行政主管部门从行业宏观视角出发，出台和颁布酒店安全控制相关政策，规范整个酒店行业的安全管控，并为酒店企业安全管控提供指导方向，以实现酒店业的安全管控工作的可持续平稳发展。

酒店企业需要在贯彻各级行政主管部门的政策、法规及条例的基础上，结合自身实际情况，从硬件和软件两个层面建立和完善其安全控制体系。硬件上，加大安全投入力度，不但要加强对基础设施设备的维护保养，还要配备必要的安全控制设施设备，尤其是要加大基于大数据和新技术的安全控制系统的研发或投入，不断提升企业安全控制能力和水平。软件上，要建立健全各项安全控制制度，尤其是要加大基于新质生产力的高质量安全控制相关制度的探索和实践，时刻保持制度管理上的创新性和与时俱进性。

顾客需遵守各级行政主管部门制定的关于酒店安全控制的法规条例，并依照酒店企业的安全控制制度规定，在其经营场所内进行各项休闲娱乐活动。同时，顾客对酒店企业安全控制情况的建议或反馈，对于提升酒店的安全控制水平也至关重要。

其他社会机构，如中国饭店业协会、各省市酒店业协会、新闻媒体机构等在协调和监督酒店企业开展和落实酒店安全控制过程中也起着不可或缺的作用。

## 二、酒店安全控制的内容

酒店安全控制的内容包括建立有效的安全组织，制订科学的安全控制与管理计划、制度与措施，紧急情况的应对与管理，从业人员的安全管理等四个方面。

### （一）建立有效的安全组织

安全组织的建立是酒店开展一切安全管理工作的前提和基础，也是酒店安全其他控制内容落实的可靠保障。酒店安全组织负责实施酒店安全计划、制度和管理措施，确保整个酒店全系统的安全与保卫工作。酒店安全组织通常包括安全管理委员会、安全管理小组、治安协管小组、卫生安全协管小组和消防管理委员会等具体组织或机构，其分工与职责详见本教材第二章第三节内容。

### （二）制订科学的安全控制与管理计划、制度与措施

酒店安全控制与管理的计划、制度和措施可将安全问题防患于未然，避免或减少安全问题发生的可能。其具体内容包括：犯罪与盗窃的防范计划、控制与管理；防火安全计划与消防管理措施；其他常见安全事故的防范计划与管理措施。

在制订安全控制与管理的计划、制度与措施时，需要注意以下三点：第一，合法性，即要遵守国家及地方相关法律法规条例等；第二，以人为本，即利于酒店员工的可持续发展和被酒店顾客所接受；第三，与时俱进性，即所制订的计划、制度及措施不能一成不变，而要根据时代、情境的变化进行及时调整，以适应酒店安全管理的需求。

### （三）紧急情况的应对与管理

紧急情况是指发生在酒店中的一些突发的、重大的不安全事件或事故。紧急情况涉及面较广，除了火灾、自然灾害、食物中毒等，还包括顾客违法行为、顾客伤病死亡以及重大事故等。酒店紧急情况的应对与管理，既涵盖酒店应急管理知识，也涉及危机管理内容，同时考验管理者在安全管理方面的经验和积累，可以说是一项复杂的系统

工程。为此，酒店管理层必须给予高度重视，认真对待，谨慎处理，稍有疏忽或差错，就会酿成不可挽回的损失，且会严重影响酒店的形象，甚至危及酒店的正常运行和可持续发展。

### （四）从业人员的安全管理

酒店从业人员的安全意识培育与安全管理，从内涵上而言，既涵盖了对酒店从业人员实施安全管理的驱动要素，也涉及了促进从业人员树立安全意识的引导要素。具体到酒店从业人员的安全管理，可以从以下三个层面进行深入展开：一是提升酒店从业人员的安全认知水平；二是建立并完善酒店从业人员的安全操作程序规范、安全协调机制、安全控制体系以及安全事故处理体系；三是构建酒店从业人员对客安全引导教育体系。通过这三个层面的努力，可以有效强化从业人员的安全素质，进而提升酒店整体的安全管理水平。

## 第四节　酒店安全救援

### 一、酒店安全救援基础知识

#### （一）酒店安全救援

酒店安全救援是在酒店运营期间，当顾客、酒店从业人员以及其他相关人员遇到安全问题时，为确保其安全而提供的紧急救护和援助。

#### （二）酒店安全救援类型

酒店安全救援可分为医疗救援和非医疗救援。

**1. 医疗救援**

医疗救援包括建立医疗呼救系统，将伤者及时送往并安排至医疗单位，担保住院押金，垫付医疗费、住院费，提供医疗追踪服务，运送紧急药品，提供医疗翻译，协助医疗遣返转运，安排亲友探访，以及负责尸体火化和转运等相关事宜。

**2. 非医疗救援**

非医疗救援包括提供酒店咨询，协助查找丢失的行李、证件，紧急信息传递，信用卡挂失，代办登记，代订酒店床位、机票车票，代垫保释金，协助聘请律师，以及提供贷款和诉讼方面的帮助等。

#### （三）酒店安全救援系统

酒店安全救援系统是指为实施酒店救援而建立的一套组织体系，它涵盖与酒店安全相关的各个层面,并明确了酒店救援工作中的分工与协作机制。

## 二、酒店安全救援机构

### (一)救援核心机构

救援核心机构负责酒店救援工作的开展、统筹、协调,是整个酒店救援的核心。常见救援核心机构有国际紧急救援中心(SOS)等。

### (二)救援机构

救援机构是在酒店安全问题发生时,能够赶赴现场提供实质性救援工作的机构,是整个酒店救援工作的实施单位。常见救援机构有消防部门、公安部门、医院等。

### (三)外围机构

外围机构是在酒店救援工作中能够提供辅助性工作的相关机构。常见外围机构有社区、保险公司、通信部门等。

## 三、酒店安全救援系统构成

根据酒店安全救援的含义及酒店安全救援系统涉及的有关机构,可将酒店安全救援系统看成是包括救援核心机构、救援机构、外围机构在内的,由酒店救援中心、消防部门、公安部门、医院、社区、保险公司、通信部门等多部门、多人员参与的社会联动系统。其中,最核心、最重要的就是起到指挥中心作用的核心救援机构。酒店安全救援系统构成如图6-3所示。

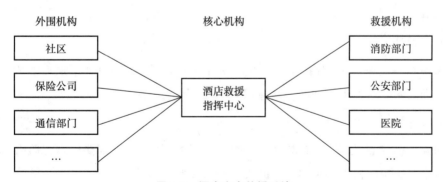

图6-3 酒店安全救援系统

在图6-3中,居于核心位置的是酒店救援指挥中心,它统管酒店救援工作,实际上起到的是酒店救援总指挥的角色;右侧一列为救援机构,实际上就是酒店救援行动的实施机构,它根据酒店救援指挥中心的指令和要求展开不同等级的救援行动,并把救援过程、救援结果及时反馈给酒店救援指挥中心,以利于酒店救援指挥中心根据具体情况对救援行动予以纠正等;左侧一列为外围机构,包括社区、保险公司等组织和单位,它们扮演着双重角色:第一个角色是信源,它们是酒店安全问题的发生地,负责传递酒店安全问题发生的信息,第二个角色是先锋队,它们往往最先发现案情,在救援机构到达之前,根据实际情况实施简单的救援行动和现场维护。酒店救援中心围绕着酒店安全救援这一任务,将救援机构、外围机构统一协调在一起,形成了一个完整的酒店安全救援系统。

## 第五节　酒店保险

### 一、保险

#### (一)定义

《中华人民共和国保险法》第二条对保险的法律定义为:"本法所指保险,是指投保人根据合同约定,向保险人支付保险费,保险人对于合同约定的可能发生的事故因其发生所造成的财产损失承担赔偿保险金责任,或者当被保险人死亡、伤残、疾病或者达到合同约定的年龄、期限等条件时承担给付保险金责任的商业保险行为。"

#### (二)特征

1. 经济性

保险是一种提供经济保障的行为,其经济保障活动构成国民经济活动的一个有机组成部分。

2. 互助性

保险在一定条件下,分担了个别单位和个人所不能承担的风险,从而形成了一种经济互助关系。这种经济互助关系体现了"一人为众,众人为一"的思想。

3. 契约性

保险商品交换关系,是依据保险合同来进行的,保险双方都要根据保险合同规定的各自享有一定的权利和承担一定的义务来从事保险活动。

4. 商品性

保险体现的不是一般的经济关系,而是一种商品交换关系。保险服务是按等价交换原则进行交换的,这种服务是一种商品。

5. 科学性

保险收缴保费的基本依据是"数理计算",体现了保险的科学性。

## （三）保险与风险的关系

1. 风险是保险和风险管理的共同对象

保险仅是处置风险的一种办法，风险管理所管理的风险范围较保险的范围广泛得多。

2. 风险管理贯穿保险活动的始终

从保险活动的整个过程来看，保险是一项专门集中和分散风险的经营活动。无论是集中风险还是分散风险，都会对所经营的风险进行有效的管理。

3. 保险发展有助于风险管理水平的提高

保险经过长期的经营活动，积累了丰富的识别风险、预测与估价风险和防灾防损的经验和技术资料；掌握了许多风险发生的规律，制定了大量的预防和控制风险的行之有效的措施。

4. 并非所有风险都能保险

根据可保风险的要求和条件，可保风险不仅满足保险供求双方对于政策法规的要求，同时还应该符合规定的基本条件。在保险实务中，客户不可能将自己面临的所有风险转移给保险公司，保险公司也没有一种产品可以承包客户所有风险。

## （四）酒店保险保障的必要性

1. 酒店突发安全意外较多

酒店企业在生产经营过程中，面临着巨大安全压力和挑战，既有传统的消防火灾、刑事治安、自然灾害等，也有非传统的恐怖袭击、公共卫生事件等。

2. 酒店很难尽到安全保障义务

顾客从入住酒店到离开的全生命周期内，酒店企业对其负有安全保障义务。然而，现实中酒店企业会因各种原因，很难对顾客尽到安全保障义务。

3. 转移安全风险，提高风险应对能力

风险的存在是保险产生的基础，没有风险也就不会产生保险。为转移安全风险，提高风险应对能力，有必要根据实际情况购买保险产品。

# 二、酒店适用的常规保险产品

## （一）星级宾馆饭店综合险

星级宾馆饭店综合险是针对星级饭店或宾馆的所有者或经营者的一款综合性保险产品，它通常由财产保险、现金保险、雇主责任保险和酒店服务安全责任保险四部分组成。财产保险、现金保险、雇主责任保险、酒店服务安全责任保险适用于各自部分，通用条款适用于整个保险合同。

### （二）住宿旅客意外伤害险

住宿旅客意外伤害险是一款面向住宿旅客，旅客本身和住宿企业都可以作为投保人的意外伤害保险产品，它包括身故保险、身残保险、住院补贴保险金、医疗保险金等。对于被保险人在保险期间遭受外来的、突发的、非本意的、非疾病的客观事件而直接致使身体受到伤害的情况，都可以申请保险公司的赔偿。其中，被保险顾客在住店期间发生的摔伤、碰伤、设施致伤，甚至顾客在酒店外的交通意外伤害等，都可以获得相应赔偿。

### （三）公共责任险

公共责任险，也称普通责任保险或综合责任保险，是指被保险人或其雇员在从事所保业务活动中，因意外事故对第三者造成的人身伤害（含疾病、残疾、死亡等）和财产损害或灭失所引起法律赔偿责任的保险。这种法律赔偿责任可以是侵权责任造成的，也可以是合同（契约）责任造成的。通常公共责任保险承保的合同责任须特别约定。此外，公共责任保险还可以承保因失去舒适环境和非法侵入等原因造成的第三者责任。

公共责任保险适用范围极其广泛，既可以承保不同行业的企业和团体在生产、经营活动中因意外事故所造成的他人人身、财产损失而产生的赔偿责任，也可以承保家庭或个人纯日常生活中因意外事故造成的他人人身、财产损失而产生的赔偿责任。公共责任保险的主要险种有场所责任保险、电梯责任保险、承保人责任保险和个人责任保险。

酒店、公共娱乐场所等都可以通过投保公共责任保险来转嫁这方面的风险。

### （四）酒店取消险

酒店取消险是第三方酒店预订平台和多家保险公司共同合作推出，专为平台会员在预订国内及海外酒店时提供的取消险增值服务。在保险期间，会员成功在第三方平台预订酒店且购买酒店取消险并付款后，如因客观原因（如签证被拒、航班延误取消等）未如期入住酒店而造成的房费损失，保险责任范围内可获相应金额的赔付，免除会员后顾之忧。

**重庆市旅馆酒店业协会加强法制化建设　助推协会企业高质量发展**

2021年10月，重庆市旅馆酒店业协会与北京盈科（重庆）律师事务所举行常年法律顾问签约仪式，聘请罗建方律师为其常年法律顾问。双方签署合作协议,助推重庆市旅馆酒店业协会企业高质量发展。

重庆市旅馆酒店业协会书记、会长钟声在发言中表示,旅馆酒店协会在推广现代科学管理方法和经营模式过程中,必须贯彻国家有关政策,协助政府贯彻落实住宿业管理的国家标准和行业标准,有效运用法律手段规避企业运营风险和加强企业生存管理。

签约仪式上,盈科重庆公益委员会副主任、劳动与社会保障事务部副主任罗建方律师从法律视角发表看法:随着依法治国的全面推进,运用法律武器对企业的保护显得十分重要,法律服务不仅要参与到企业的重要事项当中,还要真正了解和渗入企业各业务领域的细节中,这样才能够做好法律风险防范,保护好企业的合法权益。

罗建方表示,面对新形势、新要求,要充分发挥律师职能作用,积极为经济社会又好又快发展提供优质的法律服务和法律保障,帮助企业用法律思维识别、规避、控制和化解风险。"相信北京盈科(重庆)律师团队能够在酒店业协会企业今后的决策、经营、管理、预防和处理法律纠纷方面提供及时、有效的法律帮助,发挥重要作用。"

此次签约,将推进重庆市旅馆酒店业协会的服务及战略升级,助推重庆市旅馆酒店业协会企业高质量发展。

(资料来源:中新网重庆。)

**案例讨论**:政策法律是酒店安全保障的基础,谈谈在高质量发展背景下,酒店企业应如何加强法制化建设,以助力自身安全管理高质量发展。

## 重要术语

安全保障体系(Safeguard System)

安全政策法规(Security Related Policies Laws and Regulations)

安全预警(Safety Warning)

安全控制(Safety Control)

安全救援(Emergency Rescue)

保险(Insurance)

## 思考题

1. 简述酒店安全保障体系的构成。
2. 酒店安全政策法规有何作用?
3. 举例说明酒店安全政策法规的构成。
4. 简述酒店安全预警机制。

5. 简述酒店安全控制的内容。
6. 简述酒店安全救援系统的构成。
7. 谈谈你对保险与风险关系的认识。
8. 酒店适用的常见保险产品有哪些?

# 第七章
# 酒店应对突发事件的应急管理机制

安全是酒店的生命线。酒店企业要遵循"安全第一、预防为主、综合治理"的安全生产方针,强化应急管理工作,不断提升酒店应急管理水平,实现酒店安全的高质量发展。

本章要点

1. 了解酒店突发事件风险的主要类型。
2. 熟悉酒店突发事件的风险预防管理。
3. 掌握酒店突发事件的应急准备管理。
4. 掌握酒店突发事件的风险监测与安全预警。
5. 熟悉应急处置与救援的流程。
6. 掌握酒店突发事件应急处置与救援方法。
7. 熟悉事后恢复与重建的流程。
8. 掌握酒店突发事件后的恢复与重建方法。

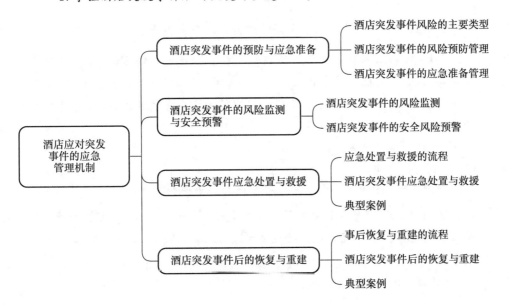

**课程思政元素**

安全第一、预防为主、综合治理;高质量发展;高效;精准;群防群治;合理选拔;动态更新;新技术;新观念;安全引导;以人为本;智能化;立足实际、按需发展;积极稳妥、深入细致

# 第一节 酒店突发事件的预防与应急准备

## 一、酒店突发事件风险的主要类型

### (一)来源类型

酒店突发事件风险的来源类型,可从人员风险、设施设备风险、环境风险及管理风险四个方面进行分析。

#### 1. 人员风险

人员风险主要是指来自酒店员工、顾客、外来人员等人员结构的安全隐患。酒店员工风险因素,如安全意识淡薄、安全知识匮乏、安全态度不端正、安全技能不足、道德感缺失、责任心不强等;顾客风险因素,如安全意识差、身体情况不佳、对未成年人监护不力等;外来人员一般是指外来施工人员、非住店顾客等,其风险因素包括无证作业、操作失误、故意犯罪等。

---
**女顾客发微博称火锅店服务差　遭开水浇头重度烫伤**

2015年8月,来自浙江温州的林女士和家人在一火锅店就餐,其间因要求添汤被拒,与男服务员朱某发生口角。之后,朱某突然端来一盆汤水,迎头浇下,致林女士全身42%重度烫伤。温州警方发布警情通报称,朱某因涉嫌故意伤害罪已被刑拘。

(资料来源:《华商报》。)

---
**酒店电线被盗损失4万　空调安装工人趁机盗窃被抓**

2011年6月,南宁市民潘某等3人被雇佣到东兴市一家酒店安装空调,竟趁机盗窃电线。东兴警方随后将这3名嫌疑人抓获归案,目前他们已被警方刑事拘留。

(资料来源:《当代生活报》。)

## 2. 设施设备风险

酒店设施设备风险主要是指酒店设施设备故障或酒店员工、顾客等主体不当使用酒店设施设备而产生的风险。设施设备的故障往往源于自身的质量问题以及在使用过程中缺乏有效的维护保养。设施设备的不当使用通常涵盖超负荷使用、违规使用、操作失误等。

### 浴室玻璃门爆裂致两男孩受伤！广东一五星级酒店回应

2024年7月,广东惠州一酒店浴室玻璃门爆裂致两名男孩受伤,引发关注。据家属介绍,受伤的两个7岁男孩是表兄弟,他们于事发当晚在惠州某酒店客房卫生间洗澡,一人在沐浴间冲洗,一人在门外等候,沐浴间的男孩推门而出时,隔断的玻璃门突然爆裂,飞溅的碎玻璃击中两名孩子,导致他们遭受了不同程度的伤害,头部、腰部等部位受伤,伤口血流不止。

(资料来源:《新民晚报》。)

## 3. 环境风险

环境风险主要是指来自自然环境、治安环境和卫生环境等结构层面的风险。自然环境中的风险因素主要是指台风、地震、泥石流等自然灾害给酒店所带来的安全隐患;治安环境既包括酒店外部社会治安环境,也包括酒店内部治安环境,其风险因素主要是指社会动荡、恐怖袭击、偷盗、黄赌毒、打架斗殴等所带来的安全隐患;卫生环境是酒店的立身之本,随着人们健康意识的显著提升,酒店卫生环境已经成为顾客选择入住的关键指标,其风险因素主要包括突发公共卫生事件、食品卫生问题以及健康危害等所带来的安全隐患。

### 衡阳被滑坡冲倒民宿老板发声:事发时自己外出救灾,民宿客人多为老人

2024年7月28日8时18分,湖南省衡阳市南岳区寿岳乡岳林村因山洪引发山体滑坡,造成一栋一层民宿被冲倒。截至当日12时10分,已搜救出18人,其中12人遇难,6人受伤。该民宿的老板向记者介绍,当日清晨5时许,他离家出门参加救灾,接到其他人的电话才知道民宿出事,民宿当时有二十多名客人,多为来自衡阳等地的老人。

(资料来源:极目新闻。)

### 台湾一饭店毁于台风　获公共赔偿逾1310万台币

2019年8月,莫拉克台风重创台湾,导致台东一饭店遭洪水冲毁、倒塌,业者认为台东县政府抢险不力,诉请公共赔偿。法院认定,台东县府灾情掌握紊乱且怠于抢险,确有过失,判决赔偿业者1310万元台币。

(资料来源:中国新闻网。)

## 4. 管理风险

管理风险是指酒店在生产经营过程中,管理、控制及监督不力而带来的安全隐患。

常见的酒店管理风险包括安全生产责任制未落实、安全管理规章制度不健全、安全人员未配置或不足、安全宣传力度不够、安全教育培训缺失、应急预案及演练缺失、管理者安全态度不端正、安全投入不足等。

**安全措施不到位　酒楼承担主要责任**

2013年6月,周某到胡某经营的酒楼参加朋友婚礼。期间,因酒楼卫生间地面有积水,且没有采取清理措施,也没有相关的安全提示,导致周某摔倒并被送到医院治疗。治疗期间,周某共花去医疗费19000余元,胡某为其垫付8500余元。2013年12月,周某经司法鉴定中心评定为9级伤残。随后,周某起诉至人民法院,要求胡某赔偿损失149000余元。经人民法院判决,胡某赔偿周某人身损害赔偿费用80000余元,其余费用由周某自行承担。

(资料来源:乐山日报。)

（二）表现类型

根据《中华人民共和国突发事件应对法》,酒店突发事件风险可分为自然灾害风险、事故灾难风险、公共卫生风险和社会安全风险四种。

1. 自然灾害风险

自然灾害风险是对酒店生产经营活动可能造成破坏和影响的自然灾害风险,包括气象灾害(如台风、暴雨、山洪、雷电等)、地质灾害(如地震、泥石流、山体滑坡等)、海洋灾害(如风暴潮、海啸等)等。

**"北京顶奢酒店被暴雨冲走"上热搜,最新回应**

2023年7月31日,受台风"杜苏芮"影响,北京已连续多日强降雨,部分地区受灾严重。有网友称,位于门头沟潭柘寺附近、依山而建的顶奢酒店大堂也被山洪冲毁。8月1日下午,该酒店通过多个官方账号报平安:灾难终将过去,美好亦会再次回归。

(资料来源:《湖南日报》。)

2. 事故灾难风险

酒店事故灾难是指具有灾难性后果的酒店事故,它是在酒店生产经营活动过程中发生的、迫使酒店生产经营活动暂时或永久停止,并造成大量人员伤亡、经济损失或环境污染的非预期事件。酒店事故灾难风险包括消防事故风险、设施事故风险、施工事故风险等。

**工人失足坠亡！杭州某酒店综合体项目高处坠落事故查明**

2024年3月,杭州市临安区於潜镇杭州某酒店综合体建设项目在主体结构顶楼钢结构屋顶施工过程中,发生一起高处坠落事故,造成一人死亡,事故造成直接经济损失约122万元。经查明,该事故是一起生产安全责任事故。

(资料来源:《中国基建报》。)

3. 公共卫生风险

公共卫生风险主要是指公共卫生领域危及顾客和酒店员工,造成或可能造成顾客和酒店员工健康严重损害的突发事件。酒店公共卫生风险包括食物中毒风险、突发疾病与死亡风险、精神安全风险和职业危害风险等。

### 广西桂林百余人食物中毒 涉事酒店餐厅停业整顿

2018年8月,100多人在广西桂林一酒店用餐后出现身体不适,被紧急送医。8月28日,桂林市食品药品相关监督管理部门称,根据桂林市疾病预防控制中心初步判断,这是一起由沙门氏菌感染引发的食源性疾病事件。目前涉事酒店餐厅已停业整顿。

(资料来源:中国新闻网。)

4. 社会安全风险

社会安全风险主要是指由人为因素造成或者可能造成严重的社会危害,并产生重大社会影响,需要采取应急处置措施的突发事件风险。酒店社会安全风险包括刑事治安风险、人员冲突风险、非正常伤亡风险等。

### 宾馆服务员因与客人发生争执 怒将客人捅成重伤

何某系邵阳市某宾馆服务员。2017年2月,贺某入住何某工作的宾馆。刚入住半小时,贺某因为有急事到前台退房,表示希望按钟点房结算。前台服务员不同意,双方发生争执,在一旁的何某也帮腔表示不可以。贺某认为何某多管闲事,就稍稍推了何某一把。何某非常不满,打电话给朋友大张(在逃人员),称自己受了欺负。之后,大张召集几名同伙赶了过来,围攻贺某。贺某被大张捅了两刀,经鉴定构成重伤。案发后,何某与贺某达成和解协议,赔偿治疗费等经济损失12万元。

(资料来源:中新网。)

## 二、酒店突发事件的风险预防管理

### (一)酒店风险预防过程的任务

酒店风险预防过程的任务主要包括酒店事故隐患排查、酒店风险识别、酒店风险评价与酒店风险控制等四个方面。其中,酒店风险识别、评价及控制内容,详见第一章第五节。

根据《安全生产事故隐患排查治理暂行规定》,事故隐患是指生产经营单位违反安全生产法律、法规、规章、标准、规程和安全生产管理制度的规定,或者因其他因素在生产经营活动中存在可能导致事故发生的物的危险状态、人的不安全行为和管理上的缺陷。

事故隐患分为一般事故隐患和重大事故隐患。一般事故隐患,是指危害和整改难度较小,发现后能够立即整改排除的隐患。重大事故隐患,是指危害和整改难度较大,应当全部或者局部停产停业,并经过一定时间整改治理方能排除的隐患,或者因外部因素影响致使生产经营单位自身难以排除的隐患。

隐患排查是酒店安全生产管理过程中的一项法定工作,其具体内容主要包括:制定隐患排查计划或方案;按计划或方案组织开展隐患排查工作;对隐患排查结果进行汇总并登记,为后续酒店风险识别、评价及控制提供依据。

**保康楚韵酒店管理有限公司开展安全排查**

2023年8月,保康楚韵酒店管理有限公司在县消防队的指导下,对楚韵酒店客房、餐饮及后勤等部门的安全隐患进行了全面排查。此次排查内容包括电气管线是否安全、监控运行是否正常、消防设施是否完善、应急照明设备是否完好、应急疏散通道是否畅通等,对检查发现问题的场所,当场责令责任人进行整改,要求存在问题的场所不仅要注重推动安全管理制度、措施的落实,也要注意总结经验,多做反思,善于发现问题、解决问题,堵塞管理漏洞,增强安全工作的前瞻性、预见性和实效性。通过此次检查,及时消除了一批潜在隐患,进一步提高了楚韵酒店安全经营理念和防范意识。酒店经理表示,将进一步夯实主体责任,定期开展安全巡查,加强监管力度,切实保障宾客安全。

(资料来源:《湖北日报》。)

## (二)酒店风险预防的基本原则

**1. 严控关键环节**

酒店应根据自身实际情况,厘清各类安全事故的关键控制环节,明确风险预防的关键部位,真正做到对酒店风险的精准预控。酒店安全的关键控制部位主要包括电梯房、锅炉房、配电房、厨房操作间、水泵房、物资仓库、安全疏散通道、消防设施等。

**2. 重视薄弱环节**

酒店应根据自身实际情况,加强对其薄弱环节的管控,以提升其预防突发事件的能力。酒店薄弱环节主要包括薄弱的人员因素、薄弱的部位与设施、薄弱的环境因素、薄弱的管理因素等四个方面。薄弱的人员因素,如员工缺乏安全教育培训、顾客安全意识差、员工缺乏安全资质等;薄弱的部位与设施,如外包场所、老旧设备、施工区域等;薄弱的环境因素,如治安环境差、卫生环境不佳、酒店选址在易发生自然灾害的区域等;薄弱的管理因素,如未落实安全生产责任制、安全生产规章制度不健全、安全投入不足等。

3. 推进现场管理

酒店现场安全管理要求酒店针对各种服务过程拟定严格的操作流程,并采用适宜方法对其存在的风险加以预控。针对重点活动和重点人物的服务工作,应通过现场的跟踪安全管理措施来实施预控;针对重点部门和重点岗位的服务工作,应通过现场定点式安全管理措施来实施预控;对于随时间而变化的重大活动,应通过现场的单向安全管理机制来实施预控。要建立季度、月度及周度的随机安全检查制度,在服务现场实施定期的安全检查,并辅以随机安全检查来提高员工的安全素质。

4. 落实安全制度

依据相关法律法规,订立并落实酒店整体、各部门、各岗位的安全制度是进行事故风险预控的基础和保障。订立安全制度,既要全面又要精准到位,要自上而下先订立酒店整体安全制度,再订立各部门安全制度,最后订立各岗位安全制度,并且要根据时代发展进程和需求适时进行动态调整。诸多事故案例表明,落实安全制度可以有效预防酒店生产安全事故的发生。为此,酒店要严格按照《中华人民共和国安全生产法》等相关法律法规要求,贯彻落实所订立的各项安全制度,以制度化保障酒店本质安全生产。

5. 实施综合防范

酒店风险预防管理应实施以人防、物防、技防相互结合、相互补充的综合性风险防范管理策略。人防工作不仅体现在保安部员工站岗、巡逻、值班、守护等各项保安行为中,还体现在各岗位员工所执行的安全化、规范化操作上。物防是一种实体防范,它既表现为在酒店外部通过围墙、栅栏、铁门等营造安全的环境,也表现为在酒店内部设置电子眼、保险箱、防毒面具、自动体外除颤器(AED)等,为顾客提供安全防护。技防主要指应用先进的安全技术手段和设备所进行的安全控制、管理和防护。例如,电子报警技术、自动喷淋技术、人脸识别技术等技术的应用,可以使酒店更高效、更精准、更智能地处理各种安全问题。

6. 强化立体防控

酒店风险预防管理应实行立体化防控方式,强调全方位、全员化的风险管理方针。全方位是指每个部门、每个岗位都要订立安全生产制度,避免程序漏洞,对任何工作都要进行安全审核,以减少安全隐患,防范安全事故发生。全员化是指安全知识培训、安全制度贯彻、安全理念固化都要深入渗透每一个员工,使员工实现"要我安全"到"我要安全"再到"我会安全"的观念转变,建立起以全员安全为机制的酒店安防管理体系,实现群防群治。

(三)酒店风险预防的主要措施

1. 针对人员因素的风险预防措施

(1)针对酒店员工的风险预防措施。

①合理选拔安排员工。

从安全的角度考察和选拔员工,在岗位安排、排班、技能训练、顾客信任度、顾客心理安全等层面都考虑到对客服务的安全性,同时在员工的岗位安排、工作排班等方面注意劳逸结合,考虑其对安全操作的影响。既要挑选体能达标、经验丰富、具有安全意识的员工,还要兼顾年龄、个性等方面进行综合考虑。

②对员工进行动态安全培训。

要从安全意识、态度、知识、技能等各方面对员工进行动态的教育和培训。员工入职时进行入职安全教育,入岗时进行岗位安全规范教育,在岗时进行安全技能和事故案例的持续教育,并持续进行安全知识的动态更新与培育,将与酒店安全相关的新技术、新观念传递给员工。

③对员工安全操作进行制度化。

针对每一个岗位订立标准化的操作规程,把安全的要求和规范以程序和标准的形式固定下来,同时订立对各种异常情况的处置规范,比如顾客醉酒、电梯故障、隐私泄露等不同情况应该有标准化的处置流程。

④对重要安全行为实施确认制度。

对于重要活动和重要事项的服务操作进行安全性的确认,由高一级管理者对服务操作的准备情况和风险因素进行多重确认,避免安全疏漏的发生。在日常工作中,酒店领班、主管、部门经理和高管进行的每日查房就是一种有效的安全确认制度。

⑤对员工操作实施安全检查。

确立以岗位为主体的每日检查、以班组为主体的每周检查、以部门为主体的每月检查和以酒店安全委员会为主体的每季检查,以及以部门和安全委员会为主体的随机检查,实施综合性的安全检查,并将安全检查作为绩效考核的重要指标。

⑥对员工实施安全激励。

酒店应建立以安全考核为目标的激励奖惩制度,并通过竞赛评比等方式来奖优罚劣,不断提升员工实施安全操作的积极性。

(2)针对顾客的风险预防措施。

①对顾客进行适应性检查。

检查酒店顾客与酒店服务和设施的适应性,分析顾客的体能、素质和安全能力,对不适合的顾客进行服务干预,比如对老年顾客、小孩在游泳池游泳进行干预或提供特别服务照顾其安全。

②对顾客进行安全引导。

通过指示牌、安全说明、使用说明等方式对顾客的消费方式和设施使用行为进行引导。比如地面清洁时设立"小心滑倒"的警示牌,在床头柜设置"卧床抽烟危险"标识牌等,都有利于避免行为安全事故的发生。

③对顾客进行风险警示。

通过短信、电子公告牌、宣传栏等手段和途径,向顾客传递明确的风险警示信息,对禁止性的行为、活动和区域等进行明确的警示劝阻,并设立相应机制和措施予以阻断,防止顾客陷入危险境地。

2. 针对设施设备因素的风险预防措施

(1) 对设施设备进行人机工程学分析。

从早期的"人适机"向当下的"机适人"转变,对酒店设施设备与环境、顾客、员工的适配性进行人机工程学分析,通过调整设施设备和环境装备使其适应顾客行为和员工操作行为,进而实现预防事故发生、保障人员安全的目标。

(2) 确保酒店设施设备具备本质安全功能。

本质安全是指酒店设施具有内在的防止事故发生的功能。它包括三方面的内容:①失误安全功能,是指操作者即使操作失误也不会发生事故和伤害,它要求酒店设施具有自动防止人的不安全行为的功能;②故障安全功能,是指酒店设备设施发生故障或损坏时还能暂时维持正常工作或自动转变为安全状态,从而能最大程度地保证酒店服务秩序的正常进行;③功能的内含性,是指失误安全功能和故障安全功能应该潜藏于酒店设施内部,即它应该在规划实施阶段就被纳入,而不应在事后再进行补偿。

(3) 采用安全设施与装置保障酒店安全。

主要指采用各种物防和技防设施装置来保障顾客、员工和酒店的安全。例如,给残疾人顾客预备专用设施,员工在洗涤物品时应该戴防护手套,各种电器应该配设保险装置等。

(4) 积极开展设施设备的安全检查工作。

酒店应依据安全检查表,在设备设施运行前、运行中、运行后进行专项检查和定期检查。检查工作要认真仔细,不能放过任何安全疏忽。

(5) 定期进行设施设备的维修保养。

良好的维修保养不但能延长设备设施的使用寿命,还能有效地节约设备设施的投入成本和能源消耗成本,降低事故发生概率。酒店的锅炉设备、电器设备、厨房设备、洗衣设备等都是容易损害、容易引起安全事故的危险因素,对这些设备设施进行科学的周期性维修保养,能够大大降低酒店的能源损耗,并最大程度降低安全事故的发生概率。

3. 针对环境因素的风险预防措施

(1) 针对自然环境风险的预防措施。

①对酒店周边的自然环境进行风险源分析和登记;②明确酒店风险源位置、级别、危害方向及历史信息等;③确立或要求酒店制定自然灾害风险的应急预案;④要配备必要的酒店安全设施和人力物力等应急资源进行风险防范;⑤加强安全人防、物防和技防管理;⑥要致力于降低自然灾害风险的发生率和发生后果。

(2) 针对社会环境风险的预防措施。

①对酒店所发生的社会安全事件进行历史统计和规律分析,明确风险防范的重点和难点;②确立或要求酒店制定社会安全风险的应急预案;③强化酒店安全队伍的建设和管理,加强巡逻、检查和安保维护工作;④建立智能化的风险报警设施,为顾客的

安全呼救提供方便和基础;⑤要致力于降低社会安全事件的发生率。

(3)针对卫生环境风险的预防措施。

①针对酒店常见的公共卫生风险进行历史统计和规律分析,明确公共卫生风险的防范重点和难点;②对传染病等具有群体危害的疾病进行监测和预警;③对旅游旺季的传染性疾病要严格防控;④努力消除传染性疾病的发生源头,控制传染性疾病的传播通道;⑤加强对顾客的公共卫生教育和引导。

4. 针对管理因素的风险预防措施

(1)选择安全素质高的酒店管理人员。

优先选择具备扎实安全知识、强烈安全意识、规范安全行为且精通安全技术的酒店管理人员,并推动酒店管理人员以科学的理念选配服务人员。酒店管理人员的安全观念和能力直接影响和决定了其下属员工的安全意识和能力。因此,在选拔时,应充分考虑其安全观念的正确性,同时也要评估其在处理安全问题时的能力。

(2)督促酒店管理人员履行安全职责。

对于酒店管理人员安全职责的履行及其相应的安全管理行为进行监督检查,核验酒店管理人员的安全记录、操作记录,检查酒店管理人员对所管辖部门和职责范围内的安全问题是否进行过安全分析,核查其安全分析的记录是否完整、分析过程是否科学合理等。

(3)推动酒店安全操作的管理优化。

推动酒店管理人员致力于安全制度、安全标准、安全规范等的制定、完善和优化安全管理工作,推动对一线员工和具体酒店安全操作业务的优化改进,提升服务操作的安全性。努力通过管理优化来规避酒店生产经营过程中的安全风险,减少顾客和员工面临的安全困境。

(4)推动酒店安全教育的管理强化。

加强对酒店管理人员的安全教育,推动酒店管理人员进行员工的安全教育和培训。要提升员工的安全意识和安全技能,既要对酒店管理人员进行安全意识和安全技能的教育培训,也要设置考核指标使其重视对下属员工的安全教育,考察其对员工的安全教育培训是否落实。

(5)提升酒店管理人员的突发事件应对能力。

酒店管理者要重视异常情况,要及时、迅速地跟进特殊事件的应急处置,使酒店能抓住安全事件的处置主动权,避免失言、失态和失位,尽最大可能减少酒店的损失。

(6)考核酒店管理人员的安全纠错能力。

每当安全事故发生后,管理者应重视总结经验教训,并将正确的操作方式和流程及时补充至现有的规范中,以避免类似事故再次发生。对于那些在纠错和改进能力方面表现突出的管理者,应予以表彰。

### 三、酒店突发事件的应急准备管理

酒店应急管理工作是一项系统工作,需要制度、教育、人才、资源、保险、规划等支撑要素的系统保障。

#### (一)酒店应急"一案三制"的建设

酒店应急的"一案三制"是指酒店应急预案、酒店应急体制、酒店应急机制和酒店应急法制等酒店应急工作的核心要素。

四个核心要素相互作用、彼此补充,共同构建了一个负责任的人机系统。其中,酒店应急体制是基础,酒店应急机制是关键,酒店应急法制是保障,酒店应急预案是前提。酒店应急体制以权力为核心,以组织结构为主要内容,解决的是酒店应急管理的组织架构、权限划分和隶属关系问题。酒店应急机制以运作为核心,以工作流程为主要内容,解决的是酒店应急管理的动力和活力问题。酒店应急法制以程序为核心,以法律保障和制度规范为主要内容,解决的是酒店应急管理的依据和规范问题。酒店应急预案以操作为主体,以演练为主要内容,解决的是如何转化酒店应急管理为酒店常规管理的问题,主要是通过模拟演练来提高酒店应急管理的实战水平。

(1)酒店应急管理体制是指酒店应急管理机构的组织形式,是一个由横向机构和纵向机构、政府机构和社会组织机构相结合的复杂系统,包括应急管理的领导指挥机构、专项应急指挥机构以及日常办事机构等不同层次。

《中国饭店行业突发事件应急规范》第十条规定:"饭店应安排总经理等高级行政管理人员及各主要部门的负责人,组成危机领导小组或类似的组织作为突发事件应急管理指挥机构,并有效规定所有成员的职责。应急管理指挥机构可视情况需要,在必要时组建现场控制中心及媒体信息中心,并安排相应的执行人员负责推进和落实各项应急处置工作。"

(2)酒店应急管理机制是指酒店突发事件预防与应急准备、监测与预警、应急处置与救援、善后恢复与重建等全过程中各种制度化、程序化的应急管理方法与措施。酒店应急管理机制以酒店应急管理全过程为主线,涵盖事前、事发、事中和事后各个时间段,包括预防与应急准备、监测与预警、应急处置与救援、善后恢复与重建等多个环节。

(3)酒店应急管理法制是指酒店应急管理法律、法规和规章,其核心和主干是宪法中的紧急条款和统一的突发事件应对法或紧急状态法,它是酒店应急管理的依据。

(4)酒店应急预案是针对可能发生的酒店突发事件,为迅速、有效、有序地开展应急行动,酒店组织管理、指挥协调应急资源和应急行动的整体计划和程序规范。一般地,一个完善的酒店应急预案体系应包括预案制定管理、预案评估管理、基于预案的辅助决策技术等,同时预案的制定应具有针对性、可行性、及时性和全面性等特点。

#### (二)酒店应急教育的实施

酒店突发事件应急教育是酒店应急管理的重要组成部分,对于提高酒店应急管理水平有至关重要的意义。实施酒店应急教育,可以增加公众的酒店应急知识,增强自救互救能力,提升酒店的整体应急管理水平,降低社会内在风险脆弱性。

为科学合理地落实酒店应急教育,可从酒店应急意识、酒店应急知识、酒店应急技能和酒店应急价值观等四个方面入手,开展酒店应急教育工作。

1. 酒店应急意识

认识到周围环境存在的风险,对酒店突发事件保持适度的警觉和应对心态,可以让人们提前做好心理与物质的应急准备,能够更好地防范与应对酒店突发事件。为此,可通过特定节日纪念活动、媒体宣传、公益专题网站、现场宣讲等不同形式开展应急科普宣传活动,以形成重视酒店应急管理的舆论氛围。

2. 酒店应急知识

酒店应急知识是人们在长期的实践过程中积累的对酒店突发事件应急管理的相关认识,在经过反复的实践检验以后具有比较严密的逻辑体系。可通过学校、社区、酒店等一些固定场所,由专兼职教师面向酒店员工、在校酒店管理专业学生、酒店周边社区居民等特定授课对象讲授各种酒店突发事件常识及其防范与应对方法与技巧;也可通过专题网站、专题公众号、救援基地研学等途径向公众普及酒店应急知识,以提升公众应急知识普及率。

3. 酒店应急技能

酒店应急技能是应对处理酒店突发事件的一系列救援与逃生动作,包括急救、消防、游泳、预警、撤离等动作,需要经过不断培训与练习才能熟练掌握。培训应急技能主要是依托志愿者组织、酒店企业、基层社区组织、应急救援培训基地等单位机构开展救援培训与应急演练活动,由教官在特定场所借助道具设备对参与者进行自救与他救培训,并通过桌面演练和实战演练等方式检验与培养参与者的综合应急能力。

4. 酒店应急价值观

酒店应急价值观是人们对于酒店突发事件及其意义评价的观念系统,即推动并指引人们在平常状态与应急状态下采取决定和行动的价值取向和标准。酒店应急价值观是人们在防范与应对酒店突发事件的长期实践过程中逐步总结出来的价值判断和价值取向的基本准则。树立科学的应急价值观,可以指导人们在防范与应对酒店突发事件的过程中做出正确或有意义的选择。

### (三)酒店应急队伍的建设

酒店应急队伍是我国应急体系的重要组成部分,是防范和应对酒店突发事件的重要力量。酒店应急队伍建设应遵循如下基本原则:坚持专业化与社会化相结合,着力提高酒店应急队伍的应急能力和社会参与程度;坚持立足实际、按需发展,兼顾酒店财力和人力,充分依托现有资源,避免重复建设;坚持统筹规划、突出重点,逐步完善并加强酒店应急队伍建设,形成规模适度、管理规范的酒店应急队伍体系。

酒店应急队伍建设思路:第一,依托公安消防部队为应急救援队伍骨干力量,发挥其在重特大突发事件应急处理中的中坚作用;第二,面向酒店业的特殊需求,建设具有较强专业能力的酒店应急管理队伍,形成酒店业的专业应急能力,以应对酒店突发事件特点需求;第三,推动酒店企业根据自身规模和需求建设应急队伍,对于大型酒店,引导其建设专门的酒店应急队伍,对于中小型酒店,引导其建设专兼职酒店应急队伍;第四,加强对酒店应急管理相关智库机构的引导,建设一支具有较强实战能力和咨询能力的酒店应急专家队伍,为服务酒店应急工作提供智力支撑;第五,充分发挥市场机制的功能,引导相关企业发展商业应急业务,推动商业应急队伍的建设;第六,加大社会应急救援培训,扩大应急救援志愿者队伍,努力提高全民的灾害自救能力;第七,开展酒店应急救援力量需求评估,优化酒店应急救援力量分布,真正服务于酒店应急管理实际需求。

(四)酒店应急物资的准备

根据《中国饭店行业突发事件应急规范》第四章关于物资准备的要求,酒店应急物资的准备需依据如下条款:

第十八条规定:"饭店在筹建、重建或装修改造时,应在功能规划上充分考虑预防、处置突发事件的需要,统筹安排应对突发事件所必需的设备和基础设施建设,合理确定应急避难场所。有条件的饭店可以在消防控制中心建立突发事件控制中心,便于所有信息和指令的传递。"

第十九条规定:"饭店应为本店的各种交通工具和相关场所配备报警装置和必要的应急救援设备、设施,注明其使用方法,并显著标明安全撤离的通道、路线,保证安全通道、出口的畅通。应以自检和配合上级主管单位与相关政府部门及机构检查相结合的方式,定期检测、维护其报警装置和应急救援设备、设施,使其处于良好状态,确保正常使用。"

第二十条规定:"饭店应在消防、电源线路设置、电器设备使用、特种设备使用、危险物品管理、建筑施工等方面严格执行有关安全生产的法律、法规,加强日常维护、保养,保证安全运行。"

第二十一条规定:"饭店应在重点要害部位、设施和设备上,设置便于识别的安全警示标志。尤其注意要在客房内的显著位置张贴或放置应急疏散图、客人安全须知等安全提示;在落地式玻璃门、玻璃窗、玻璃墙等设施的显著位置设立警示标志;在店内设置能覆盖饭店所有区域的应急广播系统、特殊区域的应急对话设备等。"

第二十二条规定:"饭店应建立健全应急物资储备保障制度,完善重要应急物资的监管、储备、调拨和紧急配送体系。明确应急检查清单的内容,应急联系的相关部门与机构和相关人员的联系方式,以及所需要配备的各种应急物资等。"

# 第二节　酒店突发事件的风险监测与安全预警

酒店突发事件的风险监测既是酒店应急决策的基础，也是面向酒店企业和顾客提供预警信息服务的基础。酒店应急预警是通过信息公示唤起顾客自我安全管理的重要手段，在多风险来源的酒店生产经营过程中具有重要作用。

## 一、酒店突发事件的风险监测

酒店突发事件的风险监测主要是指对即将发生并可能造成危害的酒店突发事件风险进行信息搜集和分析的过程，内容包括酒店突发事件风险监测的信息分类、酒店突发事件风险监测的信息渠道、酒店突发事件的风险分级和酒店突发事件风险的预警预备。

### （一）酒店突发事件风险监测的信息分类

酒店突发事件风险监测的主要信息类型是可能导致或已经导致酒店突发事件的风险源信息。根据来源，可以将酒店突发事件风险信息分为自然灾害信息、事故灾难信息、公共卫生信息、社会安全信息等四种类型，如表7-1所示。

表7-1　酒店突发事件风险信息监测的信息分类

| 监测信息类别 | 内容 |
| --- | --- |
| 自然灾害信息 | 如气象灾害风险、地质灾害风险、洪水灾害风险、地震灾害风险、极端自然因素风险等信息 |
| 事故灾难信息 | 如火灾爆炸风险、坠落事故风险、设施设备风险、溺水事故风险等信息 |
| 公共卫生信息 | 如传染病风险、重大食物中毒风险、精神卫生风险等信息 |
| 社会安全信息 | 如刑事治安风险、恐怖袭击风险、群体性事件风险、金融与经济安全风险等信息 |

### （二）酒店突发事件风险监测的信息渠道

酒店突发事件风险监测需要建立多样化的监测渠道，确保监测信息及其来源的可靠性和稳定性。酒店突发事件风险监测的信息渠道主要包括业内风险监测渠道、公共行政渠道、公共媒介渠道、酒店企业渠道及顾客渠道，如表7-2所示。

表7-2　酒店突发事件风险信息的监测渠道

| 渠道 | 收集方式 |
| --- | --- |
| 业内风险监测渠道 | 酒店主管部门针对重大酒店风险源建立的风险监测渠道 |
| 公共行政渠道 | 应急、气象、卫生、公安、消防、外事等专业部门的信息渠道 |

续表

| 渠道 | 收集方式 |
| --- | --- |
| 公共媒介渠道 | 网络、报纸、广播、电视等专业媒体报道 |
| 酒店企业渠道 | 酒店企业的风险汇报渠道 |
| 顾客渠道 | 智能报警中心等面向顾客的信息搜集渠道 |

### (三)酒店突发事件的风险分级

《中国饭店行业突发事件应急规范》第八条指出:"饭店应针对突发事件的性质、特点和可能造成的危害程度,对突发事件具体细分等级,制定相应的应急管理程序与制度。"

风险分级就是通过某种特定的数值或符号来表示风险级别的高低。风险分级通常是以实现系统安全为目的的,运用安全系统工程原理和方法,对系统中存在的风险因素进行识别与分析,判断系统发生事故和职业危害的可能性及其严重程度,从而为制定防范措施和管理决策提供科学依据。

风险分级按照不同衡量方式可以分为标准分级和数学模型分级。其中,标准分级是指采用标准如国家标准、行业规范、科学依据等直接进行分级的风险分级方法;数学模型分级是指通过数学模型计算确定风险等级的分级方法,适合多因素变量的风险分析,是一种定量和半定量的分析方法,常用方法包括模糊数学方法、集对分析方法、可拓数学方法等。

酒店应建立风险因素识别及评价领导小组,对酒店生产经营过程中存在的重大风险进行清理,编制下发《生产安全风险分级防控管理方案》,针对不同部门、不同岗位、不同业务类型的生产安全风险,按照"风险分级管理、分级控制"的原则,根据风险评价和分级结果,确定风险防控重点,并明确相关部门、单位负责人,以确保各项作业安全受控。

### (四)酒店突发事件风险的预警预备

酒店突发事件风险的预警预备工作主要包括酒店风险判断、预测和报告三项具体内容。

#### 1.酒店风险判断

酒店风险判断是在风险评估及分级的基础上对酒店风险因素的基本情况进行定量认知和定性解构的分析过程,其目的在于明确重点关注的突发事件风险。

#### 2.酒店风险预测

酒店风险预测是对酒店风险的发展趋势进行分析判断的过程,它需要依靠前期分级评估和风险判断的认知依据,也部分依赖分析人员的过往经验和主观判断。

#### 3. 酒店风险报告

酒店风险报告是在酒店风险判断和预测基础上,对酒店风险因素所形成的较为全面的分析过程和结论性意见。酒店风险报告应该形成明确的预警信息,且对预警级别、预警对象、预警方式等提出具体的工作建议。

## 二、酒店突发事件的安全风险预警

根据《国家突发公共事件总体应急预案》规定,结合相关研究成果,对酒店突发事件的安全风险进行预警。

### (一)总体思路

安全风险预警就是将所有可能出现或可能导致事故发生的危险状态识别出来,并进行评价得出一定的等级,在日常工作中时刻监控这些危险状态的出现,一旦出现立即报告,通过安全生产预警管理系统将预警结果展示出来。这些危险状态被称作预警要素。工作场所的风险水平由实时监控结果决定。工作场所的风险分为高、中、较低、低四个等级,相应的对应于Ⅰ、Ⅱ、Ⅲ、Ⅳ四个预警等级和红、橙、黄、蓝四种预警信号。

### (二)相关说明

#### 1. 预警要素

预警要素主要是包括人的失误或不安全行为(如未佩戴劳动保护用品、操作失误等)、物的不安全状态(安全设施不齐全、标识不清等)、环境的不适宜状态(噪声超标、温度不适宜等)和管理上的缺陷(人员安排不当、培训不到位等)。

#### 2. 风险等级的确定

安全风险等级分为四级,预警要素的风险等级运用风险管理中的风险评价理论确定。根据风险管理理论,风险源评价是基于如下风险模型:

$$风险等级 R = 风险严重度 L \times 风险概率 P$$

式中,风险严重度 $L$ 表示预警要素可能导致的后果的严重度,风险概率 $P$ 表示预警要素可能导致的后果的发生概率。

#### 3. 风险等级、预警等级与预警信号

风险等级、预警等级与预警信号三者的关系,如表7-3所示。

表7-3 风险等级、预警等级与预警信号关系

| 风险等级 | 预警等级 | 预警信号 |
| --- | --- | --- |
| 高 | Ⅰ(特别重大) | 红色 |
| 中 | Ⅱ(重大) | 橙色 |
| 较低 | Ⅲ(较大) | 黄色 |
| 低 | Ⅳ(一般) | 蓝色 |

## 第三节 酒店突发事件应急处置与救援

### 一、应急处置与救援的流程

根据《国家突发公共事件总体应急预案》,应急处置与救援的流程依次包括信息报告、先期处置、应急响应和应急结束等四个环节。

#### (一)信息报告

特别重大或者重大突发公共事件发生后,各地区、各部门要立即报告,不得超过4小时,同时通报有关地区和部门。应急处置过程中,要及时续报有关情况。

#### (二)先期处置

突发公共事件发生后,事发地的省级人民政府或者国务院有关部门在报告特别重大、重大突发公共事件信息的同时,要根据职责和规定的权限启动相关应急预案,及时、有效地进行处置,控制事态。

在境外发生涉及中国公民和机构的突发事件,我驻外使领馆、国务院有关部门和有关地方人民政府要采取措施控制事态发展,组织开展应急救援工作。

#### (三)应急响应

对于先期处置未能有效控制事态的特别重大突发公共事件,要及时启动相关预案,由国务院相关应急指挥机构或国务院工作组统一指挥或指导有关地区、部门开展处置工作。

现场应急指挥机构负责现场的应急处置工作。

需要多个国务院相关部门共同参与处置的突发公共事件,由该类突发公共事件的业务主管部门牵头,其他部门予以协助。

#### (四)应急结束

特别重大突发公共事件应急处置工作结束,或者相关危险因素消除后,现场应急指挥机构予以撤销。

### 二、酒店突发事件应急处置与救援

酒店突发事件应急处置与救援,参照《中国饭店行业突发事件应急规范》相关条款执行。相关条款如下:

第二十七条规定:"饭店所采取的突发事件应急处置措施,应与突发事件可能造成危害的性质、程度和范围相适应。在突发事件发生时,应坚持客人和员工安全至上的原则,首先应最大限度地保护客人和员工及其他相关人员生命安全,其次应最大限度地保护财产安全,尽量避免或减少损失。"

第二十八条规定:"饭店应根据突发事件的性质和可能造成的危害,及时启动应急预案。"

第二十九条规定:"饭店应及时向客人和员工发布有关采取特定措施避免或者减轻危害的建议、劝告;组织营救和救治受伤人员,转移死亡人员;视情况需要,转移、疏散并撤离易受突发事件危害的客人、员工并妥善安置和采取其他救助措施。"

第三十条规定:"饭店应及时转移客人和饭店的重要财产及客人、员工及饭店的重要资料。"

第三十一条规定:"饭店应迅速控制危险源,标明危险区域,封锁危险场所,划定警戒区,控制或者限制容易导致危害扩大的生产经营活动并采取其他保护措施,确保物品和饭店财产的安全。"

第三十二条规定:"饭店应实施应急沟通计划和公共关系处理流程,有效处理与客人、员工、上级主管单位、相关政府部门及机构、新闻媒体和社区公众等的信息沟通工作。"

第三十三条规定:"如相关政府部门及机构已开始介入突发事件的应急处置与救援工作,饭店应听从统一的指挥和安排,积极主动参加和配合应急救援工作,协助维护正常秩序。"

第三十四条规定:"突发事件的威胁和危害得到控制或者消除后,饭店应采取或者继续实施必要措施,防止发生突发事件的次生、衍生事件或者重新引发社会安全事件。"

第三十五条规定:"突发事件应急处置工作结束后,饭店应有效实施各种救助、补偿、抚慰、安置等善后工作,妥善解决因处置突发事件引发的矛盾和纠纷,尽快恢复正常经营管理秩序。"

第三十六条规定:"饭店应对突发事件造成的损失进行评估,对经验教训进行总结,及时查明突发事件的发生经过和原因,总结突发事件应急处置工作的经验教训,制定改进措施。"

## 三、典型案例

**哈尔滨北龙汤泉休闲酒店有限公司"8·25"重大火灾事故:应急处置与救援**

1. 自救互救情况

火灾发生后,消控员吕永胜试图启动消防水系统实施自动灭火,但由于消防控制室主机存在总线故障,与消防水泵无法联动,无法实施自动灭火。吕永胜又到水泵房试图手动启动灭火系统,但喷淋系统和消火栓内均无水,消防灭火系统完全处于瘫痪状态,使得初期火灾未得到有效控制。当班保安员利用灭火器自发进行灭火，因火场内部烟雾较大、火势猛烈，未能抵近起火点，灭火自救未能成功。

2. 应急响应情况

2018年8月25日4时29分10秒，哈尔滨市消防指挥中心接到报警后，于4时29分48秒调派太阳岛消防中队赶赴现场实施救援，并陆续增派邻近的世贸、爱建、利民、道外消防中队增援。4时27分51秒，市公安局110指挥中心接到报警后，于4时30分15秒将火警通报给市消防指挥中心，4时31分26秒向太阳岛派出所下达出警指令，并陆续增派松北公安分局、松北交警大队迅速赶赴现场维持秩序，保障应急救援工作有序开展。

4时54分，哈尔滨市120急救中心调派松北分中心救护车赶赴火灾现场开展医疗急救。随着伤员人数增加，又相继调派市第一医院、市红十字中心医院分中心和应急小分队救护车，赶赴现场抢救和转运伤员。5时53分，太阳岛风景区管理局调集人员赶赴现场开展协助救援，共疏散安置被救出人员63名。

事发后，哈尔滨市政府立即启动《哈尔滨市火灾事故应急预案》，省委常委、哈尔滨市委书记，哈尔滨市委副书记、市长第一时间赶到火灾现场，指挥抢险救援，并对相关工作进行了部署。现场成立了火灾事故处置工作领导小组，由哈尔滨市委书记、市长担任组长，市委、市政府副职担任医疗救治、现场清理、新闻发布、事故调查、善后处置和综合保障6个工作小组组长。调集各方力量，全力开展现场灭火和人员搜救，松北区政府积极配合市政府各工作小组开展工作。

3. 消防救援情况

4时56分，太阳岛消防中队第一个到达火灾事故现场，并组织攻坚组深入楼内强行内攻，疏散、搜救被困人员，并及时向消防支队全勤指挥部反馈火场形势。5时13分，世贸、爱建中队增援力量相继到达现场，展开灭火搜救。5时25分，消防支队全勤指挥部及道外、利民中队也到达火灾现场。经全力扑救，火势于25日6时30分得到有效控制，7时50分大火被彻底扑灭，共抢救疏散遇险群众80余人，搜救被困人员20人、遇难人员19人。在火灾扑救中，消防部门共出动8个中队、1个战勤保障大队、40辆消防车、148名指战员、6只搜救犬到场实施救援。

4. 伤员救治情况

本次救援共出动救护车7辆，转运伤员13人（哈尔滨市第一医院9人、市第五医院3人、哈尔滨医科大学附属第一医院1人），另有11人自行前往哈尔滨市第一医院就诊。接收伤员的医院及时开通急诊绿色通道，全力救治伤员。哈尔滨市心理危机干预救援队及时到达医院，对伤病员开展心理危机疏导，安抚和稳定伤员及家属。8月25日13时，1名伤员经医治无效死亡。

（资料来源：黑龙江省应急管理厅。）

## 第四节　酒店突发事件后的恢复与重建

### 一、事后恢复与重建的流程

根据《国家突发公共事件总体应急预案》，恢复重建的流程依次包括善后处理、调查与评估、恢复重建等三个环节。

（一）善后处置

要积极稳妥、深入细致地做好善后处置工作。对突发公共事件中的伤亡人员、应急处置工作人员，以及紧急调集、征用有关单位及个人的物资，要按照规定给予抚恤、补助或补偿，并提供心理及司法援助。有关部门要做好疫病防治和环境污染消除工作。保险监管机构督促有关保险机构及时做好有关单位和个人损失的理赔工作。

（二）调查与评估

要对特别重大突发公共事件的起因、性质、影响、责任、经验教训和恢复重建等问题进行调查评估。

（三）恢复重建

根据受灾地区恢复重建计划组织实施恢复重建工作。

### 二、酒店突发事件后的恢复与重建

酒店突发事件后的恢复与重建，参照《中华人民共和国突发事件应对法》相关条款执行。相关条款如下：

第八十六条规定："突发事件的威胁和危害得到控制或者消除后，履行统一领导职责或者组织处置突发事件的人民政府应当宣布解除应急响应，停止执行依照本法规定采取的应急处置措施，同时采取或者继续实施必要措施，防止发生自然灾害、事故灾难、公共卫生事件的次生、衍生事件或者重新引发社会安全事件，组织受影响地区尽快恢复社会秩序。"

第八十七条规定："发事件应急处置工作结束后，履行统一领导职责的人民政府应当立即组织对突发事件造成的影响和损失进行调查评估，制定恢复重建计划，并向上一级人民政府报告。受突发事件影响地区的人民政府应当及时组织和协调应急管理、卫生健康、公安、交通、铁路、民航、邮政、电信、建设、生态环境、水利、能源、广播电视等有关部门恢复社会秩序，尽快修复被损坏的交通、通信、供水、排水、供电、供气、供热、医疗卫生、水利、广播电视等公共设施。"

第八十九条规定:"国务院根据受突发事件影响地区遭受损失的情况,制定扶持该地区有关行业发展的优惠政策。受突发事件影响地区的人民政府应当根据本地区遭受的损失和采取应急处置措施的情况,制定救助、补偿、抚慰、抚恤、安置等善后工作计划并组织实施,妥善解决因处置突发事件引发的矛盾纠纷。"

第九十条规定:"公民参加应急救援工作或者协助维护社会秩序期间,其所在单位应当保证其工资待遇和福利不变,并可以按照规定给予相应补助。"

第九十一条规定:"县级以上人民政府对在应急救援工作中伤亡的人员依法落实工伤待遇、抚恤或者其他保障政策,并组织做好应急救援工作中致病人员的医疗救治工作。"

第九十二条规定:"履行统一领导职责的人民政府在突发事件应对工作结束后,应当及时查明突发事件的发生经过和原因,总结突发事件应急处置工作的经验教训,制定改进措施,并向上一级人民政府提出报告。"

第九十三条规定:"突发事件应对工作中有关资金、物资的筹集、管理、分配、拨付和使用等情况,应当依法接受审计机关的审计监督。"

第九十四条规定:"国家档案主管部门应当建立健全突发事件应对工作相关档案收集、整理、保护、利用工作机制。突发事件应对工作中形成的材料,应当按照国家规定归档,并向相关档案馆移交。"

## 三、典型案例

### (一)善后处置案例

**哈尔滨"8·25"重大火灾事故调查报告**

2019年1月,哈尔滨市委、市政府按照国家和省有关工作要求,积极开展哈尔滨"8·25"重大火灾事故善后处置工作。事发当日成立了善后处置工作组,分别组成遇难者家属接待专班和伤者家属接待专班,每个接待专班配备1名律师,为死伤者家属提供法律需求援助,并设立了家属接待中心和接待电话。工作组尽最大努力,调集各方资源,组织医疗专家组对受伤人员进行全面救治。8月31日,20名遇难者遗体全部火化。9月29日,涉事企业与遇难者家属签订赔偿协议,善后处置工作结束。

(资料来源:黑龙江省应急管理厅。)

### (二)调查与评估案例

**福建省泉州市欣佳酒店"3·7"坍塌事故调查报告**

2020年3月7日19时14分,位于福建省泉州市鲤城区的欣佳酒店所在建筑物发生坍塌事故，造成29人死亡、42人受伤，直接经济损失5794万元。

1. 起因

欣佳酒店建筑物原本为四层，事故单位违法增加夹层将其改建成七层，使建筑物达到极限承载能力并处于坍塌临界状态。加之在事发前，对底层支承钢柱进行了违规加固焊接作业，导致钢柱失稳破坏，最终引发建筑物整体坍塌。

2. 性质

事故调查组认定，福建省泉州市欣佳酒店"3·7"坍塌事故是一起主要因违法违规建设、改建和加固施工，导致建筑物坍塌的重大生产安全责任事故。

3. 影响

事故虽然不够特别重大事故等级，但性质严重、影响恶劣。事故发生后，福建省委、省政府高度重视，按照习近平总书记重要指示和李克强、赵乐际等中央领导同志批示要求，积极稳妥有序推进事故救援及处置，组织开展全省房屋安全隐患大排查大整治专项行动。

4. 责任

对事故有关单位及责任人的处理建议如下：

（1）公安机关已采取强制措施人员共23人，12人逮捕，11人取保候审；

（2）对有关人员的党政纪处分和有关单位的处理意见由福建省纪委监委提出，涉嫌刑事犯罪人员由福建省纪委监委移交司法机关处理；

（3）对泉州市新星机电工贸有限公司给予罚款、吊销工商营业执照、撤销消防设计备案和消防竣工验收备案；对欣佳酒店给予吊销工商营业执照、特种行业许可证等证照，撤销消防设计备案、消防竣工验收备案；对福建省建筑工程质量检测中心有限公司予以罚款、吊销其建设工程质量检测机构综合类资质证书，并将其列入建筑市场主体"黑名单"；对福建超平建筑设计有限公司予以罚款，并记入信息档案，将其列入建筑市场主体"黑名单"；对福建省泰达消防检测有限公司、福建省亚厦装饰设计有限公司予以罚款；对湖南大学设计研究院有限公司，建议对该公司及其分公司予以责令停业整顿并降低其工程设计建筑行业（建筑工程）甲级资质等级。

5. 经验教训

（1）"生命至上、安全第一"的理念没有牢固树立；

（2）依法行政意识淡薄；

（3）监管执法严重不负责任；

（4）安全隐患排查治理形式主义问题突出；

（5）相关部门审批把关层层失守；

(6) 企业违法违规肆意妄为。

（资料来源：中华人民共和国应急管理部。）

## （三）恢复重建

### 青城山地震最牛酒店　打造道山第一温泉

在汶川地震后仅四天就开门营业的都江堰首家五星级酒店青城豪生于2008年12月28日宣布,继震后推出亚洲首家巨型旱冰滑雪场后,酒店的温源谷温泉将于2008年12月30日起正式对外营业。四川新闻网记者获悉,有着"震时最牛酒店"之称的青城豪生2009年还将推出具有青城特色的高尔夫练习场。

尽管室外气温已经寒冷刺骨,但是嬉戏在温源谷温泉池水里的几位游客却显得异常惬意。据青城豪生国际酒店负责人透露,温源谷的温泉来自青城山地层深处的优质矿泉,采用的是奥运水立方选用的高纯度水过滤技术处理。

"整个温源谷占地六十亩,温泉则依山而建。"该负责人告诉记者,除大型室内恒温景观汤池外,温源谷最大的亮点是拥有五十座全生态的露天泉池。根据科学康疗和养生原理设置的不同水温,让游客体会到不同的泡泉风格与不同的养生效果,"作为青城山范围内目前最大的温泉中心,我们希望能够把温源谷打造为道家名山的第一温泉。此外,明年我们还将推出具有青城特色的高尔夫练习场。"

四川新闻网记者同时获悉,目前青城山景区的旅游业已逐渐接近震前水平。当地旅游部门表示,希望通过温泉等更多旅游新项目的投入运营,进一步推动当地旅游产业结构的优化升级,为世人提供一张全新的都江堰青城山新名片。

（资料来源：四川新闻网。）

课程思政 案例

### 泉州酒店救援　第二战场的温情"一角"

2020年3月7日,毗邻四季康城的泉州欣佳酒店突然坍塌,一场汇聚全省消防救援力量的生死大救援迅即展开。与此同时,一场汇聚四季康城业主的爱心大后援也拉开了帷幕。

1.需要啥就送啥,爱心群一日万次交流

"当时我们正在家中吃饭,猛听见轰隆一声巨响,吓得一哆嗦,以为哪里爆炸了,跑到阳台一看,发现对面整幢酒店塌了,漫天灰尘,唯一能识别的,就是巨大的钢结构,垮在废墟中。"由于毗邻欣佳酒店,四季康城的物业人员和业主们目击了事件的发生。

作为离事发地最近的小区,所有看到这一幕的人都感受到前所未有的冲击,不敢相信眼前发生的事实。在责任心驱使下,作为四季康城的物业管理单位,中骏世邦泰和的项目经理朱运声思考着自己能为之做些什么时,几个反应快的爱心业主也开始展开了行动。

于是,世邦泰和物业的服务人员和几名业主迅速组建起了最初的"康城爱心群"。在群里,大家商议着可以提供什么样的帮助。爱心群在社区里引起了强烈反响,四季康城作为一个崇尚团结和友爱的群体,在这一刻得到了充分的体现,当天,入群的人员已经超过了300人。

经过讨论,大家认为,面对这场灾难,前方需要的是极为专业的救援技巧和方式。贡献自己的后勤力量,来保障前方的救援,才是最佳的选择。于是,爱心业主的代表们和物业中心的服务人员开始组织所有救援物资的集中保管和管理,源源不断的物资汇聚而来,再由大家选出的代表们对接现场后援工作。

业主陈小姐和李先生、吴先生等人,义务地对现场所需的紧急物资,集中进行了盘点,各种各样的物资,通过世邦泰和物业和四季康城爱心业主被送往救援现场:食物、口罩、被子、雨伞、雨衣、帐篷、手套、插排、电池、充电器、充电宝、衣物、水、杯子、洗手液、洗洁精、驱蚊液、活络油、牙膏、牙刷、碗筷、凳子、笔,甚至还有给搜救犬的狗粮⋯⋯

点滴的爱心陆续带出了乘数效应。连续几日,"康城爱心群"日信息量都超过1万条,现场的每一个需求、每一点消息都牵动着大家的心。往日里最不想听到的救护车声,反而成为最盼望听到的声音,"这意味着又有人被救出来了"。

2. 让有爱成为社区文化,温暖城市的人

三月的泉州,夜晚依旧寒气逼人,中骏世邦泰和物业的巡逻岗老胡,在日常的巡夜过程中,发现一名经过十几个小时不间断地奋战后轮换下来的消防战士,疲惫不堪地靠在地上休息,他默默地走到宿舍,拿起了自己的被子悄悄给消防战士盖上。这个温馨的瞬间,被一位爱心业主拍摄到了,这张照片瞬间在爱心群里引发了热烈的讨论和点赞,业主们也纷纷拿出了好几床被子,放在大堂墙边供救援队员随时取用。

眼看着现场的救援人员不眠不休、长时间地在现场奋斗,四季康城物业和业主们都在想,如何能把后勤保障做得更好一些,让他们能吃上热饭热菜。于是,小区物业人员和业主代表们开始在后方搭灶煮饭,用简单的面条、米饭、鸡蛋羹汤等,为消防战士们不间断地供应热乎的食物。

夜晚时分,"露天厨房"已经歇业,因为担心还会有救援人员饿着肚子,一栋楼的业主聚集了所有食材,煮了200多份米粉送到了救援现场,这一行为又引发了爱心群里一大波点赞。对此,他们不好意思地表示:"能出一份力就好,跟救援人员相比我们太微不足道了,很高兴自己还能帮上点忙。"

一群有爱的业主离不开一个良好的社区文化氛围,在中骏世邦泰和物业人员和业主共同的努力下,所有人都不约而同地开始传递爱心。虽然在巨大的灾难面前,这群有爱的"小人物"是如此微不足道,但正是这无数微弱的星光,才汇聚成家园生生不息的希望,凝结成社区宏大的力量。当灾难发生,每一个释放善意的人,都是这个时代的英雄。唯愿岁月无恙,至亲常伴身旁。

(资料来源:北国网。)

**案例讨论:**酒店应急管理工作是一项复杂系统工程,需要酒店、政府相关机构及社区的齐抓共管。请你结合相关案例,谈谈社区在酒店应急管理中的作用和贡献。

## 重要术语

突发事件(Emergency Event)

应急管理(Emergency Management)

预防(Prevention)

应急准备(Emergency Preparation)

一案三制(One case and Three Systems)

风险监测(Risk Surveillance)

安全预警(Safety Early Warning)

应急响应(Emergency Response)

应急处置(Emergency Disposal)

应急救援(Emergency Rescue)

恢复与重建(Restoration and Rehabilitation)

## 思考题

1. 简述酒店应对突发安全事件的应急管理机制。
2. 简述酒店突发事件风险的主要类型。
3. 简述酒店风险预防的基本原则。
4. 针对人员因素的酒店风险预防措施有哪些?
5. 针对设施设备因素的酒店风险预防措施有哪些?
6. 针对环境因素的酒店风险预防措施有哪些?
7. 针对管理因素的酒店风险预防措施有哪些?

8. 酒店应急建设的"一案三制"是什么？
9. 如何实施酒店应急教育？
10. 酒店突发事件风险监测的内容包括哪些？
11. 简述酒店突发事件安全风险预警的总体思路。
12. 简述酒店应急处置与救援的流程。
13. 简述酒店突发事件后恢复与重建的流程。

# 第八章
## 酒店安全法律法规与案例分析

酒店在生产经营过程中,往往因安全问题发生各类法律纠纷,若不加以妥善解决,势必对酒店可持续发展造成影响。为此,酒店方应知法懂法,善于利用法律武器维护自身合法权益不受侵害。同时,也要根据相关法律条款要求,对顾客尽到安全保障义务。

本章要点

1. 了解酒店安全法律法规体系构成。
2. 熟悉酒店安全管理的法律法规。
3. 掌握面向酒店业的相关法律法规及标准。
4. 理解酒店安全相关法律法规,并会运用其分析解决酒店安全管理过程中的法律纠纷。

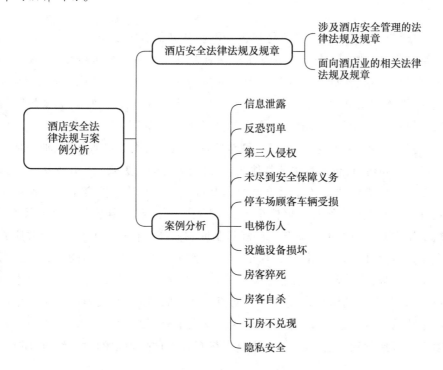

**课程思政元素**

修订;知法懂法;合法权益;有法可依;依法兴旅、依法治旅;安全运营;产品质量;可持续发展;规范;保护;提前介入

## 第一节　酒店安全法律法规及规章

### 一、涉及酒店安全管理的法律法规及规章

#### （一）《中华人民共和国安全生产法》

《中华人民共和国安全生产法》由2002年6月29日第九届全国人民代表大会常务委员会第二十八次会议通过。根据2009年8月27日《全国人民代表大会常务委员会关于修改部分法律的决定》第一次修正，根据2014年8月31日第十二届全国人民代表大会常务委员会第十次会议《关于修改〈中华人民共和国安全生产法〉的决定》第二次修正，根据2021年6月10日第十三届全国人民代表大会常务委员会第二十九次会议《关于修改〈中华人民共和国安全生产法〉的决定》第三次修正。

酒店属于生产经营单位，《中华人民共和国安全生产法》对其经营管理具有法律约束效力。

第四条规定："生产经营单位必须遵守本法和其他有关安全生产的法律、法规，加强安全生产管理，建立健全全员安全生产责任制和安全生产规章制度，加大对安全生产资金、物资、技术、人员的投入保障力度，改善安全生产条件，加强安全生产标准化、信息化建设，构建安全风险分级管控和隐患排查治理双重预防机制，健全风险防范化解机制，提高安全生产水平，确保安全生产。平台经济等新兴行业、领域的生产经营单位应当根据本行业、领域的特点，建立健全并落实全员安全生产责任制，加强从业人员安全生产教育和培训，履行本法和其他法律、法规规定的有关安全生产义务。"

第二十一条规定："生产经营单位的主要负责人对本单位安全生产工作负有下列职责：（一）建立健全并落实本单位全员安全生产责任制，加强安全生产标准化建设；（二）组织制定并实施本单位安全生产规章制度和操作规程；（三）组织制定并实施本单位安全生产教育和培训计划；（四）保证本单位安全生产投入的有效实施；（五）组织建立并落实安全风险分级管控和隐患排查治理双重预防工作机制，督促、检查本单位的安全生产工作，及时消除生产安全事故隐患；（六）组织制定并实施本单位的生产安全事故应急救援预案；（七）及时、如实报告生产安全事故。"

第三十五条规定："生产经营单位应当在有较大危险因素的生产经营场所和有关

设施、设备上,设置明显的安全警示标志。"

第五十七条规定:"从业人员在作业过程中,应当严格落实岗位安全责任,遵守本单位的安全生产规章制度和操作规程,服从管理,正确佩戴和使用劳动防护用品。"

第五十八条规定:"从业人员应当接受安全生产教育和培训,掌握本职工作所需的安全生产知识,提高安全生产技能,增强事故预防和应急处理能力。"

第八十一条规定:"生产经营单位应当制定本单位生产安全事故应急救援预案,与所在地县级以上地方人民政府组织制定的生产安全事故应急救援预案相衔接,并定期组织演练。"

### (二)《中华人民共和国消防法》

《中华人民共和国消防法》于1998年4月29日第九届全国人民代表大会常务委员会第二次会议通过。2008年10月28日第十一届全国人民代表大会常务委员会第五次会议修订,根据2019年4月23日第十三届全国人民代表大会常务委员会第十次会议《关于修改〈中华人民共和国建筑法〉等八部法律的决定》第一次修正,根据2021年4月29日第十三届全国人民代表大会常务委员会第二十八次会议《关于修改〈中华人民共和国道路交通安全法〉等八部法律的决定》第二次修正。

消防安全虽不等于酒店安全,但其重要性对于酒店可持续发展至关重要。《中华人民共和国消防法》中与酒店相关的主要条款如下:

第五条规定:"任何单位和个人都有维护消防安全、保护消防设施、预防火灾、报告火警的义务。任何单位和成年人都有参加有组织的灭火工作的义务。"

第十五条规定:"公众聚集场所投入使用、营业前消防安全检查实行告知承诺管理。公众聚集场所在投入使用、营业前,建设单位或者使用单位应当向场所所在地的县级以上地方人民政府消防救援机构申请消防安全检查,作出场所符合消防技术标准和管理规定的承诺,提交规定的材料,并对其承诺和材料的真实性负责。消防申请人选择不采用告知承诺方式办理的,消防救援机构应当自受理申请之日起十个工作日内,根据消防技术标准和管理规定,对该场所进行检查。经检查符合消防安全要求的,应当予以许可。公众聚集场所未经消防救援机构许可的,不得投入使用、营业。消防安全检查的具体办法,由国务院应急管理部门制定。救援机构对申请人提交的材料进行审查;申请材料齐全、符合法定形式的,应当予以许可。消防救援机构应当根据消防技术标准和管理规定,及时对作出承诺的公众聚集场所进行核查。"

第十六条规定:"机关、团体、企业、事业等单位应当履行下列消防安全职责:(一)落实消防安全责任制,制定本单位的消防安全制度、消防安全操作规程,制定灭火和应急疏散预案;(二)按照国家标准、行业标准配置消防设施、器材,设置消防安全标志,并定期组织检验、维修,确保完好有效;(三)对建筑消防设施每年至少进行一次全面检测,确保完好有效,检测记录应当完整准确,存档备查;(四)保障疏散通道、安全出口、消防车通道畅通,保证防火防烟分区、防火间距符合消防技术标准;(五)组织防火检查,及时消除火灾隐患;(六)组织进行有针对性的消防演练;(七)法律、法规规定的其他消防安全职责。单位的主要负责人是本单位的消防安全责任人。"

### (三)《中华人民共和国食品安全法》

《中华人民共和国食品安全法》于2009年2月28日经第十一届全国人民代表大会常务委员会第七次会议通过;后于2015年4月24日,经第十二届全国人民代表大会常务委员会第十四次会议进行修订;并根据2018年12月29日,第十三届全国人民代表大会常务委员会第七次会议作出的《关于修改〈中华人民共和国产品质量法〉等五部法律的决定》予以修正。

酒店餐饮部在为顾客提供精美饮食的过程中,必须严格按照《中华人民共和国食品安全法》的要求,实现对食品的安全管理。相关主要条款如下:

第四条规定:"食品生产经营者对其生产经营食品的安全负责。食品生产经营者应当依照法律、法规和食品安全标准从事生产经营活动,保证食品安全,诚信自律,对社会和公众负责,接受社会监督,承担社会责任。"

第三十三条规定:"食品生产经营应当符合食品安全标准,并符合下列要求:

(1)具有与生产经营的食品品种、数量相适应的食品原料处理和食品加工、包装、贮存等场所,保持该场所环境整洁,并与有毒、有害场所以及其他污染源保持规定的距离;

(2)具有与生产经营的食品品种、数量相适应的生产经营设备或者设施,有相应的消毒、更衣、盥洗、采光、照明、通风、防腐、防尘、防蝇、防鼠、防虫、洗涤以及处理废水、存放垃圾和废弃物的设备或者设施;

(3)有专职或者兼职的食品安全专业技术人员、食品安全管理人员和保证食品安全的规章制度;

(4)具有合理的设备布局和工艺流程,防止待加工食品与直接入口食品、原料与成品交叉污染,避免食品接触有毒物、不洁物;

(5)餐具、饮具和盛放直接入口食品的容器,使用前应当洗净、消毒,炊具、用具用后应当洗净,保持清洁;

(6)贮存、运输和装卸食品的容器、工具和设备应当安全、无害,保持清洁,防止食品污染,并符合保证食品安全所需的温度、湿度等特殊要求,不得将食品与有毒、有害物品一同贮存、运输;

(7)直接入口的食品应当使用无毒、清洁的包装材料、餐具、饮具和容器;

(8)食品生产经营人员应当保持个人卫生,生产经营食品时,应当将手洗净,穿戴清洁的工作衣、帽等;销售无包装的直接入口食品时,应当使用无毒、清洁的容器、售货工具和设备;

(9)用水应当符合国家规定的生活饮用水卫生标准;

(10)使用的洗涤剂、消毒剂应当对人体安全、无害;

(11)法律、法规规定的其他要求。

非食品生产经营者从事食品贮存、运输和装卸的,应当符合前款第六项的规定。"

第三十四条规定:"禁止生产经营下列食品、食品添加剂、食品相关产品:

(1)用非食品原料生产的食品或者添加食品添加剂以外的化学物质和其他可能危害人体健康物质的食品,或者用回收食品作为原料生产的食品;

(2)致病性微生物,农药残留、兽药残留、生物毒素、重金属等污染物质以及其他危害人体健康的物质含量超过食品安全标准限量的食品、食品添加剂、食品相关产品;

(3)用超过保质期的食品原料、食品添加剂生产的食品、食品添加剂;

(4)超范围、超限量使用食品添加剂的食品;

(5)营养成分不符合食品安全标准的专供婴幼儿和其他特定人群的主辅食品;

(6)腐败变质、油脂酸败、霉变生虫、污秽不洁、混有异物、掺假掺杂或者感官性状异常的食品、食品添加剂;

(7)病死、毒死或者死因不明的禽、畜、兽、水产动物肉类及其制品;

(8)未按规定进行检疫或者检疫不合格的肉类,或者未经检验或者检验不合格的肉类制品;

(9)被包装材料、容器、运输工具等污染的食品、食品添加剂;

(10)标注虚假生产日期、保质期或者超过保质期的食品、食品添加剂;

(11)无标签的预包装食品、食品添加剂;

(12)国家为防病等特殊需要明令禁止生产经营的食品;

(13)其他不符合法律、法规或者食品安全标准的食品、食品添加剂、食品相关产品。"

第四十四条规定:"食品生产经营企业应当建立健全食品安全管理制度,对职工进行食品安全知识培训,加强食品检验工作,依法从事生产经营活动。食品生产经营企业的主要负责人应当落实企业食品安全管理制度,对本企业的食品安全工作全面负责。食品生产经营企业应当配备食品安全管理人员,加强对其培训和考核。经考核不具备食品安全管理能力的,不得上岗。食品安全监督管理部门应当对企业食品安全管理人员随机进行监督抽查考核并公布考核情况。监督抽查考核不得收取费用。"

第四十五条规定:"食品生产经营者应当建立并执行从业人员健康管理制度。患有国务院卫生行政部门规定的有碍食品安全疾病的人员,不得从事接触直接入口食品的工作。从事接触直接入口食品工作的食品生产经营人员应当每年进行健康检查,取得健康证明后方可上岗工作。"

第四十七条规定:"食品生产经营者应当建立食品安全自查制度,定期对食品安全状况进行检查评价。生产经营条件发生变化,不再符合食品安全要求的,食品生产经营者应当立即采取整改措施;有发生食品安全事故潜在风险的,应当立即停止食品生产经营活动,并向所在地县级人民政府食品安全监督管理部门报告。"

第五十五条规定:"餐饮服务提供者应当制定并实施原料控制要求,不得采购不符合食品安全标准的食品原料。倡导餐饮服务提供者公开加工过程,公示食品原料及其来源等信息。餐饮服务提供者在加工过程中应当检查待加工的食品及原料,发现有本法第三十四条第六项规定情形的,不得加工或者使用。"

第五十六条规定:"餐饮服务提供者应当定期维护食品加工、贮存、陈列等设施、设备;定期清洗、校验保温设施及冷藏、冷冻设施。餐饮服务提供者应当按照要求对餐具、饮具进行清洗消毒,不得使用未经清洗消毒的餐具、饮具;餐饮服务提供者委托清洗消毒餐具、饮具的,应当委托符合本法规定条件的餐具、饮具集中消毒服务单位。"

第五十八条规定:"餐具、饮具集中消毒服务单位应当具备相应的作业场所、清洗消毒设备或者设施,用水和使用的洗涤剂、消毒剂应当符合相关食品安全国家标准和其他国家标准、卫生规范。餐具、饮具集中消毒服务单位应当对消毒餐具、饮具进行逐批检验,检验合格后方可出厂,并应当随附消毒合格证明。消毒后的餐具、饮具应当在独立包装上标注单位名称、地址、联系方式、消毒日期以及使用期限等内容。"

第一百四十七条规定:"违反本法规定,造成人身、财产或者其他损害的,依法承担赔偿责任。生产经营者财产不足以同时承担民事赔偿责任和缴纳罚款、罚金时,先承担民事赔偿责任。"

### (四)《中华人民共和国旅游法》

《中华人民共和国旅游法》于2013年4月25日第十二届全国人民代表大会常务委员会第二次会议通过。根据2016年11月7日第十二届全国人民代表大会常务委员会第二十四次会议《关于修改〈中华人民共和国对外贸易法〉等十二部法律的决定》第一次修正,根据2018年10月26日第十三届全国人民代表大会常务委员会第六次会议《关于修改〈中华人民共和国野生动物保护法〉等十五部法律的决定》第二次修正。

《中华人民共和国旅游法》的实施,标志着我国旅游业进入了依法兴旅、依法治旅的新阶段。酒店业作为旅游业的重要支撑产业,《中华人民共和国旅游法》对其经营管理具有法律约束效力。相关条款如下:

第九条规定:"旅游者有权自主选择旅游产品和服务,有权拒绝旅游经营者的强制交易行为。旅游者有权知悉其购买的旅游产品和服务的真实情况。旅游者有权要求旅游经营者按照约定提供产品和服务。"

第十条规定:"旅游者的人格尊严、民族风俗习惯和宗教信仰应当得到尊重。"

第十四条规定:"旅游者在旅游活动中或者在解决纠纷时,不得损害当地居民的合法权益,不得干扰他人的旅游活动,不得损害旅游经营者和旅游从业人员的合法权益。"

第十五条规定:"旅游者购买、接受旅游服务时,应当向旅游经营者如实告知与旅游活动相关的个人健康信息,遵守旅游活动中的安全警示规定。"

第四十九条规定:"为旅游者提供交通、住宿、餐饮、娱乐等服务的经营者,应当符合法律、法规规定的要求,按照合同约定履行义务。"

第五十二条规定:"旅游经营者对其在经营活动中知悉的旅游者个人信息,应当予以保密。"

第五十四条规定:"景区、住宿经营者将其部分经营项目或者场地交由他人从事住宿、餐饮、购物、游览、娱乐、旅游交通等经营的,应当对实际经营者的经营行为给旅游者造成的损害承担连带责任。"

第七十五条规定:"住宿经营者应当按照旅游服务合同的约定为团队旅游者提供住宿服务。住宿经营者未能按照旅游服务合同提供服务的,应当为旅游者提供不低于原定标准的住宿服务,因此增加的费用由住宿经营者承担;但由于不可抗力、政府因公共利益需要采取措施造成不能提供服务的,住宿经营者应当协助安排旅游者住宿。"

第七十九条规定:"旅游经营者应当严格执行安全生产管理和消防安全管理的法律、法规和国家标准、行业标准,具备相应的安全生产条件,制定旅游者安全保护制度和应急预案。旅游经营者应当对直接为旅游者提供服务的从业人员开展经常性应急救助技能培训,对提供的产品和服务进行安全检验、监测和评估,采取必要措施防止危害发生。旅游经营者组织、接待老年人、未成年人、残疾人等旅游者,应当采取相应的安全保障措施。"

第八十条规定:"旅游经营者应当就旅游活动中的下列事项,以明示的方式事先向旅游者做出说明或者警示:

(1)正确使用相关设施、设备的方法;
(2)必要的安全防范和应急措施;
(3)未向旅游者开放的经营、服务场所和设施、设备;
(4)不适宜参加相关活动的群体;
(5)可能危及旅游者人身、财产安全的其他情形。"

第八十一条规定:"突发事件或者旅游安全事故发生后,旅游经营者应当立即采取必要的救助和处置措施,依法履行报告义务,并对旅游者做出妥善安排。"

第八十二条规定:"旅游者在人身、财产安全遇有危险时,有权请求旅游经营者、当地政府和相关机构进行及时救助。"

第九十二条规定:"旅游者与旅游经营者发生纠纷,可以通过下列途径解决:

(1)双方协商;
(2)向消费者协会、旅游投诉受理机构或者有关调解组织申请调解;
(3)根据与旅游经营者达成的仲裁协议提请仲裁机构仲裁;
(4)向人民法院提起诉讼。"

第九十四条规定:"旅游者与旅游经营者发生纠纷,旅游者一方人数众多并有共同请求的,可以推选代表人参加协商、调解、仲裁、诉讼活动。"

第一百零七条规定:"旅游经营者违反有关安全生产管理和消防安全管理的法律、法规或者国家标准、行业标准的,由有关主管部门依照有关法律、法规的规定处罚。"

(五)《中华人民共和国反恐怖主义法》

《中华人民共和国反恐怖主义法》由中华人民共和国第十二届全国人民代表大会常务委员会第十八次会议于2015年12月27日通过,自2016年1月1日起施行。

国外酒店恐怖袭击事件的频发,表明酒店无法在当今世界反恐形势越发严峻的情况下置身事外,酒店业应依据《中华人民共和国反恐怖主义法》规定,严格依法执行入

住旅客实名登记制度,以确保酒店安全运营。相关条款如下:

第二十一条规定:"电信、互联网、金融、住宿、长途客运、机动车租赁等业务经营者、服务提供者,应当对客户身份进行查验。对身份不明或者拒绝身份查验的,不得提供服务。"

第八十六条规定:"电信、互联网、金融业务经营者、服务提供者未按规定对客户身份进行查验,或者对身份不明、拒绝身份查验的客户提供服务的,主管部门应当责令改正;拒不改正的,处二十万元以上五十万元以下罚款,并对其直接负责的主管人员和其他直接责任人员处十万元以下罚款;情节严重的,处五十万元以上罚款,并对其直接负责的主管人员和其他直接责任人员,处十万元以上五十万元以下罚款。住宿、长途客运、机动车租赁等业务经营者、服务提供者有前款规定情形的,由主管部门处十万元以上五十万元以下罚款,并对其直接负责的主管人员和其他直接责任人员处十万元以下罚款。"

第九十三条规定:"单位违反本法规定,情节严重的,由主管部门责令停止从事相关业务、提供相关服务或者责令停产停业;造成严重后果的,吊销有关证照或者撤销登记。"

### (六)《中华人民共和国消费者权益保护法》

《中华人民共和国消费者权益保护法》由1993年10月31日第八届全国人民代表大会常务委员会第四次会议通过。根据2009年8月27日第十一届全国人民代表大会常务委员会第十次会议《关于修改部分法律的决定》第一次修正,根据2013年10月25日第十二届全国人民代表大会常务委员会第五次会议《关于修改〈中华人民共和国消费者权益保护法〉的决定》第二次修正。

顾客通过购买酒店产品和服务,成为酒店的消费者,其在酒店的消费过程中受到《中华人民共和国消费者权益保护法》的保护。相关主要条款如下:

第七条规定:"消费者在购买、使用商品和接受服务时享有人身、财产安全不受损害的权利。消费者有权要求经营者提供的商品和服务,符合保障人身、财产安全的要求。"

第十六条规定:"经营者向消费者提供商品或者服务,应当依照本法和其他有关法律、法规的规定履行义务。经营者和消费者有约定的,应当按照约定履行义务,但双方的约定不得违背法律、法规的规定。经营者向消费者提供商品或者服务,应当恪守社会公德,诚信经营,保障消费者的合法权益;不得设定不公平、不合理的交易条件,不得强制交易。"

第十八条规定:"经营者应当保证其提供的商品或者服务符合保障人身、财产安全的要求。对可能危及人身、财产安全的商品和服务,应当向消费者做出真实的说明和明确的警示,并说明和标明正确使用商品或者接受服务的方法以及防止危害发生的方法。宾馆、商场、餐馆、银行、机场、车站、港口、影剧院等经营场所的经营者,应当对消费者尽到安全保障义务。"

第十九条规定:"经营者发现其提供的商品或者服务存在缺陷,有危及人身、财产安全危险的,应当立即向有关行政部门报告和告知消费者,并采取停止销售、警示、召回、无害化处理、销毁、停止生产或者服务等措施。采取召回措施的,经营者应当承担消费者因商品被召回支出的必要费用。"

第四十四条规定:"消费者通过网络交易平台购买商品或者接受服务,其合法权益受到损害的,可以向销售者或者服务者要求赔偿。网络交易平台提供者不能提供销售者或者服务者的真实名称、地址和有效联系方式的,消费者也可以向网络交易平台提供者要求赔偿;网络交易平台提供者做出更有利于消费者的承诺的,应当履行承诺。网络交易平台提供者赔偿后,有权向销售者或者服务者追偿。网络交易平台提供者明知或者应知销售者或者服务者利用其平台侵害消费者合法权益,未采取必要措施的,依法与该销售者或者服务者承担连带责任。"

第五十条规定:"经营者侵害消费者的人格尊严、侵犯消费者人身自由或者侵害消费者个人信息依法得到保护的权利的,应当停止侵害、恢复名誉、消除影响、赔礼道歉,并赔偿损失。"

### (七)《中华人民共和国产品质量法》

《中华人民共和国产品质量法》由1993年2月22日第七届全国人民代表大会常务委员会第三十次会议通过。根据2000年7月8日第九届全国人民代表大会常务委员会第十六次会议《关于修改〈中华人民共和国产品质量法〉的决定》第一次修正,根据2009年8月27日第十一届全国人民代表大会常务委员会第十次会议《关于修改部分法律的决定》第二次修正,根据2018年12月29日第十三届全国人民代表大会常务委员会第七次会议《关于修改〈中华人民共和国产品质量法〉等五部法律的决定》第三次修正。

产品质量是酒店立身之本,事关酒店本质化安全生产,直接影响酒店的可持续发展。因此,酒店需严格遵守《中华人民共和国产品质量法》的规定,为顾客提供各类符合法定质量和标准的产品。相关主要条款如下:

第三条规定:"生产者、销售者应当建立健全内部产品质量管理制度,严格实施岗位质量规范、质量责任以及相应的考核办法。"

第十二条规定:"产品质量应当检验合格,不得以不合格产品冒充合格产品。"

第二十六条规定:"生产者应当对其生产的产品质量负责。

产品质量应当符合下列要求:

(1) 不存在危及人身、财产安全的不合理的危险,有保障人体健康和人身、财产安全的国家标准、行业标准的,应当符合该标准;

(2) 具备产品应当具备的使用性能,但是,对产品存在使用性能的瑕疵做出说明的除外;

(3) 符合在产品或者其包装上注明采用的产品标准,符合以产品说明、实物样品等方式表明的质量状况。"

第三十四条规定:"销售者应当采取措施,保持销售产品的质量。"

第三十五条规定："销售者不得销售国家明令淘汰并停止销售的产品和失效、变质的产品。"

第四十一条规定："因产品存在缺陷造成人身、缺陷产品以外的其他财产（以下简称他人财产）损害的，生产者应当承担赔偿责任。

生产者能够证明有下列情形之一的，不承担赔偿责任：

（1）未将产品投入流通的；

（2）产品投入流通时，引起损害的缺陷尚不存在的；

（3）将产品投入流通时的科学技术水平尚不能发现缺陷的存在的。"

第四十七条规定："因产品质量发生民事纠纷时，当事人可以通过协商或者调解解决。当事人不愿通过协商、调解解决或者协商、调解不成的，可以根据当事人各方的协议向仲裁机构申请仲裁；当事人各方没有达成仲裁协议或者仲裁协议无效的，可以直接向人民法院起诉。"

### （八）《中华人民共和国个人信息保护法》

《中华人民共和国个人信息保护法》由2021年8月20日第十三届全国人民代表大会常务委员会第三十次会议通过，自2021年11月1日起施行。

酒店因入职登记需要，获得了大量顾客个人信息，一旦这些信息泄露，将会给顾客造成困扰和伤害。酒店需依据《中华人民共和国个人信息保护法》，规范个人信息管理，保护个人信息权益。相关主要条款如下：

第二条规定："自然人的个人信息受法律保护，任何组织、个人不得侵害自然人的个人信息权益。"

第六条规定："处理个人信息应当具有明确、合理的目的，并应当与处理目的直接相关，采取对个人权益影响最小的方式。收集个人信息，应当限于实现处理目的的最小范围，不得过度收集个人信息。"

第九条规定："个人信息处理者应当对其个人信息处理活动负责，并采取必要措施保障所处理的个人信息的安全。"

第十条规定："任何组织、个人不得非法收集、使用、加工、传输他人个人信息，不得非法买卖、提供或者公开他人个人信息；不得从事危害国家安全、公共利益的个人信息处理活动。"

第五十一条规定："个人信息处理者应当根据个人信息的处理目的、处理方式、个人信息的种类以及对个人权益的影响、可能存在的安全风险等，采取下列措施确保个人信息处理活动符合法律、行政法规的规定，并防止未经授权的访问以及个人信息泄露、篡改、丢失：

（1）制定内部管理制度和操作规程；

（2）对个人信息实行分类管理；

（3）采取相应的加密、去标识化等安全技术措施；

（4）合理确定个人信息处理的操作权限，并定期对从业人员进行安全教育和培训；

(5)制定并组织实施个人信息安全事件应急预案;

(6)法律、行政法规规定的其他措施。"

第五十七条规定:"发生或者可能发生个人信息泄露、篡改、丢失的,个人信息处理者应当立即采取补救措施,并通知履行个人信息保护职责的部门和个人。通知应当包括下列事项:

(1)发生或者可能发生个人信息泄露、篡改、丢失的信息种类、原因和可能造成的危害;

(2)个人信息处理者采取的补救措施和个人可以采取的减轻危害的措施;

(3)个人信息处理者的联系方式。

个人信息处理者采取措施能够有效避免信息泄露、篡改、丢失造成危害的,个人信息处理者可以不通知个人;履行个人信息保护职责的部门认为可能造成危害的,有权要求个人信息处理者通知个人。"

### (九)《中华人民共和国民法典》

《中华人民共和国民法典》由2020年5月28日第十三届全国人民代表大会第三次会议通过。自2021年1月1日起施行。与酒店相关的主要条款如下:

第四条规定:"民事主体在民事活动中的法律地位一律平等。"

第五条规定:"民事主体从事民事活动,应当遵循自愿原则,按照自己的意思设立、变更、终止民事法律关系。"

第六条规定:"民事主体从事民事活动,应当遵循公平原则,合理确定各方的权利和义务。"

第七条规定:"民事主体从事民事活动,应当遵循诚信原则,秉持诚实,恪守承诺。"

第八条规定:"民事主体从事民事活动,不得违反法律,不得违背公序良俗。"

第八十六条规定:"营利法人从事经营活动,应当遵守商业道德,维护交易安全,接受政府和社会的监督,承担社会责任。"

第一百一十九条规定:"依法成立的合同,对当事人具有法律约束力。"

第五百条规定:"当事人在订立合同过程中有下列情形之一,造成对方损失的,应当承担赔偿责任:

(1)假借订立合同,恶意进行磋商;

(2)故意隐瞒与订立合同有关的重要事实或者提供虚假情况;

(3)有其他违背诚信原则的行为。"

第一百八十二条规定:"因紧急避险造成损害的,由引起险情发生的人承担民事责任。危险由自然原因引起的,紧急避险人不承担民事责任,可以给予适当补偿。紧急避险采取措施不当或者超过必要的限度,造成不应有的损害的,紧急避险人应当承担适当的民事责任。"

第五百零六条规定:"合同中的下列免责条款无效:

（1）造成对方人身损害的；

（2）因故意或者重大过失造成对方财产损失的。"

第五百零九条规定："当事人应当按照约定全面履行自己的义务。当事人应当遵循诚信原则，根据合同的性质、目的和交易习惯履行通知、协助、保密等义务。"

第五百一十条规定："合同生效后，当事人就质量、价款或者报酬、履行地点等内容没有约定或者约定不明确的，可以协议补充；不能达成补充协议的，按照合同相关条款或者交易习惯确定。"

第五百七十七条规定："当事人一方不履行合同义务或者履行合同义务不符合约定的，应当承担继续履行、采取补救措施或者赔偿损失等违约责任。"

第五百九十条规定："当事人一方因不可抗力不能履行合同的，根据不可抗力的影响，部分或者全部免除责任，但是法律另有规定的除外。因不可抗力不能履行合同的，应当及时通知对方，以减轻可能给对方造成的损失，并应当在合理期限内提供证明。当事人迟延履行后发生不可抗力的，不免除其违约责任。"

第五百九十二条规定："当事人都违反合同的，应当各自承担相应的责任。当事人一方违约造成对方损失，对方对损失的发生有过错的，可以减少相应的损失赔偿额。"

第五百九十三条规定："当事人一方因第三人的原因造成违约的，应当依法向对方承担违约责任。当事人一方和第三人之间的纠纷，依照法律规定或者按照约定处理。"

第九百九十六条规定："因当事人一方的违约行为，损害对方人格权并造成严重精神损害，受损害方选择请求其承担违约责任的，不影响受损害方请求精神损害赔偿。"

第八百九十七条规定："保管期内，因保管人保管不善造成保管物毁损、灭失的，保管人应当承担赔偿责任。但是，无偿保管人证明自己没有故意或者重大过失的，不承担赔偿责任。"

第八百九十八条规定："寄存人寄存货币、有价证券或者其他贵重物品的，应当向保管人声明，由保管人验收或者封存；寄存人未声明的，该物品毁损、灭失后，保管人可以按照一般物品予以赔偿。"

第九百二十九条规定："有偿的委托合同，因受托人的过错造成委托人损失的，委托人可以请求赔偿损失。无偿的委托合同，因受托人的故意或者重大过失造成委托人损失的，委托人可以请求赔偿损失。受托人超越权限造成委托人损失的，应当赔偿损失。"

第九百九十五条规定："人格权受到侵害的，受害人有权依照本法和其他法律的规定请求行为人承担民事责任。受害人的停止侵害、排除妨碍、消除危险、消除影响、恢复名誉、赔礼道歉请求权，不适用诉讼时效的规定。"

第一千零一十四条规定："任何组织或者个人不得以干涉、盗用、假冒等方式侵害他人的姓名权或者名称权。"

第一千零一十九条规定："任何组织或者个人不得以丑化、污损，或者利用信息技术手段伪造等方式侵害他人的肖像权。未经肖像权人同意，不得制作、使用、公开肖像权人的肖像，但是法律另有规定的除外。未经肖像权人同意，肖像作品权利人不得以发表、复制、发行、出租、展览等方式使用或者公开肖像权人的肖像。"

第一千零二十四条规定:"民事主体享有名誉权。任何组织或者个人不得以侮辱、诽谤等方式侵害他人的名誉权。"

第一千零三十一条规定:"民事主体享有荣誉权。任何组织或者个人不得非法剥夺他人的荣誉称号,不得诋毁、贬损他人的荣誉。获得的荣誉称号应当记载而没有记载的,民事主体可以请求记载;获得的荣誉称号记载错误的,民事主体可以请求更正。"

第一千零三十二条规定:"自然人享有隐私权。任何组织或者个人不得以刺探、侵扰、泄露、公开等方式侵害他人的隐私权。隐私是自然人的私人生活安宁和不愿为他人知晓的私密空间、私密活动、私密信息。"

第一千一百七十九条规定:"侵害他人造成人身损害的,应当赔偿医疗费、护理费、交通费、营养费、住院伙食补助费等为治疗和康复支出的合理费用,以及因误工减少的收入。造成残疾的,还应当赔偿辅助器具费和残疾赔偿金;造成死亡的,还应当赔偿丧葬费和死亡赔偿金。"

第一千一百八十四条规定:"侵害他人财产的,财产损失按照损失发生时的市场价格或者其他合理方式计算。"

第一千一百九十八条规定:"宾馆、商场、银行、车站、机场、体育场馆、娱乐场所等经营场所、公共场所的经营者、管理者或者群众性活动的组织者,未尽到安全保障义务,造成他人损害的,应当承担侵权责任。因第三人的行为造成他人损害的,由第三人承担侵权责任;经营者、管理者或者组织者未尽到安全保障义务的,承担相应的补充责任。经营者、管理者或者组织者承担补充责任后,可以向第三人追偿。"

第一千二百零二条规定:"因产品存在缺陷造成他人损害的,生产者应当承担侵权责任。"

第一千二百零三条规定:"因产品存在缺陷造成他人损害的,被侵权人可以向产品的生产者请求赔偿,也可以向产品的销售者请求赔偿。产品缺陷由生产者造成的,销售者赔偿后,有权向生产者追偿。因销售者的过错使产品存在缺陷的,生产者赔偿后,有权向销售者追偿。"

第一千二百零四条规定:"因运输者、仓储者等第三人的过错使产品存在缺陷,造成他人损害的,产品的生产者、销售者赔偿后,有权向第三人追偿。"

第一千二百零五条规定:"因产品缺陷危及他人人身、财产安全的,被侵权人有权请求生产者、销售者承担停止侵害、排除妨碍、消除危险等侵权责任。"

第一千二百零六条规定:"产品投入流通后发现存在缺陷的,生产者、销售者应当及时采取停止销售、警示、召回等补救措施;未及时采取补救措施或者补救措施不力造成损害扩大的,对扩大的损害也应当承担侵权责任。依据前款规定采取召回措施的,生产者、销售者应当负担被侵权人因此支出的必要费用。"

第一千二百零七条规定:"明知产品存在缺陷仍然生产、销售,或者没有依据前条规定采取有效补救措施,造成他人死亡或者健康严重损害的,被侵权人有权请求相应的惩罚性赔偿。"

#### （十）《中华人民共和国刑法》

《中华人民共和国刑法》由1979年7月1日第五届全国人民代表大会第二次会议通过，自1980年1月1日起施行。后经十二次修正，最近一次修正为《中华人民共和国刑法修正案（十二）》，2023年12月29日，中华人民共和国第十四届全国人民代表大会常务委员会第七次会议通过，自2024年3月1日起施行。

与酒店相关主要条款如下：

第二百六十四条规定："盗窃公私财物，数额较大的，或者多次盗窃、入户盗窃、携带凶器盗窃、扒窃的，处三年以下有期徒刑、拘役或者管制，并处或者单处罚金；数额巨大或者有其他严重情节的，处三年以上十年以下有期徒刑，并处罚金；数额特别巨大或者有其他特别严重情节的，处十年以上有期徒刑或者无期徒刑，并处罚金或者没收财产。"

第二百八十四条规定："非法使用窃听、窃照专用器材，造成严重后果的，处二年以下有期徒刑、拘役或者管制。"

#### （十一）《中华人民共和国治安管理处罚条例》

《中华人民共和国治安管理处罚条例》由2005年8月28日中华人民共和国第十届全国人民代表大会常务委员会第十七次会议通过，自2006年3月1日起施行。

酒店因其客流构成的复杂性和人员的频繁流动性等特点，治安管理一直以来都是酒店安全管理的重点。酒店须依据《中华人民共和国治安管理处罚条例》，加强其自身的治安管理，为顾客入住酒店提供良好的治安环境。相关主要条款如下：

第十五条规定："醉酒的人违反治安管理的，应当给予处罚。醉酒的人在醉酒状态中，对本人有危险或者对他人的人身、财产或者公共安全有威胁的，应当对其采取保护性措施约束至酒醒。"

第三十九条规定："旅馆、饭店、影剧院、娱乐场、运动场、展览馆或者其他供社会公众活动的场所的经营管理人员，违反安全规定，致使该场所有发生安全事故危险，经公安机关责令改正，拒不改正的，处五日以下拘留。"

第五十六条规定："旅馆业的工作人员对住宿的旅客不按规定登记姓名、身份证件种类和号码的，或者明知住宿的旅客将危险物质带入旅馆，不予制止的，处二百元以上五百元以下罚款。旅馆业的工作人员明知住宿的旅客是犯罪嫌疑人员或者被公安机关通缉的人员，不向公安机关报告的，处二百元以上五百元以下罚款；情节严重的，处五日以下拘留，可以并处五百元以下罚款。"

第六十六条规定："卖淫、嫖娼的，处十日以上十五日以下拘留，可以并处五千元以下罚款；情节较轻的，处五日以下拘留或者五百元以下罚款。在公共场所拉客招嫖的，处五日以下拘留或者五百元以下罚款。"

第七十条规定："以营利为目的，为赌博提供条件的，或者参与赌博赌资较大的，处五日以下拘留或者五百元以下罚款；情节严重的，处十日以上十五日以下拘留，并处五百元以上三千元以下罚款。"

第七十四条规定："旅馆业、饮食服务业、文化娱乐业、出租汽车业等单位的人员，在公安机关查处吸毒、赌博、卖淫、嫖娼活动时，为违法犯罪行为人通风报信的，处十日以上十五日以下拘留。"

### （十二）《特种设备安全监察条例》

《特种设备安全监察条例》由2003年3月11日中华人民共和国国务院令第373号公布，根据2009年1月24日《国务院关于修改〈特种设备安全监察条例〉的决定》修订。

酒店常见的特种设备包括锅炉、电梯、压力容器、压力管道、起重机械、场内专用机动车辆等，一旦发生安全生产事故，将会对酒店造成无法估量的损失。酒店须依据《特种设备安全监察条例》，加强对所辖特种设备的安全管理，保障其可靠运行。相关主要条款如下：

第五条规定："特种设备生产、使用单位应当建立健全特种设备安全、节能管理制度和岗位安全、节能责任制度。特种设备生产、使用单位的主要负责人应当对本单位特种设备的安全和节能全面负责。特种设备生产、使用单位和特种设备检验检测机构，应当接受特种设备安全监督管理部门依法进行的特种设备安全监察。"

第二十七条规定："特种设备使用单位应当对在用特种设备进行经常性日常维护保养，并定期自行检查。特种设备使用单位对在用特种设备应当至少每月进行一次自行检查，并做出记录。特种设备使用单位在对在用特种设备进行自行检查和日常维护保养时发现异常情况的，应当及时处理。特种设备使用单位应当对在用特种设备的安全附件、安全保护装置、测量调控装置及有关附属仪器仪表进行定期校验、检修，并做出记录。锅炉使用单位应当按照安全技术规范的要求进行锅炉水（介）质处理，并接受特种设备检验检测机构实施的水（介）质处理定期检验。从事锅炉清洗的单位，应当按照安全技术规范的要求进行锅炉清洗，并接受特种设备检验检测机构实施的锅炉清洗过程监督检验。"

第三十三条规定："电梯、客运索道、大型游乐设施等为公众提供服务的特种设备运营使用单位，应当设置特种设备安全管理机构或者配备专职的安全管理人员；其他特种设备使用单位，应当根据情况设置特种设备安全管理机构或者配备专职、兼职的安全管理人员。特种设备的安全管理人员应当对特种设备使用状况进行经常性检查，发现问题的应当立即处理；情况紧急时，可以决定停止使用特种设备并及时报告本单位有关负责人。"

第三十八条规定："锅炉、压力容器、电梯、起重机械、客运索道、大型游乐设施、场（厂）内专用机动车辆的作业人员及其相关管理人员（以下统称特种设备作业人员），应当按照国家有关规定经特种设备安全监督管理部门考核合格，取得国家统一格式的特种作业人员证书，方可从事相应的作业或者管理工作。"

第三十九条规定："特种设备使用单位应当对特种设备作业人员进行特种设备安

全、节能教育和培训,保证特种设备作业人员具备必要的特种设备安全、节能知识。特种设备作业人员在作业中应当严格执行特种设备的操作规程和有关的安全规章制度。"

（十三）《最高人民法院关于审理旅游纠纷案件适用法律若干问题的规定》

《最高人民法院关于审理旅游纠纷案件适用法律若干问题的规定》由2010年9月13日最高人民法院审判委员会第1496次会议通过。根据2020年12月23日最高人民法院审判委员会第1823次会议通过的《最高人民法院关于修改〈最高人民法院关于在民事审判工作中适用《中华人民共和国工会法》若干问题的解释〉等二十七件民事类司法解释的决定》修正。

酒店在生产经营过程中,难免会因与顾客之间的合同纠纷或侵权纠纷,若对其处置不当,将会引发舆情,甚至会影响酒店的正常经营。酒店须依据《最高人民法院关于审理旅游纠纷案件适用法律若干问题的规定》,提前介入,做好对客安全保障义务,避免各类纠纷的发生。相关主要条款如下：

第一条规定："本规定所称的旅游纠纷,是指旅游者与旅游经营者、旅游辅助服务者之间因旅游发生的合同纠纷或者侵权纠纷。"旅游经营者"是指以自己的名义经营旅游业务,向公众提供旅游服务的人。"旅游辅助服务者"是指与旅游经营者存在合同关系,协助旅游经营者履行旅游合同义务,实际提供交通、游览、住宿、餐饮、娱乐等旅游服务的人。旅游者在自行旅游过程中与旅游景点经营者因旅游发生的纠纷,参照适用本规定。"

第四条规定："因旅游辅助服务者的原因导致旅游经营者违约,旅游者仅起诉旅游经营者的,人民法院可以将旅游辅助服务者追加为第三人。"

第七条规定："旅游经营者、旅游辅助服务者未尽到安全保障义务,造成旅游者人身损害、财产损失,旅游者请求旅游经营者、旅游辅助服务者承担责任的,人民法院应予支持。因第三人的行为造成旅游者人身损害、财产损失,由第三人承担责任;旅游经营者、旅游辅助服务者未尽安全保障义务,旅游者请求其承担相应补充责任的,人民法院应予支持。"

第八条规定："旅游经营者、旅游辅助服务者对可能危及旅游者人身、财产安全的旅游项目未履行告知、警示义务,造成旅游者人身损害、财产损失,旅游者请求旅游经营者、旅游辅助服务者承担责任的,人民法院应予支持。旅游者未按旅游经营者、旅游辅助服务者的要求提供与旅游活动相关的个人健康信息并履行如实告知义务,或者不听从旅游经营者、旅游辅助服务者的告知、警示,参加不适合自身条件的旅游活动,导致旅游过程中出现人身损害、财产损失,旅游者请求旅游经营者、旅游辅助服务者承担责任的,人民法院不予支持。"

第九条规定："旅游经营者、旅游辅助服务者以非法收集、存储、使用、加工、传输、买卖、提供、公开等方式处理旅游者个人信息,旅游者请求其承担相应责任的,人民法院应予支持。"

第十九条规定:"旅游经营者或者旅游辅助服务者为旅游者代管的行李物品损毁、灭失,旅游者请求赔偿损失的,人民法院应予支持,但下列情形除外:

(1)损失是由于旅游者未听从旅游经营者或者旅游辅助服务者的事先声明或者提示,未将现金、有价证券、贵重物品由其随身携带而造成的;

(2)损失是由于不可抗力造成的;

(3)损失是由于旅游者的过错造成的;

(4)损失是由于物品的自然属性造成的。"

### (十四)《旅游投诉处理办法》

《旅游投诉处理办法》由2010年1月4日国家旅游局第1次局长办公会议审议通过,自2010年7月1日起施行。

酒店在生产经营过程中,往往因人际服务、产品质量、承诺守信等原因,被顾客所投诉。一旦遇到投诉,酒店切勿推诿拖延,应依据《旅游投诉处理办法》积极应对,妥善处理。相关主要条款如下:

第二条规定:"本办法所称旅游投诉,是指旅游者认为旅游经营者损害其合法权益,请求旅游行政管理部门、旅游质量监督管理机构或者旅游执法机构(以下统称"旅游投诉处理机构"),对双方发生的民事争议进行处理的行为。"

第十八条规定:"被投诉人应当在接到通知之日起10日内做出书面答复,提出答辩的事实、理由和证据。"

第十九条规定:"投诉人和被投诉人应当对自己的投诉或者答辩提供证据。"

第二十三条规定:"在投诉处理过程中,投诉人与被投诉人自行和解的,应当将和解结果告知旅游投诉处理机构;旅游投诉处理机构在核实后应当予以记录并由双方当事人、投诉处理人员签名或者盖章。"

### (十五)《娱乐场所管理条例》

《娱乐场所管理条例》由2006年1月29日中华人民共和国国务院令第458号公布。根据2016年2月6日《国务院关于修改部分行政法规的决定》第一次修订,根据2020年11月29日《国务院关于修改和废止部分行政法规的决定》第二次修订。

酒店康乐部在经营管理过程中应遵守《娱乐场所管理条例》中的如下规定:

第二十条规定:"娱乐场所的法定代表人或者主要负责人应当对娱乐场所的消防安全和其他安全负责。娱乐场所应当确保其建筑、设施符合国家安全标准和消防技术规范,定期检查消防设施状况,并及时维护、更新。娱乐场所应当制定安全工作方案和应急疏散预案。"

第二十一条规定:"营业期间,娱乐场所应当保证疏散通道和安全出口畅通,不得封堵、锁闭疏散通道和安全出口,不得在疏散通道和安全出口设置栅栏等影响疏散的障碍物。娱乐场所应当在疏散通道和安全出口设置明显指示标志,不得遮挡、覆盖指示标志。"

### (十六)《在线旅游经营服务管理暂行规定》

《在线旅游经营服务管理暂行规定》由2020年7月20日文化和旅游部部务会议审议通过,自2020年10月1日起施行。

万物互联时代,酒店在线经营服务业务逐年递增,成为酒店业可持续增长的新引擎,但同时也产生了诸多不规范行为和市场乱象,不利于酒店业可持续发展。酒店应依据《在线旅游经营服务管理暂行规定》,规范其在线经营服务行为。相关主要条款如下:

第二条规定:"在中华人民共和国境内提供在线旅游经营服务,适用本规定。本规定所称在线旅游经营服务,是指通过互联网等信息网络为旅游者提供包价旅游服务或者交通、住宿、餐饮、游览、娱乐等单项旅游服务的经营活动。"

第三条规定:"本规定所称在线旅游经营者,是指从事在线旅游经营服务的自然人、法人和非法人组织,包括在线旅游平台经营者、平台内经营者以及通过自建网站、其他网络服务提供旅游服务的经营者。本规定所称平台经营者,是指为在线旅游经营服务交易双方或者多方提供网络经营场所、交易撮合、信息发布等服务的法人或者非法人组织。本规定所称平台内经营者,是指通过平台经营者提供旅游服务的在线旅游经营者。"

第四条规定:"在线旅游经营者提供在线旅游经营服务,应当遵守社会主义核心价值观的要求,坚守人身财产安全、信息内容安全、网络安全等底线,诚信经营、公平竞争,承担产品和服务质量责任,接受政府和社会的监督。"

第七条规定:"在线旅游经营者应当依法建立旅游者安全保护制度,制定应急预案,结合有关政府部门发布的安全风险提示等信息进行风险监测和安全评估,及时排查安全隐患,做好旅游安全宣传与引导、风险提示与防范、应急救助与处置等工作。"

第十二条规定:"在线旅游经营者应当提供真实、准确的旅游服务信息,不得进行虚假宣传;未取得质量标准、信用等级的,不得使用相关称谓和标识。平台经营者应当以显著方式区分标记自营业务和平台内经营者开展的业务。在线旅游经营者为旅游者提供交通、住宿、游览等预订服务的,应当建立公开、透明、可查询的预订渠道,促成相关预订服务依约履行。"

### (十七)《旅游安全管理办法》

《旅游安全管理办法》由2016年9月7日国家旅游局第11次局长办公会议审议通过,自2016年12月1日起施行。

为加强酒店安全管理,提高应对突发事件的能力,保障顾客人身、财产安全,促进酒店业持续健康发展,酒店业应依据《旅游安全管理办法》,不断提高酒店安全管理水平和能力。相关主要条款如下:

第二条规定:"旅游经营者的安全生产、旅游主管部门的安全监督管理,以及旅游突发事件的应对,应当遵守有关法律、法规和本办法的规定。本办法所称旅游经营者,是指旅行社及地方性法规规定旅游主管部门负有行业监管职责的景区和饭店等单位。"

第四条规定:"旅游经营者应当承担旅游安全的主体责任,加强安全管理,建立、健全安全管理制度,关注安全风险预警和提示,妥善应对旅游突发事件。旅游从业人员应当严格遵守本单位的安全管理制度,接受安全生产教育和培训,增强旅游突发事件防范和应急处理能力。"

第五条规定:"旅游主管部门、旅游经营者及其从业人员应当依法履行旅游突发事件报告义务。"

第六条规定:"旅游经营者应当遵守下列要求:

(1) 服务场所、服务项目和设施设备符合有关安全法律、法规和强制性标准的要求;

(2) 配备必要的安全和救援人员、设施设备;

(3) 建立安全管理制度和责任体系;

(4) 保证安全工作的资金投入。"

第七条规定:"旅游经营者应当定期检查本单位安全措施的落实情况,及时排除安全隐患;对可能发生的旅游突发事件及采取安全防范措施的情况,应当按照规定及时向所在地人民政府或者人民政府有关部门报告。"

第八条规定:"旅游经营者应当对其提供的产品和服务进行风险监测和安全评估,依法履行安全风险提示义务,必要时应当采取暂停服务、调整活动内容等措施。经营高风险旅游项目或者向老年人、未成年人、残疾人提供旅游服务的,应当根据需要采取相应的安全保护措施。"

第九条规定:"旅游经营者应当对从业人员进行安全生产教育和培训,保证从业人员掌握必要的安全生产知识、规章制度、操作规程、岗位技能和应急处理措施,知悉自身在安全生产方面的权利和义务。旅游经营者建立安全生产教育和培训档案,如实记录安全生产教育和培训的时间、内容、参加人员以及考核结果等情况。未经安全生产教育和培训合格的旅游从业人员,不得上岗作业;特种作业人员必须按照国家有关规定经专门的安全作业培训,取得相应资格。"

第十条规定:"旅游经营者应当主动询问与旅游活动相关的个人健康信息,要求旅游者按照明示的安全规程,使用旅游设施和接受服务,并要求旅游者对旅游经营者采取的安全防范措施予以配合。"

第十三条规定:"旅游经营者应当依法制定旅游突发事件应急预案,与所在地县级以上地方人民政府及其相关部门的应急预案相衔接,并定期组织演练。"

第三十三条规定:"旅游经营者及其主要负责人、旅游从业人员违反法律、法规有关安全生产和突发事件应对规定的,依照相关法律、法规处理。"

## 二、面向酒店业的相关法律法规及规章

### （一）《旅馆业治安管理办法》

《旅馆业治安管理办法》于1987年9月23日经国务院批准，1987年11月10日由公安部发布。根据2011年1月8日《国务院关于废止和修改部分行政法规的决定》第一次修订，根据2020年11月29日《国务院关于修改和废止部分行政法规的决定》第二次修订，根据2022年3月29日《国务院关于修改和废止部分行政法规的决定》第三次修订。

第三条规定："开办旅馆，要具备必要的防盗等安全设施。"

第四条规定："申请开办旅馆，应取得市场监管部门核发的营业执照，向当地公安机关申领特种行业许可证后，方准开业。经批准开业的旅馆，如有歇业、转业、合并、迁移、改变名称等情况，应当在市场监管部门办理变更登记后3日内，向当地的县、市公安局、公安分局备案。"

第五条规定："营旅馆，必须遵守国家的法律，建立各项安全管理制度，设置治安保卫组织或者指定安全保卫人员。"

第六条规定："旅馆接待旅客住宿必须登记。登记时，应当查验旅客的身份证件，按规定的项目如实登记。接待境外旅客住宿，还应当在24小时内向当地公安机关报送住宿登记表。"

第七条规定："旅馆应当设置旅客财物保管箱、柜或者保管室、保险柜，指定专人负责保管工作。对旅客寄存的财物，要建立登记、领取和交接制度。"

第八条规定："旅馆对旅客遗留的物品，应当妥为保管，设法归还原主或揭示招领；经招领3个月后无人认领的，要登记造册，送当地公安机关按拾遗物品处理。对违禁物品和可疑物品，应当及时报告公安机关处理。"

第九条规定："旅馆工作人员发现违法犯罪分子、行迹可疑的人员和被公安机关通缉的罪犯，应当立即向当地公安机关报告，不得知情不报或隐瞒包庇。"

第十条规定："在旅馆内开办舞厅、音乐茶座等娱乐、服务场所的，除执行本办法有关规定外，还应当按照国家和当地政府的有关规定管理。"

第十一条规定："严禁旅客将易燃、易爆、剧毒、腐蚀性和放射性等危险物品带入旅馆。"

第十二条规定："旅馆内，严禁卖淫、嫖宿、赌博、吸毒、传播淫秽物品等违法犯罪活动。"

第十三条规定："旅馆内，不得酗酒滋事、大声喧哗，影响他人休息，旅客不得私自留客住宿或者转让床位。"

### （二）《中国饭店行业突发事件应急规范》

为预防和减少中国饭店行业突发事件的发生，控制、减轻和尽量消除突发事件导致的严重危害，规范突发事件应对活动，全面促进饭店行业健全突发事件应急管理体

制,提高应急处置能力,中国旅游饭店业协会依据《中华人民共和国突发事件应对法》《旅游突发公共事件应急预案》和《中国旅游饭店行业规范》及有关法律、法规,结合酒店行业的特点,特制定《中国饭店行业突发事件应急规范》。相关条款如下:

第二条规定:"本规范所称饭店行业突发事件,是指在饭店所负责区域内,突然发生的对客人、员工和其他相关人员的人身和财产安全,造成或者可能造成严重危害,需要饭店采取应急处置措施予以应对的火灾、自然灾害、饭店建筑物和设备设施事故、公共卫生和伤亡事件、社会治安事件,以及公关危机事件等。"

第七条规定:"饭店应建立健全突发事件应急预案体系。饭店应遵循法律、法规及相关规定的要求,结合饭店的实际情况,制订相应的突发事件应急预案,并根据实际需要和形势变化,及时修订应急预案。"

第九条规定:"无论是来自业主方任命还是管理公司派遣,饭店总经理都应是饭店突发事件应急管理第一责任人。总经理和相关管理人员需熟悉本饭店应急管理预案的全部内容,具备应急指挥能力。总经理可授权相关管理人员或机构处置应急事件,但需对处置结果承担责任。"

第十四条规定:"饭店应建立健全突发事件应急处置培训制度,对店内负有处置突发事件职责的员工定期进行培训,对本店员工和客人开展应急知识的宣传普及活动和必要的应急演练。"

第二十二条规定:"饭店应建立健全应急物资储备保障制度,完善重要应急物资的监管、储备、调拨和紧急配送体系。明确应急检查清单的内容、应急联系的相关部门与机构和相关人员的联系方式,以及需要配备的各种应急物资等。"

第二十三条规定:"饭店应建立突发事件信息收集系统,通过相关制度的制定和程序的实施,要求各部门和所有人员及时、客观、真实地报告突发事件信息,严防迟报、谎报、瞒报、漏报和传播虚假信息等现象的发生。"

第二十八条规定:"饭店应根据突发事件的性质和可能造成的危害,及时启动应急预案。"

### (三)《旅游饭店星级的划分与评定》(GB/T14308-2023)

《旅游饭店星级的划分与评定》设有安全管理要求专章,相关要求如下:

(1)星级饭店应依法取得消防、特种设备、卫生健康等相关主管部门颁发的安全许可,并确保各类安全设施设备完好有效,符合国家和地方强制性标准要求。

(2)水、电、气、油、压力容器、管线等基础设施设备应符合安全运行标准,定期进行检测、维护和更新,确保无安全隐患。

(3)应建立并严格执行安全管理制度,包括但不限于:安全监控设备的有效运行及人员责任落实;重点区域(如厨房、机房、仓库等)的安全操作规程;危险物品(如易燃易爆品、化学品)的储存和使用管理。

(4)应严格执行食品加工流程的卫生管理规范,确保食材采购、储存、加工、配送等环节符合食品安全标准,防止食物中毒等事件发生。

(5) 应制定并完善地震、火灾、食品卫生、公共卫生、治安事件、设施设备突发故障等各类突发事件的应急预案,定期组织演练,确保预案的可操作性和有效性。

## 第二节 案例分析

### 一、信息泄露

**酒店管理疏漏致客户信息泄露,法院怎么判?**

出门在外,入住酒店是再正常不过的事情,然而最近,小A遇到了这样的烦恼,他认为自己入住的酒店工作疏漏,导致自己的个人信息被泄露,这一事件甚至成为自己与配偶关系破裂的导火索,这样的责任由谁承担呢?

【基本案情】

原告小A于2024年7月入住被告某酒店,在订房及入住的过程中根据酒店的要求提供个人信息并支付房费。小A入住后,第三人小B利用酒店管理漏洞,私自进入前台拍摄了显示小A个人信息的电脑屏幕,并将该照片发送给小A的配偶小C,导致小A的入住信息被泄露,后小A因此事与小C产生矛盾并发生肢体冲突,现双方已至民政局提出离婚登记申请。小A认为,酒店疏于管理,泄露了自己的隐私,进而还导致夫妻感情破裂,婚姻关系走向灭亡,遂诉至澄迈法院,请求法院判令被告某酒店删除酒店系统内所保存的小A个人信息,向小A出具书面道歉信并,支付精神损害赔偿金3万元。

(资料来源:澄迈县人民法院。)

【判决结果】

法院经审理认为,小A因私人生活需要到被告某酒店住宿,属于当事人不愿他人干涉或他人不便干涉的个人私事,其住宿信息属于具有隐私性质的人格权益,受法律保护。被告某酒店作为从事旅馆服务业的单位,负有对客户隐私保护的义务,然该酒店因疏于管理,被小B私自进入前台拍摄客户个人信息,致使小A的个人隐私被他人知晓,依法应向小A承担侵权责任,小A要求被告某酒店书面赔礼道歉的理由正当,法院予以支持。

被告某酒店在小A入住时对其进行信息登记并录入旅馆业治安管理系统,此行为系遵从法律、行政法规相关规定,故对于小A要求被告某酒店删除其个人信息的诉请,法院未予支持。

关于小A诉请被告某酒店支付精神损害赔偿金的问题,法院认为,夫妻感情破裂是因长期共同生活中未能妥善维护夫妻感情和处理家庭事务等问题引起,并非仅能因为本案入住信息造成,小A要求被告某酒店因其婚姻破裂支付精神损害赔偿理据不足,法院未予支持。

**【法官说法】**

《中华人民共和国民法典》规定,民事主体的人格权受法律保护,任何组织或者个人不得侵害,而人格权又包括生命权、身体权、健康权、姓名权、名称权、肖像权、名誉权、荣誉权、隐私权等,人格权受到侵害的,受害人有权依照民法典和其他法律规定请求行为人承担民事责任,包括但不限于消除影响、恢复名誉、赔礼道歉等。本案中,被告某酒店因相关法规要求收集并保管了小A的个人信息,但因管理疏漏导致了该信息被第三人获取,并造成该信息在小A授权范围之外被公开,未尽到妥善保管的义务,应当承担相应侵权责任。

## 二、反恐罚单

### 未检验登记旅客实名信息 泸西一酒店接到10万元"反恐罚单"

为扎实深入推进社会治安要素管控工作,实现"守住关键地"的工作目标,云南泸西县公安局持续加强对旅店业等实体经营单位的全覆盖检查整治,通过日常检查、突击检查、暗访等方式,严查严处经营主体不按规定实名登记入住旅客信息等违法行为,保持"零容忍"的整治氛围。

**【基本案情】**

2022年10月,泸西县一家酒店因未严格落实住宿实名制登记管理制度的有关规定,违反了《中华人民共和国反恐怖主义法》,收到泸西县公安局开出的10万元"反恐罚单"。5月16日,泸西县公安局在对旅店行业开展常态化工作检查时发现,辖区内一家酒店未按照规定查验、登记服务对象信息,被该局依法责令整改。8月14日,该局在日常检查中再次发现,该酒店仍未严格执行住宿实名制登记管理制度,对入住的旅客不按规定登记的问题依旧未整改。该酒店屡次不履行住宿实名制主体责任,存在很大安全风险隐患。

(资料来源:《云南法制报》。)

**【判决结果】**

根据《中华人民共和国反恐怖主义法》的相关规定,泸西县公安局依法对该酒店开出"反恐罚单",罚款10万元,并对酒店当班前台负有直接责任的两名工作人员各处500元罚款。

**【法官说法】**

在日常生活中,入住宾馆、酒店,邮寄物品,运输货物,购票乘坐长途汽车、飞机、高铁等,使用互联网、金融、电信、机动车租赁等服务,购买特定商品等,通常需要出示有效身份证件,需要进行实名登记。实名制有利于加强社会管理、规范个体行为、打击违法犯罪,并在及时发现可疑、消除涉恐隐患方面,发挥着十分重要的作用。

实名登记时,需要如实登记自己的实名身份信息;妥善保管身份证件,不转借他人使用;遗失证件及时按规定报告。

《中华人民共和国反恐怖主义法》第八十六条规定:"电信、互联网、金融业务经营者、服务提供者未按规定对客户身份进行查验,或者对身份不明、拒绝身份查验的客户提供服务的,主管部门应当责令改正;拒不改正的,处二十万元以上五十万元以下罚款,并对其直接负责的主管人员和其他直接责任人员处十万元以下罚款;情节严重的,处五十万元以上罚款,并对其直接负责的主管人员和其他直接责任人员,处十万元以上五十万元以下罚款。住宿、长途客运、机动车租赁等业务经营者、服务提供者有前款规定情形的,由主管部门处十万元以上五十万元以下罚款,并对其直接负责的主管人员和其他直接责任人员处十万元以下罚款。"

警方提醒,实名登记是我们人身安全与社会安全的一层坚固的保护罩,请服务人员与经营人员认真检查每一名客户信息,发现可疑情况,及时报告。

## 三、第三人侵权

### 外出就餐有"风险" 责任分担有"讲究"

**【基本案情】**

2020年1月,柴女士在自助火锅店用餐,王先生和朋友坐在她的邻桌。用完餐王先生起身离开时不慎摔倒,摔倒时打翻了桌上的火锅,高温热汤将柴女士的左下肢烫伤。随后柴女士到医院进行治疗,花费医疗费、交通费等共计两万余元。但由于柴女士、王先生与火锅店因为赔偿事宜达不成一致意见,故柴女士诉至法院。

庭审中,王先生表示同意赔偿柴女士的损失,之前自己也带着柴女士去医院看病,垫付了部分医疗费和交通费。但是他认为火锅店也有责任,自己离开时因餐厅地上的污水滑倒,所以才发生此次事故。火锅店表示同意承担部分责任,但强调店内地面上都摆放着"小心地滑"的标志,并且指出王先生当时喝了酒,醉酒才是事故发生的根本原因。

(资料来源:搜狐网。)

**【判决结果】**

最终,三方达成一致意见,王先生承担80%的责任,赔偿柴女士医疗费、交通费、营养费等共计21000元,火锅店承担20%的责任,赔偿柴女士5250元,且当庭给付。

**【法官说法】**

《中华人民共和国民法典》第一千一百九十八条规定:"宾馆、商场、银行、车站、机场、体育场馆、娱乐场所等经营场所、公共场所的经营者、管理者或者群众性活动的组织者,未尽到安全保障义务,造成他人损害的,应当承担侵权责任。因第三人的行为造成他人损害的,由第三人承担侵权责任;经营者、管理者或者组织者未尽到安全保障义务的,承担相应的补充责任。经营者、管理者或者组织者承担补充责任后,可以向第三人追偿。"

具体到本案当中,王先生是柴女士此次受伤的直接侵害人,应当承担赔偿责任。但是火锅店也没有尽到安全保障义务,因为火锅店地面留有污水,却没有服务员及时清理干净或者提醒用餐人注意脚下安全,给柴女士造成了人身损害,也应承担补充责任。

故根据责任划分,王先生承担80%的责任,火锅店承担20%的责任。

## 四、未尽到安全保障义务

### 饭店用餐时摔倒,谁担责?

顾客在饭店用餐期间摔倒致骨折,饭店是否需要承担责任?2024年7月,白碱滩区人民法院审理了一起违反安全保障义务责任纠纷的案件,经法官耐心细致的释法析理,最终双方达成赔偿协议。

【基本案情】

2023年8月,小张和朋友一起到某川菜馆用餐,张在等待使用洗手间的过程中,因失去平衡崴脚滑倒。随后,小张被送往医院,经诊断为右腿胫骨骨折。手术治疗和恢复期给小张带来身体上的痛苦和生活上的不便,并因此产生一系列费用。小张在与餐厅协商无果后,将该餐厅诉至法院,主张赔偿医疗费、住院伙食补助费、营养费、陪护费、误工费、后期治疗费等,合计6.8万余元。

(资料来源:克拉玛依市白碱滩区人民法院。)

【判决结果】

庭审中,双方主要矛盾点为此次事故的责任认定,餐厅认为事发地的地面干燥无积水,小张的摔伤是其个人原因所致;而小张则认为,餐厅地板太滑是其摔倒的直接原因,餐厅应当承担违反安全保障义务责任。

承办法官充分听取双方意见,并调取案发现场视频,认为当时小张穿着高跟鞋在光滑的瓷砖上单脚站立导致崴脚系摔倒的原因之一,该餐厅在卫生间等特殊区域没有铺设防滑的瓷砖且未做防滑措施系小张摔倒的另一原因。

考虑到实际情况,承办法官建议双方按同等责任进行协商。

最终,双方达成调解协议,该餐厅赔偿小张各项损失3万元,双方握手言和。此时,小张主动表示会继续到该餐厅消费,该餐厅负责人也表示会加强安全管理,排查安全隐患,欢迎小张经常光顾餐厅。

【法官说法】

《中华人民共和国民法典》第一千一百九十八条规定:"宾馆、商场、银行、车站、机场、体育场馆、娱乐场所等经营场所、公共场所的经营者、管理者或者群众性活动的组织者,未尽到安全保障义务,造成他人损害的,应当承担侵权责任。因第三人的行为造成他人损害的,由第三人承担侵权责任;经营者、管理者或者组织者未尽到安全保障义务的,承担相应的补充责任。经营者、管理者或者组织者承担补充责任后,可以向第三人追偿。"

餐厅是人员较为密集的公共场所,餐厅的经营者更加需要经常排除安全隐患,尽到更高的注意义务,给顾客提供安全舒适的就餐环境,避免导致他人损害承担不必要的经济赔偿责任。同时,消费者也需要增强自我保护意识,注意自身安全。

## 五、停车场顾客车辆受损

**住酒店山石滚落车辆受损,责任谁承担?**

**【基本案情】**

2021年6月,原告吴某某通过美团平台预订六枝特区某酒店客房一间,入住当晚10时左右,原告吴某某入住酒店,并将驾驶的小型轿车一辆停放于酒店的停车场内。因当晚连降大雨,山体上方滚落的山石将吴某某停靠在山体一侧的车辆砸坏,导致车体多处受损。事故发生后,吴某某对受损车辆进行了维修,花费修理费28624元。因双方就赔偿事宜协商未果,原告向法院提起诉讼,请求被告赔偿原告修理费、交通费、误工损失等共计3万元。

(资料来源:六枝特区法院。)

**【判决结果】**

经法院调解达成由酒店赔偿吴某某6000元损失(当庭支付)。

**【法官说法】**

(1)责任承担。某酒店作为服务行业,在吴某某入住酒店后,即与吴某某形成以住宿、保管、服务等为主要内容的混合合同关系。在这种合同关系里,当然包括对服务相对人安全保障的义务和酒店的管理职责,此种安全保障最基本的就是人身安全和财产安全保障。该案中,吴某某入住酒店后,将自己的私家车停放于酒店的停车场,在停放的过程中,没有酒店的工作人员告知吴某某停车的位置存在安全隐患,也未阻止吴某某停车的行为,亦未对存在的安全隐患进行有效防范,那么,在吴某某将该车停放于停车场期间,酒店当然对车辆具有安全保障义务,对吴某某所遭受的损失,应当承担赔偿责任。

(2)损失赔偿的范围。该事故发生后,原告将受损车辆进行了修复,花费修理费28624元,因受损车辆系2020年4月原告购买的按揭车,投有车身保险,修理费已由保险公司进行理赔。在调解过程中,原告明确表示诉请的修理费实际是车辆的折旧费。在交通案件的处理中,相关法律并没有将车辆贬值计入财产损失范围内,折旧费应不应当支持?折旧费没有明确的计算标准,又不在保险公司的理赔范围,但一辆没出过事故的车辆和一辆出过事故的车辆它的市场价值显然是不一样的,特别是新车。因此,折旧损失应该是客观存在的。从公平原则,折旧费应当得到支持。对折旧费应的计算应当按什么标准?《中华人民共和国民法典》第一千一百八十四条规定:"侵害他人财产的,财产损失按照损失发生时的市场价格或者其他合理方式计算。"因此,在处理这个问题时,承办法官参照汽车行业对折旧费按修理费的20%赔偿的标准,在调解时按此比例给当事人提供参考意见,当事双方采纳了该意见,达成由被告赔偿原告6000元损失的调解协议。

(3) 车辆受损是否属于不可抗力。《中华人民共和国民法典》第一百八十条规定:"因不可抗力不能履行民事义务的,不承担民事责任。法律另有规定的,依照其规定。不可抗力是不能预见、不能避免且不能克服的客观情况。"也就是说,不可抗力必须具备不能预见、不能避免和不能克服的三个特征。而在本案中,承办人了解到,在此事故发生前,就曾发生山石滚落的情况,不属于不可预见的情形。在酒店发现有山石滚落的情况时,就应当采取相应的防范措施,比如固牢泥土、修筑围墙、在危险区域设置警示牌等,就可有效避免损害的发生。因此,本案的发生,不属于不可抗力。

作为酒店、餐饮等公共服务行业,一定要有安全防范意识,本案的发生,属意外事故,虽然具有很大的偶然性,但这种偶然,却又存在必然。如果酒店在已发生山石滚落的情况时,及时采取相应有效的措施,可能就避免了此案的发生,因此,作为经营者,酒店应加强自身管理,提升服务水平。法官也提醒:时值雨季,出门一定要注意安全,汛期远离危险。

## 六、电梯伤人

**湖南岳阳:传菜电梯"吞人"致十级伤残,伤者、经营者及酒店责任如何划分,判了!**

【基本案情】

2021年2月2日,婚庆经营者任某因客户在岳阳某酒店举办婚宴,进入该酒店布置婚宴现场,并缴纳了200元场地使用费。该酒店在一、二楼之间私自架设了一部传菜电梯,但电梯口未张贴警示标识,也无专人值守。任某在二楼布置现场时,不慎从传菜电梯口跌入三米多深的电梯井,导致左膝胫骨骨折、左膝内侧半月板损伤。任某在岳阳某医院住院治疗27天后出院进行康复治疗,后经鉴定,其伤情构成十级伤残。任某遂将该酒店及实际经营者陈某诉至法院,请求判令二被告连带赔偿其各项损失共计202810.55元。酒店辩称,任某曾多次在该酒店布置场地,对酒店场地状况较为熟悉,且酒店传菜电梯设有安全卷闸门,酒店规定员工每日下班前必须关上卷闸门,因此任某自身存在重大过错。

（资料来源：中国法院网。）

【判决结果】

岳阳市岳阳楼区人民法院经审理认为，任某并非首次到该酒店布置场地，在行至传菜电梯附近时，理应保持一定的谨慎注意义务。然而，事发区域光线昏暗，环境较暗，任某既未使用照明设备，也未寻求酒店员工的协助，在漆黑中盲目摸索前行，最终导致事故发生，其自身存在一定过错。与此同时，酒店对电梯的管理义务不仅限于关闭卷帘门，还应设置醒目的安全标识、加装防护栏、随时上锁或采取更为严格的看管措施等，但酒店未尽到上述管理义务，对本案事故的发生负有一定责任。被告陈某作为酒店的实际经营者，应与酒店共同承担相应的过错责任。法院最终认定，被告需对原告的损失承担60%的赔偿责任，原告自行承担40%的责任。经法院核算，原告任某的损失共计152894.02元，遂判决被告陈某及某酒店在判决生效后十日内赔偿原告任某九万余元。一审判决后，双方当事人均表示服从判决，未提起上诉。

【法官说法】

传菜电梯在众多饭店中屡见不鲜。这类设备的大门常常处于敞开状态，升降操作随意进行，暴露出诸多安全隐患。尽管传菜电梯大幅提升了酒店的工作效率，但其本质上属于特种设备。因此，饭店在采购、安装及使用传菜电梯时，必须确保合法合规，严格依法进行检验，定期开展维护保养，规范操作流程，从而筑牢安全底线。

《中华人民共和国民法典》第一千一百九十八条规定："宾馆、商场、银行、车站、机场、体育场馆、娱乐场所等经营场所、公共场所的经营者、管理者或者群众性活动的组织者，未尽到安全保障义务，造成他人损害的，应当承担侵权责任。"

基于上述法律规定，法院作出了相关判决。

## 七、设施设备损坏

**住客在酒店消防管道上挂衣架致水漫"金山"，谁来赔？法院判了！**

外出住酒店，住客因自身操作失误导致酒店设施损坏，到底是谁的责任？住客需要赔偿吗？四川省成都市蒲江县人民法院就受理了这样一起案件。

【基本案情】

2023年7月某日凌晨，胡某入住蒲江县某酒店。住宿期间，胡某将洗好的袜子晾在衣架上，并将衣架悬挂在消防喷淋头下方进行晾晒。次日清晨7时许，胡某退房离开时，未将衣架取下。50分钟后，酒店工作人员发现该房间有水溢出；又过了十几分钟，喷水总阀门被关闭。

经酒店检查发现：该房间内的所有装修及附属设备均已无法使用，且该房间同侧的10间客房及楼下商户均受到不同程度的损坏。为此,酒店方以财产损害赔偿纠纷为由,向法院提起诉讼,要求胡某赔偿相应损失。

(资料来源:《法治日报》。)

【判决结果】

蒲江县人民法院经审理认为:被告胡某作为具有完全民事行为能力的成年人,应当知晓消防喷淋设施上禁止悬挂任何物品的规定。然而,胡某明知该设施为消防喷淋系统,仍将衣架悬挂其上用于晾晒袜子,且在退房后未及时取下衣架,最终导致酒店多间客房、走廊及楼下商户受损。其行为存在明显过错,依法应对损害结果承担侵权责任。同时,酒店方未在消防设施位置张贴安全提示标志,未尽到安全提示义务;且酒店方疏于对工作人员进行消防应急培训,导致损失扩大。对于扩大部分的损失,酒店方亦应承担相应责任。

结合双方责任过错比例、酒店近一年的营收情况、案涉客房修缮费用及楼下商户修复报价单,蒲江县人民法院依法判决:酒店方承担20%的责任,胡某承担80%的责任。后双方均不服从一审判决结果,向成都市中级人民法院提起上诉。在二审期间,双方达成调解协议,同意按照一审法院认定的责任比例,分两期进行赔付。

【法官说法】

随着经济的快速发展,人们的生活日益便利。在出游住宿时,消费者入住酒店即与酒店形成了服务合同关系。在此期间,消费者应爱护并妥善使用酒店客房内的各项设施;而酒店方也应当尽到安全提示义务,并加强对员工的消防应急培训,以确保服务质量和消费者的人身财产安全。

## 八、房客猝死

房客在酒店猝死,酒店是否担责?

【基本案情】

2023年2月的一天,王先生来到一家酒店,办理入住手续,监控显示,当时他的精神状态和健康状态都很正常,入住过程也很顺利。第二天中午,酒店经理看到王先生在房间门口呕吐并带有酒味,于是上前询问王先生是否需要就医,王先生回应不需要。第三天13时50分,酒店负责人小光发现王先生的房间已经到期,但并没有办理退房手续,于是小光前往房间联系王先生是否需要办理续费。小光多次敲门,迟迟没有人回应,小光便用管理员门卡打开了房门。进入房间后,小光发现王先生躺在床上没有反应,随即拨打电话报警并通知了120急救中心。后经社区卫生服务中心确认王先生已经猝死。王先生家人得知这一噩耗后,认为酒店一方未尽到充分的安全保障义务,对王先生的死亡应当承担相应责任。于是,王先生的家人将酒店一方告上法庭。

(资料来源:上海市第一中级人民法院。)

**【判决结果】**

一审法院经审理后认为,酒店不存在明知王先生身体严重不适、不适宜单独入住的情况,且在发现王先生身体不适后有询问是否需要就医等行为,酒店已经尽到了必要的安全保障义务。虽然酒店对王先生的猝死没有直接的侵权行为,但是酒店没有在公示的规定退房时间也就是12时前联系王先生是否需要续费,以尽早发现王先生的异常状况,可能延误了对王先生的及时救治,没能完全尽到酒店经营者的安全保障义务,酒店应承担一定的侵权责任。

因此,一审法院结合王先生入住时的健康状况和酒店行为与王先生猝死的关联程度,酌定酒店对王先生家属的合理损失承担10%的侵权赔偿责任,共计19万余元。

酒店一方不服,向上海一中院提出上诉。

上海一中院审理后认为酒店已尽到合理安全保障义务,改判无须承担赔偿责任

酒店方表示,酒店基本都会有延迟退房服务,因此不能以公示的12时退房时间作为认定酒店是否尽到安全保障义务的标准。王先生家属则指出酒店方明知王先生的身体状况却依然放任不管,没有尽到充分的安全保障义务,应当承担相应责任。

上海一中院判定,安全保障义务的目的在于保障他人的人身和财产安全,对于安全保障义务人的风险防控能力应作客观评价,只有当其未尽到合理限度范围内的安全保障义务,才应承担相应责任。

酒店方是否尽到了合理的安全保障义务?

根据王先生入住时的状态,酒店工作人员在事发前一天发现王先生身体不适时进行的询问,以及酒店方在事发后第一时间采取的报警、拨打120的措施,从这些行为可见,应当认定酒店的行为已经达到了善良管理人的合理注意标准,符合酒店行业的具体标准,尽到了合理限度范围内的安全保障义务。此外,酒店方不可能随时知晓王先生在房间内的具体身体状况,掌控房间内每一位住客的身体状况并非酒店的法定或约定义务。

关于酒店公示的退房时间为12时以前这个问题,延迟退房符合酒店行业的惯例,是一种人性化为客户服务的有力举措。从已经查明的事实可知,王先生是在房间内猝死。结合王先生的死亡原因和时间,延迟退房和王先生死亡结果之间不存在直接因果关系。因此酒店于13时50分许前往房间询问王先生是否需要续费并不存在过错,也不属于违反安全保障义务的情形。

最终,上海一中院改判撤销一审判决。

**【法官说法】**

本案主审法官兼审判长表示,违反安全保障义务责任,是指宾馆、商场、银行、车站、机场、体育场馆、娱乐场所等经营场所、公共场所的经营者、管理者或者群众性活动的组织者负有的保障他人人身财产安全的注意义务,安全保障义务人未尽到该义务,造成他人损害的,应当承担赔偿责任。

违反安全保障义务纠纷不仅关涉被侵权人的人身、财产权益的保护,也涉及对经营者、管理者和组织者安全保障义务的界定及其权益的维护,因此应当合理界定经营者、管理者和组织者的安全保障义务范围,以实现安全保障义务人的行为自由和受害人的权益保护之间的平衡。

对于安全保障义务人而言,其安全保障义务并非无限,而应与其正常的管理和控制能力相当,防止其作为义务的不当扩张,只有当其未尽到合理限度范围内的安全保障义务,才应承担相应的责任。如果过度要求经营者提供明显超出现有物质基础和管理服务水平的安全保障义务不仅将增加企业的运营成本,也有悖于立法初衷,不利于整个行业的健康发展。

## 九、房客自杀

**客人在酒店自杀身亡　酒店无过错无需担责**

住客在酒店客房内自杀身亡,家属起诉酒店赔偿损失,在酒店无过错的情况下,法院如何判决呢?

**【基本案情】**

2022年7月,小张入住襄阳市某酒店,入住一个月后某日凌晨从住宿房间坠楼身亡。经公安机关调查,结合小张的内外伤情况,排除刑事案件,家属对该结论无异议。小张母亲认为酒店提供的设施存在安全隐患,不足以有效保障住宿人的人身财产安全,对小张的死亡后果应承担损害赔偿责任。请求判令酒店赔偿死亡赔偿金、精神抚慰金、丧葬费、交通费等共计120万元。

酒店认为本案经公安机关调查认定为自杀,小张已年满18周岁,入住手续齐全,酒店已尽到相应的责任,小张死亡是其自主行为,与酒店无关,对小张母亲提出的赔偿理由不认可,不同意承担赔偿责任。

此外,法院经现场调查:小张入住的酒店房间窗台高度91厘米,并安装限位装置限制窗门完全打开,窗门扇形打开后最大宽度无法容纳正常体型的成年人通过,完全民事行为能力人正常情况下不会失足坠落。根据公安机关卷宗及现场痕迹,事发当晚小张房间的窗户阻拦器被人为破坏。

(资料来源:湖北普法。)

**【判决结果】**

本案系违反安全保障义务责任纠纷,小张在入住酒店期间坠楼身亡,其母亲作为近亲属有权提出诉讼请求。

根据《中华人民共和国民法典》第一千一百九十八条规定:"宾馆、商场、银行、车站、机场、体育场馆、娱乐场所等经营场所、公共场所的经营者、管理者或者群众性活动的组织者,未尽到安全保障义务,造成他人损害的,应当承担侵权责任。"酒店作为经营者,对住客的居住安全负有安全保障义务,但该义务应在合理范围内。

案发后,公安机关勘查了现场,并已排除了他杀可能,案发房间内窗户上的阻拦器存在明显的外力破坏,说明小张系自主破坏阻拦器后从窗户跳下,其死亡后果系其故意为之,应当对死亡结果自行承担全部责任,故对小张母亲的诉讼请求,法院不予支持。

【法官说法】

公共场所管理人的安全保障义务,应限于合理范围内,与其管理和控制能力相适应。公共场所管理人是否应当承担侵权责任,应结合具体情况,比如是否尽到合理的安全保障义务、是否对意外的发生具有预见能力、是否符合行业的基本服务准则、是否采取必要的救护措施以及是否存在过错等因素综合判定。

本案中死者小张系其个人主动追求死亡结果,酒店对小张在客房这一相对封闭且具有私密性的临时场所内的行为无法预见、无法避免、无法干预,因而酒店无须担责。

## 十、订房不兑现

### 网络订房消费投诉案

【基本案情】

2021年5月1日,泸定县消费者权益中心接到投诉。消费者称自己通过携程网在某酒店预订房间,但到达后酒店不让入住,要求消费者取消订单办理退款后再重新办理入住手续,消费者认为不合理,遂请求帮助维权。

(资料来源:泸定县市场监督管理局。)

【判决结果】

经调查,消费者通过携程网预订该酒店的房间,且已完成付款。酒店方面解释是携程网未及时更新节日期间调整的价格(298元/天/间),网站的价格仍为平时的促销价格(109元/天/间),希望消费者按照调整后的价格办理入住。

消费者权益保护中心认为,酒店在发布房源信息时应予核对,房源信息发布后应该按照约定履行相应义务。消费者付款成功,即表示与经营者达成一致,合约成立,双方受合约约束。经调解,携程网退还消费者房费109元整,并赔偿消费者253元整。

**【法官说法】**

《中华人民共和国消费者权益保护法》第十六条规定:"经营者向消费者提供商品或者服务,应当依照本法和其他有关法律、法规的规定履行义务。经营者和消费者有约定的,应当按照约定履行义务,但双方的约定不得违背法律、法规的规定。经营者向消费者提供商品或者服务,应当恪守社会公德,诚信经营,保障消费者的合法权益;不得设定不公平、不合理的交易条件,不得强制交易。"

《中华人民共和国消费者权益保护法》第四十四条规定:"消费者通过网络交易平台购买商品或者接受服务,其合法权益受到损害的,可以向销售者或者服务者要求赔偿。"

此案例中,消费者通过网络订房和订房网站及酒店,消费者和平台形成了服务合同法律关系。由订房平台为酒店提供酒店客房预订相关技术服务,消费者通过乙网站预订酒店房间并向平台支付款项。最终消费者未能如期入住预订的酒店,消费者的合法权益受到损害。经营者从自身利益出发,拟将自身及合作网站的责任转嫁给消费者,属坐地起价行为,违背了诚实信用原则,侵害了消费者的合法权益,也损害了"红色泸定 康养福地"旅游城市形象,应予依法纠正和规范。

随着社会的发展,网络助力旅行的现象越来越普遍,越来越多的人都会通过网络来预订入住的酒店房间,如何才能避免网订酒店中遇到的"爽约"或"坐地起价"的情形呢?作为消费者,应在预订酒店时保持谨慎小心的态度,尽量选择一些信誉度较高的网站和酒店,同时在预定中注意保留相关证据,如订单号、短信等,在遭遇上述遭遇后,消费者还应及时维权,向相关部门反映。

## 十一、隐私安全

**在酒店客房装针孔摄像头偷拍?法院判了:有期徒刑七个月并公开道歉!**

**【基本案情】**

随着经济发展、社会进步,广大公众愈发重视个人隐私的保护。花样百出的偷拍手段也让人防不胜防,给受害者带来精神伤害、引发公众担忧,造成公众心理恐慌。

2020年6月,福州市鼓楼区法院依法审结一起非法使用窃听、窃照专用器材案。被告人陈某,在多家酒店安装针孔摄像头,偷拍酒店房间入住人员600余人次。鼓楼法院依法判处其有期徒刑七个月,并责令陈某删除本案中所有涉及侵犯他人隐私的照片及视频,在国家级媒体上向社会公众公开赔礼道歉,这也是鼓楼区首例刑事附带民事公益诉讼案件。

2019年4月,陈某到福州就职,同年5月,其在浏览网页时无意间看到有卖针孔摄像设备的信息，因异地工作远离妻儿，业余时间空虚寂寞，陈某不良思想作祟，动了偷窥别人私密生活的念头。于是在短短两个月内陆续从该网络交易平台上以每套设备一百余元的价格陆续购买了4套设备，包含储蓄卡、针孔摄像头、电源设置，以及下载在手机终端的APP，并附带具体安装操作和使用说明书。

同年7月，陈某以居住酒店的名义堂而皇之地进入酒店房间，按照网页教程把摄像设备安装在房间内的空调管道上，调整摄像头对着房间床铺的位置便于拍摄，固定好整套设备后，不仔细观察，根本无法发现空调已经被动了手脚。而后，他以相同的手段在多家酒店安装摄像设备。

而后，每当房间有人入住，陈某便时时打开APP在线观看，而性爱视频是其观看录制和存储的重点。2019年11月，公安民警根据举报的线索将陈某一举抓获，当场从其身上查获安装监控视频、存储着偷拍视频和照片的手机及储存卡等物品。之后，在公安民警监督带领下，陈某将酒店内安装的非法设备一一拆除。

经查，作案期间，陈某共对600余人进行偷拍，其中下载性爱视频42段、隐私照片109张。

（资料来源：福建高院。）

【判决结果】

鼓楼法院以非法使用窃听、窃照专用器材罪判处陈某有期徒刑七个月。同时，认为陈某的行为侵害众多不特定公民的隐私权，应承担民事侵权责任，责令陈某删除本案中所有涉及侵犯他人隐私的照片及视频，以消除影响，并在国家级媒体上向社会公众公开赔礼道歉。陈某被抓获后不仅失去了体面的工作，还失去了自由，并承担了相应的民事责任，为犯罪行为付出了惨痛的代价。

【法官说法】

《中华人民共和国刑法》第二百八十四条规定："非法使用窃听、窃照专用器材，造成严重后果的，处二年以下有期徒刑、拘役或者管制。"

法官提醒：

（1）民众尽量选择管理相对规范的酒店，入住酒店后警惕身边是否有隐藏的针孔摄像头，遇到被偷拍时，应及时向公安机关报案；

（2）酒店要承担管理责任，及时发现和清除窃听、窃照设备，保障消费者合法权益不受侵犯；

（3）有关部门应出拳出击，加大对市场及网络交易窃听、窃照专用器材不法行为的整治力度。

## "三招"强力推动暑期娱乐场所宾馆酒店经营管理

2024年8月,大理市公安局凤仪派出所针对娱乐场所和旅店业存在的问题,实施"三招"措施,对症下药,强力推动娱乐场所、宾馆酒店依法经营、规范经营、诚信经营,做到"治病、防病"。

1. 普法治"未病"

"生意不容易,依法经营是根本保障。黄赌毒是火坑,行业场所不能往火坑里面跳,法律的底线一定要守牢。依法经营派出所会做好服务,违法违规经营派出所会依法予以打击。"近期,凤仪派出所组织召开辖区娱乐场所、宾馆旅店业会议,采取会议集中普法形式,针对性组织培训了《中华人民共和国刑法》《中华人民共和国治安管理处罚法》《中华人民共和国反恐怖主义法》《娱乐场所管理条例》等法律法规中涉及宾馆酒店、娱乐场所的有关条款及法律责任和后果,通报了全镇2023年以来查处的宾馆酒店和娱乐场所相关案件,分析了存在的问题和风险隐患。通过普法教育、问题通报、案例警示,切实提高经营业主懂法、知法、守法、用法的思想自觉和行动自觉,督促严格落实主体责任,守好"一亩三分田"。

2. 严打止"已病"

"娱乐场所实施本条例第十四条禁止行为的,由县级公安机关没收违法所得和非法财物,责令停业整顿3个月至6个月;情节严重的,由原发证机关吊销娱乐场所经营许可证。你单位已经严重违反了该条款,现在依法公告予以停业整顿。"近期,凤仪派出所依法对一家违法违规经营的KTV予以停业整顿,现场张贴停业整顿公告。2024年以来,派出所加大娱乐场所日常检查和整治力度,根据《娱乐场所管理条例》规定,对存在违法违规经营行为的KTV依法责令停业整顿。工作中,依法停业整顿违法违规经营娱乐场所3家,以"三书一函"形式通报文化主管部门吊销营业执照2家,通过严查、严整、严打,营造积极向上的社会风气。

3. 常宣防"久病"

"老刘,未成年人入住一定要严格落实'五必须'要求,发现可疑情况要及时向公安机关报告。""凡是入住的旅客都必须登记信息,不如实登记旅客信息的公安机关将依法追究相应的法律责任。"近期,凤仪派出所对辖区65家宾馆酒店逐一开展宣传走访,发放宣传资料,向经营者和从业人员开展旅馆接待未成年人"五必须"宣传,督促严格落实实名登记、询问报备、可疑报告等制度。2024年以来,共检查旅店业落实情况130余次,各宾馆酒店实时登记报告未成年人入住2980人次。

(资料来源:北青网。)

**案例讨论**：近年来，违法违规经营已经成为引发酒店安全事故的主要诱因，对其的治理迫在眉睫。基于以上背景，为确保酒店安全生产经营，你认为应从哪些方面杜绝酒店此类行为的发生？

### 重要术语

法律（Laws）

行政法规（Administrative Regulations）

部门规章（Department Regulations）

### 思考题

1. 简述面向酒店业的法律法规及规章。
2. 谈谈《中华人民共和国反恐怖主义法》对酒店业的影响。
3. 面对层出不穷的酒店隐私安全问题，作为顾客的你谈谈如何利用法律武器维护自身权益不受侵害。
4. 高质量发展国家战略下，谈谈如何做好酒店业高质量法治建设以保障酒店安全管理的高质量发展。

# 第九章 大数据技术在酒店安全管理中的应用

酒店业在其生产经营管理过程中产生了体量巨大的各类安全相关数据,既包括事故调查报告、意见投诉等行业各类安全事故及监管数据,也包括安全检查、事故处理等酒店企业自身安全生产数据,还包括评论、游记等顾客UGC(用户生成内容)数据,这些大数据客观地反映出酒店安全管理的现状和存在的问题,通过运用大数据技术与方法对其进行分析与挖掘,将有助于酒店安全管理水平的提高,进而促进酒店的可持续发展。

**本章要点**

1. 了解大数据概念及特征。
2. 熟悉大数据处理流程。
3. 熟悉大数据处理的技术体系。
4. 能够熟练运用大数据技术处理酒店安全管理中的相关问题。

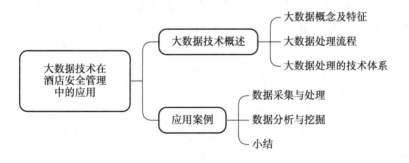

**课程思政元素**

数据安全;隐私保护;社会责任;公共利益;创新精神;实践能力

# 第一节 大数据技术概述

## 一、大数据概念及特征

### (一) 概念

目前,有关大数据的概念尚无确切定义,较为典型的定义有以下几种。

(1) 国际数据中心(IDC)认为,大数据技术描述了一个技术和体系的新时代,被设计用于从大规模多样化的数据中通过高速捕获、发现和分析技术提取数据的价值。

(2) 研究机构Gartner将大数据归纳为需要新处理模式才能增强决策力、洞察发现力和流程优化能力的海量、高增长率和多样化的信息资产。

(3) 美国国家标准和技术研究院(NIST)认为,大数据是指数据的容量、数据的获取速度或数据的表示限制了使用传统关系方法对数据的分析处理能力,因此需要使用水平扩展的机制以提高处理效率。

(4) 麦肯锡咨询公司认为,大数据是指超过了典型数据库软件工具捕获、存储、管理和分析数据能力的数据集。

(5) 维基百科认为,大数据是指利用常用软件工具捕获、管理和处理数据所耗时间超过可容忍时间的数据集。

(6) 中国工程院院士李国杰认为,大数据是指无法在可容忍的时间内用传统IT技术和软硬件工具对其进行感知、获取、管理、处理和服务的数据集合。

(7) 中国科学院院士徐宗本认为,大数据是不能够集中存储,并且难以在可接受时间内分析处理,其中个体或部分数据呈现低价值性而数据整体呈现高价值的海量复杂数据集。

(8) 中国工程院院士邬贺铨认为,大数据是难以用常规的软件工具在容许的时间内对其内容进行抓取、管理和处理的数据集合。

综上,根据大数据定义,结合酒店大数据发展实际情况,将酒店大数据内涵理解为:在酒店领域内用来描述大型、复杂数据集获取、存储、管理及分析的专业术语,它是传统数据库软件工具难以处理的酒店数据集合。

### (二) 特征

**1. 数据体量巨大(Volume)**

数据体量巨大,当数据量达到PB级以上(EB级、ZB级、YB级)时,一般称为"大"的数据。

**2. 数据类型繁多(Variety)**

数据类型繁多,有结构化数据(如数据库中的数据等)、半结构化数据(如CSV文件、XML 文件等)、非结构化数据(如音视频、图片等)等,加大了数据处理的复杂性。

3. 数据实时处理(Velocity)

数据处理速度快,需要对数据进行近实时的分析处理。

4. 数据价值密度低(Value)

价值密度低,有价值的数据往往被淹没在海量无用数据之中。

## 二、大数据处理流程

大数据处理流程及关键技术,如图 9-1 所示。

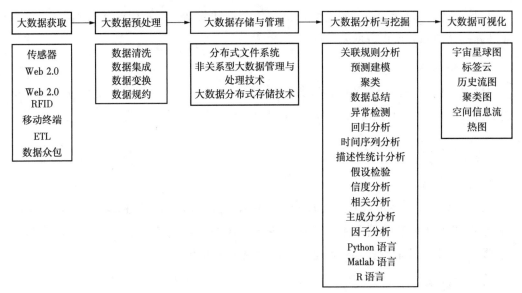

图 9-1　大数据处理一般流程图及关键技术

## 三、大数据处理的技术体系

### (一)大数据获取技术

1. 传感器技术

传感器无处不在,传感器技术的迅速发展和传感器网络的逐步完善,为大数据的获取提供了有力保障。

2. Web2.0

Web2.0 是指互联网上的用户的身份由单纯的"读者"进化为"作者"乃至"共同建设者",即从被动接收互联网信息转变为主动创造互联网信息。

3. 条形码技术

条形码技术在零售业、车站售票等业务中广泛应用,同时也包括智能手机上的二维条形码。

#### 4. RFID技术

RFID技术为无线射频识别，是一种通信技术，可通过无线电信号识别特定目标，并读写相关数据，而无须识别系统与特定目标之间建立机械或光学接触。

#### 5. 移动终端技术

移动终端技术涉及手机、笔记本电脑、平板电脑等设备。

#### 6. ETL

ETL即"数据抽取、转换和加载"，它负责将分散的、异构数据源中的数据抽取到临时中间层，然后进行清洗、转换、集成，最后将数据加载到数据仓库或数据集市中，作为联机分析处理和数据挖掘的基础。

#### 7. 数据众包

数据众包是一种创新的数据采集方式，企业方通过平台将数据采集任务外包给非特定的大众群体，如利用Wikipedia、GitHub、Kaggle等平台进行数据采集。

### （二）大数据预处理技术

#### 1. 数据清洗

数据清洗可以去掉数据中的噪声，纠正不一致，以达到格式标准化、异常数据清除、错误纠正和重复数据消除的目的。主要解决的问题包括空缺值、错误数据、孤立点、噪声，其中空缺值和错误数据是这一步骤处理的重点。

#### 2. 数据集成

数据分析中经常包含来自多个数据源的数据，这就需要把来自多个数据库、数据立方体或文件的数据结合起来并统一存储，即数据集成。

#### 3. 数据变换

数据变换是通过平滑处理（消除噪声数据）、数据聚集（对数据进行汇总和聚集）、数据概化（使用概念分层，用高层次概念替换低层次"原始"数据）、数据规范化（将属性数据按比例缩放，使之落入一个小的特定区间）等方式将数据转换成适用于数据挖掘的形式。通常采用线性或非线性的数学变换方法，将多维数据压缩成较少维数的数据，消除它们在时间、空间、属性及精度等特征表现方面的差异。

#### 4. 数据规约

数据规约是在减小数据存储空间的同时尽可能保证数据的完整性，获得比原始数据小得多的数据，并将数据以合乎要求的方式表示。数据规约方法主要包括：维规约（通过删除不相关的属性/维减少数据量）；数据压缩（应用数据编码或变换得到原数据的规约或压缩表示）；数值规约（通过选择替代的、较小的数据表示形式来减小数据量);概念分层(通过收集并用较高层的概念替换较低层的概念来定义数值属性的离散化)。

### (三)大数据存储与管理技术

(1)分布式文件系统:如Google文件系统等。
(2)非关系型大数据管理与处理技术:如非关系型数据库NoSQL等。
(3)大数据分布式存储技术:如云存储等。

### (四)大数据分析与挖掘技术

**1. 数据分析技术**

(1)描述性统计:描述数据的集中趋势、离散趋势、偏度和峰度等。
(2)假设检验:用来判断样本与样本、样本与总体的差异是由抽样误差引起还是本质差别造成的统计推断方法。
(3)信度分析:检查测量的可信度,如调查问卷的真实性。
(4)列联表分析:用于分析离散变量或定性变量之间是否存在相关性。
(5)相关分析:研究现象之间是否存在某种依存关系,对具体有依存关系的现象探讨相关方向和相关程度。
(6)方差分析:是从观测变量的方差入手,研究诸多控制变量中哪些变量是对观测变量有显著影响的变量。
(7)主成分分析:通过研究指标体系的内在结构关系,从而将多个指标转化为少数几个相互独立且包含原来指标大部分信息(80%或85%以上)的综合指标。
(8)因子分析:一种旨在寻找隐藏在多变量数据中,无法直接观察到却影响或支配可测变量的潜在因子,并估计潜在因子对可观察变量的影响程度以及潜在因子间的相关性的一种多元统计分析方法。
(9)典型相关分析:是分析两组变量(如3个学术能力指标与5个在校成绩表现指标)之间相关性的一种统计分析方法。

**2. 数据挖掘技术**

(1)数据挖掘:从大量的、不完全的、有噪声的、模糊的、随机的实际应用数据中,提取隐含在其中的、人们事先不知道的、潜在有用的模式的过程。
(2)预测建模:基于有限的训练样本,估计出一个函数g,实现从一个输入空间X到一个输出空间Y的点(或特征向量)的映射。预测建模问题包括回归问题和分类问题。
(3)聚类:将数据记录分组成不同的子集,在每个子集中的数据与该子集的其他数据"类似",且不同于其他子集的数据。
(4)关联规则分析:寻找一个模型,描述变量之间的显著的相互依赖关系。
(5)数据总结:针对数据子集建立一种简洁的描述方法,例如表述数据子集中一些属性之间的相似性等。

（6）异常检测：专注于从以前测量的或规范性的数据中发现最显著的变化。

（7）时间序列分析：是一种动态数据处理的统计方法，该方法基于随机过程理论和数理统计学方法，研究随机数据序列所遵循的统计规律，以用于解决实际问题。

（8）回归分析：是确定两种或两种以上变量间相互依赖的定量关系的一种统计分析方法。

3. 软件实现

（1）Python。

Python是一种结合解释性和编译性等多种性质的高层次的面向对象的计算机程序设计语言，它能够结合众多扩展库（Pandas、Numpy、Scipy等）实现数据挖掘功能，成为当下数据挖掘最为常用的工具软件之一。

（2）Matlab。

Matlab是美国MathWorks公司开发的应用软件，具备强大的科学及工程计算能力，它不但具有以矩阵计算为基础的强大数学计算能力和分析功能，而且还具有丰富的可视化图形表现功能和方便的程序设计能力。Matlab并不提供一个专门的数据挖掘环境，但它提供非常多的相关算法的实现函数，是学习和开发数据挖掘算法的很好选择。

（3）R语言。

R语言是一个用于统计分析和绘图的计算机语言及分析工具，它在统计领域具有很高的地位，这是因为它有着一套完整的数据分析工具，包括建模分析、时序分析、可视化分析等。因此，R语言也是数据挖掘的有效工具。

（五）大数据可视化技术

1. 标签云

标签云的设计思路主要是为不同的对象分配标签以进行区分，标签的排序一般依照字典排序，而标签的字体大小和颜色则根据其热门程度来确定。一套相关的标签会配以相应的权重，这些权重会影响标签的字体大小、颜色或其他视觉效果。典型的标签云有30—50个标签，用以表示一个网站中的内容及其热门程度。标签通常是超链接，点击后会指向相应的分类页面。与酒店安全管理相关的标签云如图9-2所示。

图9-2　标签云

2. 聚类图

聚类图(见图9-3)是指用图形方式展示聚类分析结果的技术,有助于判断簇数量不同时的聚类效果。

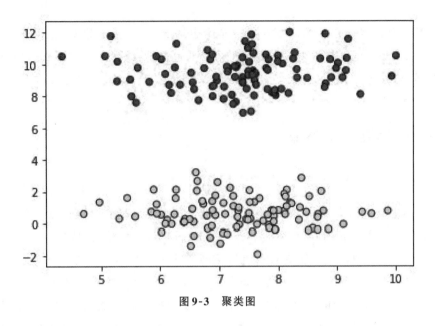

图9-3 聚类图

3. 热图

热图(见图9-4)是一项数据展示技术,将变量值用不同颜色或高亮形式描绘出来,可以非常直观地呈现一些原本不易理解或表达的数据,如密度、频率、温度等。

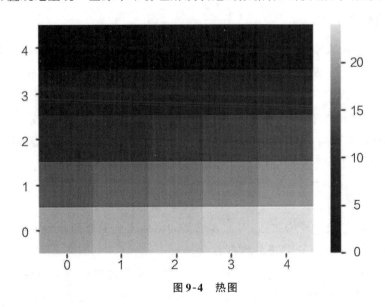

图9-4 热图

## 第二节　应用案例

为了探究顾客视角下酒店存在的安全隐患情况,本节基于数据挖掘工具、Python软件、LDA 主题模型,选取 2016—2024 年知乎平台关于"酒店安全"及"酒店隐患"的评论大数据,对其进行分词处理、主题提取、语义网络分析,以期为强化酒店安全隐患治理提供参考借鉴。

### 一、数据采集与处理

#### (一)数据来源

当今信息化时代背景下,酒店顾客可通过社交媒体分享酒店体验经历以及在线评论,这类酒店顾客生成内容(UGC,User Generated Content)对其他顾客具有更高可信度,酒店顾客发布的评论与感受对酒店形象塑造的重要性不容小觑。因此,酒店 UGC 数据成为酒店安全隐患分析的有效数据源。

本节采用知乎平台的顾客评论文本作为原始数据,以"酒店安全""酒店隐患"为关键词在知乎平台搜索相关 UGC 数据,并通过八爪鱼数据采集器,从知乎平台采集了关于"酒店安全""酒店隐患"的大众评论,评论时间跨度为 2016 年 1 月至 2024 年 6 月,评论数据(部分)见附录。

#### (二)数据预处理

首先,删除评论文本中的重复数据,去除表情符号、英文字符、标点符号以及网址链接等;其次,利用正则表达式定义规则对知乎平台点评文本进行提取;最后,采用 jieba 分词系统,对提取后的评论数据进行分词;去除"地""的""了"等无意义停用词。由于获取的数据基于"酒店安全"和"酒店隐患"等主题,且评论内容中"安全""隐患"这两个词出现的频率极高,为避免它们对其他词语的概率产生影响,因此将这两个词也加入停用此表中。最后,列入 LDA 模型计算的顾客评论数据共计 5.9 万字。

#### (三)研究思路与方法

首先,根据经过预处理的数据,对顾客感知的酒店安全隐患高频特征词进行分析,展现顾客所感知的酒店安全隐患的重点方面。

其次,采用 LDA 主题模型进行分析。LDA 主题模型可以识别大规模文档集或语料库中潜藏的主题,并给出每个主题下概率较高的词语分布。LDA 主题遵循手肘法则计算困惑值,困惑值越低,模型聚类的性能越好。

再次,分析酒店安全隐患评论大数据中高频主题词汇的相关性,采用 Python 软件进行语义网络分析,综合各个主题词对应的网络短文本,自动选取关键高频词,通过对高频特征词构建共现分析矩阵,并加以可视化,形成顾客所感知的酒店安全隐患高频词语义网络图。

最后,进行情感分析,通过情感极性去判断评论文本中所呈现顾客的正面、负面和中立等三元情感态度,以挖掘LDA各主题的情感倾向。

## 二、数据分析与挖掘

### (一)高频特征词分析

为了对酒店安全隐患的顾客感知形象词条有更为直观的认识,首先通过酒店安全隐患顾客感知高频词汇分析,构建酒店安全隐患主题高频词汇的词频表(节选部分高频词),如表9-1所示。由表9-1可知,顾客所感知的酒店安全隐患主要集中在客房和前厅两个部门。在客房方面,存在的安全隐患最为突出,主要包括卫生消毒问题、隐私安全问题等,这些安全隐患也是近年来酒店业发展过程中的顽疾和亟待消除的因素。在前厅方面,主要表现在登记入住安全问题、房卡管理安全问题、前台服务失误等,为此,酒店应加强前厅安全管理,提升对客服务质量,及时消除前厅安全隐患。

表9-1 顾客感知酒店安全隐患高频词词频表

| 单词 | 词频/次 | 单词 | 词频/次 |
| --- | --- | --- | --- |
| 酒店 | 636 | 青旅 | 49 |
| 安全 | 208 | 毛巾 | 48 |
| 房间 | 167 | 马桶 | 38 |
| 住酒店 | 106 | 卫生 | 37 |
| 入住 | 100 | 拖鞋 | 37 |
| 客人 | 77 | 房卡 | 34 |
| 前台 | 68 | 监控 | 24 |
| 问题 | 66 | 服务 | 23 |
| 床单 | 65 | 黑客 | 23 |
| 摄像头 | 61 | 水壶 | 23 |
| 民宿 | 60 | 自带 | 22 |
| 宾馆 | 54 | 消毒 | 21 |

## (二)酒店安全隐患主题分析

运用LDA主题模型识别顾客感知酒店安全隐患包含三个主题:管理安全隐患、设施设备安全隐患、环境安全隐患。将这三个主题及其相关性排名前八的词语列表分布,结果如表9-2所示。

表9-2 LDA主题分析结果

| 主题1:管理安全隐患 | 相关性 | 主题2:设施设备安全隐患 | 相关性 | 主题3:环境安全隐患 | 相关性 |
|---|---|---|---|---|---|
| 知名,连锁,品牌,酒店,民宿,谨慎,选择,小时,前台,保安 | 0.599 | 四件套,马桶,浴巾,能用,酒店,水壶,随便,客人,袜子 | 0.812 | 衣架、锁门 | 0.688 |
| 豪华,至少,锦江,饭店,非常,安心,感觉 | 0.929 | 床边,纸巾盒,床头柜,画框,电话机,螺丝钉 | 0.882 | 卫生,安全,巡航,认证,酒店,全程,录制,保洁,阿姨 | 0.721 |
| 连锁酒店,私人酒店,繁华 | 0.857 | 浴室,马桶,镜子,是否,双面,纸巾盒,螺丝钉 | 0.953 | 攻击,入口,黑客,入侵,酒店 | 0.689 |
| 酒店管理,相对,严格,酒店,比较完善,登记,制度,安全,措施,民宿,宽松 | 0.673 | 酒精,清洁,遥控器,卫生,问题,遥控器, | 0.451 | 物业管理,系统, | 0.918 |
| 紧急,逃生,路线,安保,服务 | 0.788 | 牙刷,牙膏,洗发水,沐浴露,一次性,洗漱,用品,一次性,拖鞋,水泉,咖啡,擦鞋,还有,房间,冰箱,饮料,零食,标签 | 0.795 | 网络安全,级别,一般,不高,黑客,酒店 | 0.705 |
| 星级酒店,安全,保障,完全,规避 | 0.959 | 卫生间,喷头,镜子,玻璃门,把手 | 0.913 | 酒店,防毒面具, | 0.813 |
| 酒店,安全,管理,重要,才能,做好 | 0.505 | 浴巾,毛巾 | 0.939 | 客人,混入,犯罪分子,防不胜防 | 0.808 |
| 酒店,设施,更加,舒适,质量,更加,卫生,建议 | 0.634 | 马桶,传染,疾病,概率,比较,洁癖,建议,开水烫,卫生纸,马桶 | 0.974 | 女孩子,住酒店,针孔,偷拍,住客 | 0.661 |

1. 管理安全隐患

酒店管理安全隐患作为顾客感知的酒店安全隐患的重要维度,其主题密切相关的词语主要有"品牌""民宿""保安""前台""制度""严格""管理"等,说明酒店管理安全隐患涉及制度管理、品牌管理、标准化管理等,用户对不同等级、不同品牌的管理水平有自己的评判标准,同时也揭示了酒店管理安全水平的参差不齐。例如,典型评论有"要选择知名的连锁品牌酒店,民宿啥的谨慎选择,24小时前台保安都在岗的那种,很多时候不怕一万就怕万一""照我个人看来还是酒店更安全吧,有挺多民宿是开在公寓里什么的,基本属于外来人都能进的,人员还是比较复杂,相对来说我更倾向住酒店,最起码不会有其他人进到酒店内部,现在有的外卖人员都不让进,所以更安全一些吧""住好一点的酒店,或许是废话,但切身感受事实如此,豪华五星级档的不必说,至少高档型的如美居、假日、锦江饭店一档的,能给你非常安心的感觉,或者所在城市其他单体高档型酒店也可以,不是说这类百分之一万永远不会有那些事,只能说概率极低极低,当然花费要高些,不过命和钱谁重要"等。

2. 设施设备安全隐患

酒店设施设备是保障顾客入住体验的基础,在顾客体验的每时每刻都需要酒店设施设备的安全保障。在顾客对设施设备安全隐患相关评论中,用户多次提到"水壶""门锁""马桶""洗漱用品"等,说明客房设施设备已成为顾客入住酒店的重大隐忧。典型评论有"尽量自己准备入住的四件套等,马桶套、浴巾,能用自己的就用自己的,酒店的水壶也不要随便用,因为很可能被客人就泡了臭袜子""住酒店前,我们也可以提前备一些一次性用品:马桶套、洗脸巾等等""准备好一次性用品,比如床单枕巾被套等。我们这次出行太着急就没有准备,在床单上发现一处很脏的污渍""酒店的塑料拖鞋不要穿,很多人的脚气就是这么得来的""然后锁门不能靠电子锁,最好把其他物理锁也锁上吧。安全一点的话,可以把椅子放在门后,在椅子上面放个玻璃杯,有人进来就会有个警告""注意消防安全疏散指示图、消防通道畅通、消防楼梯管理、消防维保单位组织(电梯内消防电话、消防报警控制主机、烟杆、喷淋、灭火器干粉、二氧化碳、消防水带、末端、安全疏散指示灯、应急灯等按照周期检查测试维护)"等。

3. 环境安全隐患

酒店环境包括酒店地理位置、酒店网络环境、酒店所处社会环境等。在酒店环境安全隐患主题中,相关的词语有"黑客""物业管理""网络安全""犯罪分子"等,说明治安问题是顾客入住酒店的重大环境考量。典型评论有"酒店公共区域摄像头无死角,夜间保安每小时巡逻一次,大多数酒店物业都做不到的吧""更糟糕的是,酒店还时常主动给黑客们大开方便之门,很多酒店会将酒店物业管理系统跟公共互联网相连,让黑客得以在千里之外闯入""选酒店尽量靠近中心地段,大家应该也都知道,很多名字看起来并没那么偏僻的地方,其实很偏僻。对于独身出门在外的人来说,尤其是年轻女性,如果不是有特殊需求必须住到郊区去,建议多花几十一百块尽量住在市中心的店。当你想要选择一家店时,你可以提前通过街景地图查看周边情况、道路照明设施概况以及大致的环卫状况等,通过这些因素能大致判断出一个区位的好坏"等。

基于LDA主题模型,我们识别出了三个关于顾客感知酒店安全隐患的主题。主题的显著性不仅在于其能够有效地识别文本中的潜在主题,更在于其能从大规模文本数据中提取出有用的主题信息。为了深入分析这些主题的显著性,本研究通过LDA分析计算了每一条评论属于各个主题的概率,并将最高概率的主题作为该评论的主题进行统计。

结果表明,顾客对于酒店安全隐患主题的关注程度存在差异。按照显著性由强到弱排序,依次为管理安全隐患、环境安全隐患、设施设备安全隐患。这一发现表明,酒店应将管理因素列为安全隐患治理的重点,同时兼顾对环境安全隐患和设施设备隐患的治理。通过有主有次、全面系统的治理,酒店可以达成消除各类安全隐患的目的。

### (三)酒店安全隐患语义网络分析

语义网络是节点和有向弧组成的图形,可以结构化描述事件的定义及客体之间的相互关系。基于顾客感知的酒店安全隐患提取结果,通过Python软件中的语义网络分析工具,得到顾客感知的酒店安全隐患语义网络图,如图9-5所示。

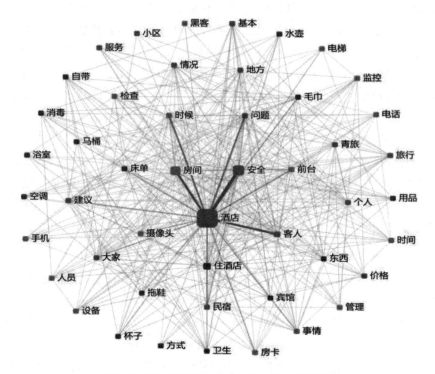

图9-5 顾客感知的酒店安全隐患语义网络图

顾客感知的酒店安全隐患语义网络图整体呈现"核心—边缘"特点,图中包含核心及边缘节点,这些节点之间形成不同的子群,两节点间连线表明关键词来源于同一酒店安全隐患评论。通过连线将节点串联成巨大的网络,直观描述了用户感知酒店安全隐患的主题关键词，方便获取关键安全隐患信息。

由图9-5可知，酒店房间内的安全隐患是顾客关心的焦点，房间内的安全隐患既包括床单、拖鞋、毛巾等卫生安全隐患，也包括摄像头、黑客等网络、隐私安全隐患。因此，酒店应加强对客房卫生安全隐患和隐私安全隐患的排查和治理，消除顾客的后顾之忧，为顾客提供一个舒适、安全、卫生、健康的入住环境。

### （四）顾客感知酒店安全隐患的情感分析

顾客对于酒店安全隐患感知的情感分析结果及情感强度，如表9-3和图9-6所示。由表9-3和图9-6可知，顾客对于管理安全隐患的正面情感强度、负面情感强度和中立情感强度依次为0.42、0.36和0.22，顾客对于设施设备安全隐患的正面情感强度、负面情感强度和中立情感强度依次为0.29、0.46和0.25，顾客对于环境安全隐患的正面情感强度、负面情感强度和中立情感强度依次为0.28、0.54和0.18，顾客对于酒店整体安全隐患的正面情感强度、负面情感强度和中立情感强度依次为0.33、0.45和0.22，这说明顾客对于酒店安全隐患总体持有负面消极态度。为此，酒店应对顾客所感知的安全隐患因素给予高度重视、积极作为，加大对各类安全隐患的排查与治理力度，尽最大努力消除安全隐患，有效提升顾客安全感，降低顾客对酒店安全隐患秉持的负面消极情感强度、提升顾客对酒店安全隐患秉持的正面积极情感强度。

表9-3 主题情感强度结果

| 主题 | 总占比 | 正面 | 负面 | 中立 |
| --- | --- | --- | --- | --- |
| 管理安全隐患 | 36.03% | 0.42 | 0.36 | 0.22 |
| 设施设备安全隐患 | 31.33% | 0.29 | 0.46 | 0.25 |
| 环境安全隐患 | 32.64% | 0.28 | 0.54 | 0.18 |
| 情感强度 | — | 0.33 | 0.45 | 0.22 |

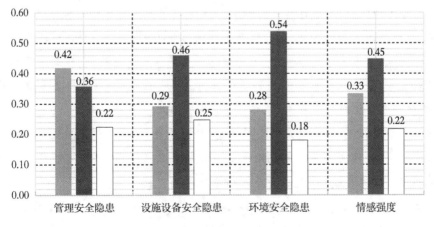

图9-6 主题情感强度结果

## 三、小结

本章探讨了大数据技术在酒店安全隐患分析中的具体应用,得出几点结论:第一,基于顾客感知的酒店安全隐患可包括管理安全隐患、设施设备安全隐患及环境安全隐患等三个主题;第二,顾客对于酒店安全隐患三个主题的关注程度有所差异,按照显著性由强到弱依次为管理安全隐患、环境安全隐患、设施设备安全隐患;第三,酒店客房内的安全隐患是用户关心的焦点,客房内的安全隐患既包括床单、拖鞋、毛巾等卫生安全隐患,也包括摄像头、黑客等网络、隐私安全隐患。

为此,提出几点对策:第一,酒店应将管理因素列为其安全隐患治理的重点,且要兼顾对环境安全隐患和设施设备安全隐患的治理;第二,酒店应加强对客房卫生安全隐患和隐私安全隐患的排查和治理,消除顾客的后顾之忧;第三,酒店应高度重视顾客所感知的安全隐患因素,加大对其排查和治理力度,有效提升顾客安全感,降低顾客对酒店安全隐患秉持的负面消极情感强度、提升顾客对酒店安全隐患秉持的正面积极情感强度。

### 反思华住集团数据泄露事件:落实主体责任不是一句空话

2018年8月,华住集团旗下酒店数据疑遭泄露,涉及约5亿条公民个人信息,包括华住官网注册资料、酒店入住登记的身份信息及酒店开房记录,住客姓名、手机号、邮箱、身份证号、登录账号密码等。上海市长宁公安分局发布消息称,有人在境外网站兜售华住旗下酒店数据,公司已启动内部自查,警方已介入调查。

警方的回应中,有这样一句话引人注意:"掌握公民个人信息的企事业单位,应严格落实主体责任,加大信息安全的防护力度。"毫无疑问,这戳中了我们的痛点,因为在这起事件中,无论信息流出的方式是怎样的,隐私泄露都已成既定事实,而且它有着唯一的绝对源头。换句话说,虽然事情还没调查清楚,但就安全保护的目标来讲,华住集团的表现已是不合格的,责任也不容回避。众所周知,酒店直接录入个人信息,价值巨大,不仅是许多骚扰电话和短信的源头,还因为含有开房记录和家庭住址等敏感信息,极有可能被诈骗分子利用。这充分说明,酒店对个人信息保护的责任重大,必须筑牢技术的防火墙,织密管理的篱笆网,筑好保护隐私的第一道"闸口",这是基本责任,不以任何人的主观意志为转移。

这件事也为我们敲响了警钟。如今,大量企事业单位存储我们的个人信息,购物平台知道我们每天买什么,社交软件知道我们每天说什么,打车应用知道我们每天去哪里,但它们是否有能力保护好我们,筑好隐私安全的第一道"闸口"呢?大量的前车之鉴表明,对隐私保护我们无法乐观。2016年备受关注的"山东徐玉玉案",起因仅仅是一名18岁少年以木马攻破了一个省级招生考试信息平台。而2017年一个叫WannaCry的电脑勒索病毒,不过两天,就攻破了全球20万台电脑,其中不乏政府机构、银行、工厂、医院和学校。

大量信息收集主体,无论是公共的、商业的,还是线上的、线下的,都必须承担起保护信息安全的第一责任,在信息管理上严防死守,确保收集到的信息不被泄露或消费。这不仅对技术进步提出了要求,更意味着信息收集主体要强化责任意识,内心时刻绷紧隐私之"弦"。然而,盘点当前的法律法规,对信息收集主体的规制稍显疲软。无论是《中华人民共和国网络安全法》,还是中华人民共和国最高人民法院和最高人民检察院对个人信息的司法解释,虽然明确惩治侵犯公民个人信息犯罪活动,但更多还是集中于买卖环节。这导致在一些案例中,尽管信息收集者的责任不可避免,但仅仅是处罚了产业链上的个别人,从而使得作为整体的机构企业,没有动力、更没有意识升级安全防护。

重申主体责任,惩罚性赔偿是个好制度。2018年5月,欧盟通过了号称"史上最严"的《通用数据保护条例》,决定对违反个人信息收集和使用基本原则以及没有保障数据主体权利的互联网公司,最高可罚款2000万欧元或全球营业额的4%(以较高者为准)。只有这样,才能证明落实主体责任不是一句空话。不仅是华住集团,所有个人信息收集主体都要引以为戒,重新审视并不断加强自己的安全防护能力。

(资料来源:浙江日报。)

**案例讨论**:大数据作为人工智能发展的三大引擎之一,备受社会各界关注,酒店因其生产经营特性,拥有大量顾客数据,一旦顾客数据泄露将会对酒店和顾客造成不可挽回的损失。请根据上述案例,谈谈酒店应如何应对以避免其数据泄露?

## 重要术语

酒店大数据(Hotel Big Data)

数据获取(Data Acquisition)

数据预处理(Data Preprocessing)

数据存储与管理(Data Storage and Management)

数据分析与挖掘(Data Analysis and Mining)

数据可视化(Data Visualization)

### 思考题

1. 根据大数据技术,开展对酒店安全相关问题的探讨。
2. 谈谈你对大数据技术在酒店安全管理中应用的认识和思考。

# 参 考 文 献

[1] 陈宝智.安全原理[M].2版.北京:冶金工业出版社,2002.

[2] 陈宝智.系统安全评价与预测[M].北京:冶金工业出版社,2005.

[3] 郑向敏.酒店管理[M].2版.北京:清华大学出版社,2010.

[4] 黄继元.饭店管理[M].北京:科学出版社,2005.

[5] 黄惠伯.饭店安全管理[M].长沙:湖南科学技术出版社,2001.

[6] 张志军.饭店安全管理实务[M].北京:旅游教育出版社,2008.

[7] 谢朝武.旅游饭店安全管理实务[M].北京:中国旅游出版社,2012.

[8] 袁义.现代酒店安全管理工作的特点分析[J].商场现代化,2008(21):54.

[9] 罗云.安全行为科学[M].北京:北京航空航天大学出版社,2012.

[10] 罗景峰.高星级酒店一线员工安全素质评价研究[J].西部经济管理论坛,2017(7):35-43.

[11] 罗景峰.系统安全理念对旅游安全研究的启示[J].重庆第二师范学院学报,2014(6):40-43.

[12] 吴宗之,任彦斌,牛和平,等.基于本质安全理论的安全管理体系研究[J].中国安全科学学报,2007(7):54-58.

[13] 许正权,宋学锋,李敏莉.本质安全化管理思想及实证研究框架[J].中国安全科学学报,2006(12):79-85.

[14] 郭爱洪,刘灵灵,邓少旭.安全检查表在安全评价中的地位、作用及应用[J].石油化工安全技术,2006(5):24-26.

[15] 韩其俊.安全检查表法在安全评价中的应用及改进[J].石油化工安全技术,2003(4):13-16.

[16] 韩晶晶.红色旅游思想政治教育实效性研究[D].南昌:南昌大学,2023.

[17] 黄李辉,阮永平.文献分析法在我国管理会计研究中的应用——基于33篇样本文献的分析[J].财会通信,2017(4):39-43.

[18] 访谈法[J].中国护理管理,2014,14(10):1036.

[19] 杨威.访谈法解析[J].齐齐哈尔大学学报(哲学社会科学版),2001(4):114-117.

[20] 风笑天.方法论背景中的问卷调查法[J].社会学研究,1994(3):13-18.

[21] 陶永明.问卷调查法应用中的注意事项[J].中国城市经济,2011(20):305-306.

[22] Strauss A, Corbin J M. Basics of qualitative research: grounded theory procedure and techniques[J]. Modern Language Journal, 1990(2):129.

[23] Suddaby R. From the editors: what grounded theory to understand is not[J]. Academy of Management Journal, 2006(49):633-642.

[24] 范培华,高丽,侯明君.扎根理论在中国本土管理研究中的运用现状与展望[J].管

理学报,2017(9):1274-1282.

[25] 卜卫.试论内容分析方法[J].国际新闻界,1997(4):56-60,69.

[26] 邱均平,邹菲.关于内容分析法的研究[J].中国图书馆学报,2004(2):14-19.

[27] 邱均平,余以胜,邹菲.内容分析法的应用研究[J].情报杂志,2005(8):11-13.

[28] 叶义成,柯丽华,黄德育.系统综合评价技术及其应用[M].北京:冶金工业出版社,2006.

[29] 袁旭,夏秀林.对企业安全管理及组织建设思考[J].中国安全科学学报,1992(4):40-45.

[30] 怀霞.煤炭企业安全管理组织结构研究[D].北京:中国矿业大学(北京),2013.

[31] 王鹏,樊运晓."圆锥型"安全管理组织结构模式设计[J].安全与环境学报,2012(1):217-219.

[32] 田水承,李红霞,王莉.3类危险源与煤矿事故防治[J].煤炭学报,2006(6):706-710.

[33] 王爽英.企业安全管理组织风险的模糊评价[J].价值工程,2009(1):22-24.

[34] 刘建昌.安全意识与安全教育在生产中的体现及培养路径分析[J].中外企业家,2017(27):176-177.

[35] 李希健.谈煤矿安全意识的教育[J].煤矿安全,2002(1):50-52.

[36] 李晓峰.强化对职工的安全意识教育是安全管理的重中之重[C]//中国职业安全健康协会.中国职业安全健康协会2010年学术年会论文集.北京:煤炭工业出版社,2010.

[37] 周明银,胡玉忠.浅谈职工安全知识的自我教育[J].安全,2001(6):26-27.

[38] Burke M J, Scheuer M L, Meredith R J. A dialogical approach to skill development: The case of safety skills [J]. Human Resource Management Review, 2007(2): 53-53.

[39] 付迪.A煤矿企业员工安全技能提升策略研究[D].邯郸:河北工程大学,2022.

[40] 袁旭,曹琦.安全文化管理模式研究[J].西南交通大学学报,2000(3):323-326.

[41] 傅贵,何冬云,张苏,等.再论安全文化的定义及建设水平评估指标[J].中国安全科学学报,2013(4):140-145.

[42] 郑贤斌.浅析安全、危险、隐患和事故之间的关系[J].中国安全生产科学技术,2007(3):49-52.

[43] 隋鹏程,陈宝智,隋旭.安全原理[M].北京:化学工业出版社,2005.

[44] 傅贵.安全管理学:事故预防的行为控制方法[M].北京:科学出版社,2013.

[45] 刘艳萍,曲福年,任佃忠,等.安全生产隐患排查治理工作研究[J].中国安全生产科学技术,2009(2):185-188.

[46] 吕三玉,郑钟强,李咪咪,等.酒店前厅服务质量影响因素研究[J].旅游学刊,2014(10):69-76.

[47] 陈宁.前厅客房服务与管理[M].北京:北京理工大学出版社,2010.

[48] 曾丹,梁瑜,张洁.酒店概论[M].北京:北京理工大学出版社,2019.

[49] 苗淑萍.客房服务与管理[M].北京:清华大学出版社,2015.

[50] 唐湘辉.酒店员工的职业道德与酒店服务管理[J].湖南商学院学报,2004(1):48-50.

[51] 韩柏慧.AHP—模糊综合评价法在三星级以上宾馆客房环境卫生质量综合评价中的应用[J].环境与健康杂志,2011(8):733-734.

[52] 陆净岚.饭店客房环境质量的问题及对策[J].能源工程,2000(1):49-52.

[53] 赵炜.饭店安全管理[M].武汉:武汉大学出版社,2014.

[54] 田彩云.酒店管理概论[M].北京:机械工业出版社,2016.

[55] 黄安民等.酒店康乐服务与管理[M].重庆:重庆大学出版社,2023.

[56] 周辉,孙爱民,印伟.酒店安全管理实务[M].南京:南京大学出版社,2020.

[57] 林尚志.电梯故障原因与预防措施探讨[J].科技风,2016(11):80-81.

[58] 曹怀庆.再谈企业安全检查[J].安全,2005(1):55-57.

[59] 翟亚东.如何做好施工安全技术交底[J].建筑安全,2007(10):12.

[60] 曲建涛.岗位安全操作规程的编制与管理[J].劳动保护,2021(2):81-83.

[61] 动火作业须提高警惕[J].安全与健康,2023(6):78-79.

[62] 温敏霞.建筑施工企业应急管理能力提升对策[J].现代职业安全,2021(9):94-95.

[63] 焦广盈.加强建筑施工企业安全管理提升应急救援能力建设[J].中国应急管理,2024(6):78-79.

[64] 刘骏.试论工程施工中的偷工减料问题[J].中南公路工程,2000(4):68-69,72.

[65] 杨宝杰,寇伟.如何切实落实企业安全生产责任制[J].电力安全技术,2009(6):45-46.

[66] 胡萍.安全管理不到位的惨痛教训[J].电力安全技术,2010(10):36-37.

[67] 黄伟.安全管理重点解决"5个不到位"[J].现代职业安全,2021(4):69.

[68] 郑向敏.旅游安全概论[M].北京:中国旅游出版社,2009.

[69] 郑向敏.酒店安全控制与管理[M].2版.重庆:重庆大学出版社,2013.

[70] 郑云燕.星级酒店风险控制与系统安全管理应用研究[D].福州:福州大学,2006.

[71] 康文委,柯义英,黄阿勤.疫情期间欣佳酒店坍塌事故救援人员医疗保障点的实施[J].基层医学论坛,2020(27):3991-3993.

[72] 蔡东,洪建芳,胡远扬,等.突发事故紧急救援的优化方案分析——以泉州"3·7"集中医学观察酒店坍塌致群体伤亡事故为例[J].基层医学论坛,2023(31):141-143.

[73] 王雪.强化火灾责任保险提升保险的社会管理职能——湖北襄阳城市花园酒店火灾事故的保险思考[J].保险职业学院学报,2013(6):78-80.

[74] 谢朝武.旅游应急管理[M].北京:中国旅游出版社,2013.

[75] 钟开斌."一案三制":中国应急管理体系建设的基本框架[J].南京社会科学,2009(11):77-83.

[76] 董泽宇.论突发事件应急教育的作用、内容与形式[J].城市与减灾,2014(3):25-

27.
[77] 国务院办公厅关于加强基层应急队伍建设的意见[J].中华人民共和国国务院公报,2009(30):13-16.
[78] 王责任.关于我国应急救援队伍建设的研究[J].中国应急救援,2011(1):17-20.
[79] 张平峰.人员密集场所风险分级方法研究[D].北京:中国地质大学(北京),2016.
[80] 宋继军,贺国军,闫朝勋.生产安全风险分级防控的实践与探讨[J].化工管理,2014(24):67.
[81] 宫运华,罗云.安全生产预警管理研究[J].中国煤炭,2006(10):67-69.
[82] 季学伟,翁文国,倪顺江,等.突发公共事件预警分级模型[J].清华大学学报(自然科学版),2008(8):1252-1255.
[83] 李国杰,程学旗.大数据研究:未来科技及经济社会发展的重大战略领域——大数据的研究现状与科学思考[J].中国科学院院刊,2012(6):647-657.
[84] 徐宗本,张维,刘雷,等."数据科学与大数据的科学原理及发展前景"——香山科学会议第462次学术讨论会专家发言摘登香山科学会议第次学术讨论会专家发言摘登[J].科技促进发展,2014(1):66-75.
[85] 邬贺铨.大数据思维[J].科学与社会,2014(1):1-13.
[86] 滕茜,杨勇,布佁楠,等.基于网络文本的景区感知及互动研究——以上海为例[J].旅游学刊,2015(2):33-41.
[87] 王浩,张海芹.旅游生活化:"网红城市"旅游者行为与体验特征研究——基于百度指数和UGC的淄博市游客大数据分析[J].干旱区资源与环境,2024(2):173-180.
[88] 孙晓东,倪荣鑫.中国邮轮游客的产品认知、情感表达与品牌形象感知-基于在线点评的内容分析[J].地理研究,2018(6):1159-1180.
[89] 赵常煜,吴亚平,王继民."一带一路"倡议下的Twitter文本主题挖掘和情感分析[J].图书情报工作,2019(19):119-127.

# 附 录

# 教学支持说明

高等院校应用型人才培养"十四五"规划旅游管理类系列教材系华中科技大学出版社"十四五"规划重点教材。

为了改善教学效果,提高教材的使用效率,满足高校授课教师的教学需求,本套教材备有与纸质教材配套的教学课件和拓展资源(案例库、习题库等)。

为保证本教学课件及相关教学资料仅为教材使用者所得,我们将向使用本套教材的高校授课教师赠送教学课件或者相关教学资料,烦请授课教师通过邮件或加入旅游专家俱乐部QQ群等方式与我们联系,获取"电子资源申请表"文档并认真准确填写后发给我们,我们的联系方式如下:

地址:湖北省武汉市东湖新技术开发区华工科技园华工园六路

邮编:430223

E-mail:lyzjjlb@163.com

旅游专家俱乐部QQ群号:758712998

旅游专家俱乐部QQ群二维码:

群名称:旅游专家俱乐部5群
群　号:758712998

# 电子资源申请表

填表时间：_____年___月___日

1. 以下内容请教师按实际情况写，★为必填项。
2. 根据个人情况如实填写，相关内容可以酌情调整提交。

| ★姓名 | | ★性别 | □男 □女 | 出生年月 | | ★职务 | |
| --- | --- | --- | --- | --- | --- | --- | --- |
| | | | | | | ★职称 | □教授 □副教授 □讲师 □助教 |

| ★学校 | | ★院/系 | |
| --- | --- | --- | --- |
| ★教研室 | | ★专业 | |
| ★办公电话 | | 家庭电话 | | ★移动电话 | |
| ★E-mail（请填写清晰） | | | | ★QQ号/微信号 | |
| ★联系地址 | | | | ★邮编 | |

| ★现在主授课程情况 | 学生人数 | 教材所属出版社 | 教材满意度 |
| --- | --- | --- | --- |
| 课程一 | | | □满意 □一般 □不满意 |
| 课程二 | | | □满意 □一般 □不满意 |
| 课程三 | | | □满意 □一般 □不满意 |
| 其 他 | | | □满意 □一般 □不满意 |

| 教 材 出 版 信 息 |||||
| --- | --- | --- | --- | --- |
| 方向一 | □准备写 | □写作中 | □已成稿 | □已出版待修订 □有讲义 |
| 方向二 | □准备写 | □写作中 | □已成稿 | □已出版待修订 □有讲义 |
| 方向三 | □准备写 | □写作中 | □已成稿 | □已出版待修订 □有讲义 |

请教师认真填写表格下列内容，提供索取课件配套教材的相关信息，我社根据每位教师填表信息的完整性、授课情况与索取课件的相关性，以及教材使用的情况赠送教材的配套课件及相关教学资源。

| ISBN(书号) | 书名 | 作者 | 索取课件简要说明 | 学生人数（如选作教材） |
| --- | --- | --- | --- | --- |
| | | | □教学 □参考 | |
| | | | □教学 □参考 | |

★您对与课件配套的纸质教材的意见和建议，希望提供哪些配套教学资源：